Wetterbericht

'68
und die Krise
der Demokratie

Herausgegeben von Susanne Schüssler

Verlag Klaus Wagenbach   Berlin

Susanne Schüssler

Wozu einen Wetterbericht?

»Alle reden vom Wetter – wir nicht«. Mit diesem von der Bundesbahn entliehenen Slogan und den Köpfen von Marx, Engels und Lenin hatten 1968 Ulrich Bernhardt und Jürgen Holtfreter, Studenten der Stuttgarter Kunstakademie, einen unerwarteten Erfolg. Ihr Plakat für den sozialistischen Studentenbund wurde in riesigen Auflagen gedruckt und landauf, landab verbreitet. Holtfreter hat seine Handschrift dann auch auf diversen Wagenbach-Covern hinterlassen.

Dieses Buch will daran erinnern, dass die 68er Dringenderes als das Wetter auf ihrer Agenda hatten (ironischerweise wünschten heute einige der 68er-Erben, dass mehr über das Wetter geredet würde). Es soll also fünfzig Jahre später ein Lagebericht gegeben werden, vielleicht sogar eine Prognose. Was das Buch nicht will: eine verklärend romantische Rückschau auf '68, ebenso wenig wie eine Herabwürdigung der 68er (der Begriff wird an dieser Stelle nicht genauer gefasst, das geschieht in vielfältiger Weise im Buch). Es interessiert sich vielmehr für andere Fragen: Was ist aus den Ideen von damals geworden? Wie haben die 68er die Gesellschaft nachhaltig verändert? Hat die Krise der Demokratie heute mit den Entwicklungen seit damals zu tun?

Der Wagenbach Verlag spielte in den politischen Auseinandersetzungen in der Linken der sechziger und siebziger Jahre eine zentrale Rolle. Das reichte vom internen Experiment mit der

Organisation als Kollektiv bis zur Verbreitung unterschiedlichster politischer Ansätze. In diesen Jahren erschienen etwa achtzig Titel im Rotbuch und nach der Abspaltung des Kollektivs in der Reihe Politik Buchreihen, die »ausschließlich der Neuen Linken und der außerparlamentarischen Opposition« gewidmet waren. Die Liste der Autoren und Titel ist in vieler Hinsicht eindrucksvoll und wird deshalb im Anhang des Buchs abgedruckt, ergänzt um die später, insbesondere seit der Wiederbelebung der Politik-Reihe 2008 hinzugekommenen Bücher. Und um einige der unzähligen literarischen Titel, vor allem in der Reihe Quart*hefte*, die hochpolitisch waren, wie Peter Schneiders *Ansprachen* und Erich Frieds *und Vietnam und...* (ein Gedichtband, der schon 1966, also mit den ersten Kriegsprotesten erschien), oder die frechen Stücke und Lieder des GRIPS-Theaters, die fröhlich eine andere und politische Kindererziehung propagierten.

Zwei Anmerkungen zur Liste: Es ist heute kaum mehr begreiflich, mit welch differenzierten und umfangreichen Büchern abseitige Themen behandelt wurden – und dabei Auflagen erreicht wurden, die heute eines jeden Verlegers Herz hüpfen ließen. So hatte etwa ein Bericht über eine Schule im Mugello-Tal, geschrieben von den Schülern selbst, eine Anfangsauflage von 10.000 Exemplaren und erreichte insgesamt eine Auflage von 50.000 Exemplaren.

Bei der Durchsicht der Liste fällt aber nicht nur die große Spannbreite der Themen ins Auge, von den Wyler Bauern, die gegen Atomkraft aufbegehren, bis zu Frauenemanzipation und Kindererziehung in China, sondern auch die Ansammlung von radikalen Denkern: Mao Tse-Tung, Ernesto Che Guevara, Ulrike M. Meinhof, Peter Brückner, Rudi Dutschke, André Glucksmann und viele andere. Sowie von radikalen Pamphleten wie dem Manifest der RAF. Bei Wagenbach erschien Fundamentalkritik an der Nachkriegsgesellschaft, und der Verleger wurde dafür mit Prozessen überzogen. Schon das Initiationsereignis von '68, der 2. Juni 1967, endete mit der kuriosen Tatsache, dass niemand verurteilt wurde – außer Klaus Wagenbach, der die Erschießung

Benno Ohnesorgs »Mord« genannt hatte (dabei war der doch nur zufällig von hinten erschossen worden).

Mehr dazu findet sich in der Verlagsgeschichte *Buchstäblich Wagenbach*.

Den *Wetterbericht* anzuzetteln war ein Wagnis: Angefragt wurden ausschließlich Wagenbach-Autoren, also solche, die ein politisches Buch für den Verlag geschrieben hatten – damals oder in den letzten Jahren. Es geht also nicht um einen Überblick linken Denkens oder den Anspruch, die geistige Situation der Zeit zu erfassen. Vielmehr ist die Auswahl der Autoren bewusst subjektiv. Und spiegelt in gewisser Hinsicht das gesamte Verlagsprogramm: Von den Beiträgern – teils 68er, oft deren Protagonisten, oder aber damals gerade erst geboren – sind einige in der Politik aktiv, andere als Publizisten, oder sie sind in Wissenschaft, Institutionen oder Unternehmen tätig. Ebenso subjektiv sollte die Wahl der Themen sein, die den einzelnen Autoren freigestellt blieb. Die spannende Frage war: Wie würde dieses Buch am Ende aussehen – wie die Beiträge, die ja kaum als »Auftragstexte« durchgehen können? Welche Deutungen und Diagnosen hatten wir zu erwarten?

Es kommt vor, dass sich Beiträge dezidiert widersprechen, andere sich durchaus ergänzen. Geradezu augenfällig ist, dass viele der Texte – selbst in der jüngeren Generation – erstaunlich persönlich geraten sind und ihre Autoren dies wie etwa Gisela Erler, Tom Koenigs oder Joscha Schmierer auch reflektieren. Vielleicht weil in jedem, wie Christoph Möllers mutmaßt, ein 68er steckt.

Das gewählte Verfahren zog zwangsläufig nach sich, dass »'68 und die Folgen« nicht umfassend abgehandelt wird – so fehlt etwa der Kampf mit der Springer-Presse, der Radikalenerlass wird nur am Rande gestreift. Dafür ist von schrägen, unorthodoxen Annäherungen wie bei Otto Kallscheuer über die Religionsbegriffe Glaube und Hoffnung bis hin zur kühlen, mit wissenschaftlichem Werkzeug operierenden Theorie allerlei zu lesen. Die bunte Vielfalt, auch stilistisch, mag an '68 erinnern.

Vielleicht gerade weil dieses Buch so persönlich ist, entsteht ein durchaus bedenkenswertes Bild.

Am erstaunlichsten – und für mich am beruhigendsten: Hier schreiben keine desillusionierten Linken vom Versagen der (linken) Politik. Eher ermutigen die Texte, nicht leichtfertig, sondern pragmatisch und erfahrungsgesättigt. Wer so gelassen wie Barbara Sichtermann von Glück schreiben kann, der sorgt für einen Wetterbericht, der keinen Anlass zur Verdrießlichkeit gibt.

Herzlich danken möchte ich allen Autoren, nicht nur für ihre Beiträge, sondern auch für die manchmal kontroversen und dem Thema entsprechenden hitzigen Diskussionen. Ein besonderer Dank gilt Albrecht von Lucke, der Zweifel ausräumte, und Otto Kallscheuer, der den Titel *Wetterbericht* vorgeschlagen hat.

Ohne Lena Luczak würde dieses Buch anders aussehen – so wie viele Bände der Reihe Politik, deren Entstehen und endgültige Fassung von ihr sorgfältig und aufmunternd streng begleitet werden. Dafür einen großen Dank.

Berlin, Juni 2017

Christoph Möllers

Friedliche Totalpolitisierung*

Jugendliche Erinnerung an eine Generation

I.

Lange bevor mir die 68er als eine politisch relevante Größe der
Politik- und Kulturgeschichte begegneten, waren sie Teil meiner Biographie – und nur durch diese Erfahrung, also anekdo-
tisch, habe ich etwas zu ihrer Beschreibung beizutragen. Einen
Großteil meiner Jugend, in den 1980er Jahren, lebte ich in einer
kleinen Wohngemeinschaft, der WG, mit meinem Vater und seinen Wohngenossinnen und Wohngenossen (von denen ich nicht
zuletzt in das Problem geschlechtergerechter Sprache eingeführt
wurde) – allesamt aus den einschlägigen Jahrgängen zwischen
1940 und 1950. In dieser diskussionsfreudigen Gesellschaft spielte ich als Gymnasiast nach meiner Erinnerung die Rolle eines
leicht strukturkonservativen Skeptikers, der Helmut Schmidt be-
wunderte, den ästhetischen Kanon verteidigte und kein Interesse
daran verspürte, Friedensdemonstrationen oder Ostermärsche
zu besuchen. Auch habituell hatte ich das Bedürfnis, Distanz zu
nehmen. Die Sprache der WG war mir manchmal zu flapsig, zu
vulgär und zu schamlos, aber die Debatten waren anspruchs-
voll, und es war keine Frage, dass ich dort ernst genommen und
respektiert wurde – und mich wohlfühlte. Schauplatz dieser

* Dem Andenken an Gabriele Schumann

Sozialisation, um ein Lieblingswort der Beteiligten zu verwenden, war ein gemietetes Haus im bürgerlichen Bochumer Süden, das sicherlich einer ebensolchen Familie dienen sollte, nun aber für die WG wie gemacht schien, war es doch in vier Einheiten à zwei Zimmer unterteilt, in deren Mitte sich Wohnzimmer und Küche befanden, die mit allen Enden des Hauses in Verbindung standen. Diese Küche war das Zentrum meiner Erfahrung mit den 68ern.

II.

Mir scheint es wenig ergiebig, die 68er für die politische Entwicklung der Gegenwart in Haftung zu nehmen, sei es positiv, sei es negativ, zumal wir von dieser Generation ja einen durchaus praktisch-politischen Eindruck haben. Wir konnten Politiker aus dieser Generation lange Zeit in Aktion beobachten – und dies zeigte uns ganz verschiedene Arten, Politik zu betreiben.

Zweifelhaft ist auch, ob der heutigen deutschen Gesellschaft die 68er überhaupt noch als ein Anderes gegenübergestellt werden können, oder ob nicht – frei nach Nietzsche – in jedem Deutschen nicht nur ein Lutheraner, sondern auch ein 68er steckt. Das Gelächter, das dem CDU-Politiker Friedrich Merz entgegenschlug, als er seine sauerländische Dorfjugend derjenigen von Joschka Fischer entgegenstellen wollte, ging jedenfalls über Parteigrenzen hinaus. Ob der Anlass der Auseinandersetzung, der recht gelassene Umgang mit Fischers gewalttätiger Vorgeschichte, gerechtfertigt war, ist eine andere Geschichte. Aber der Umstand, dass man es nicht so genau wissen wollte, dokumentiert bereits zur Jahrtausendwende, also in einer Zeit, als die Generation auf der Höhe ihrer Macht war, ein großes Bedürfnis danach, die 68er einzugemeinden und zum Teil einer bundesrepublikanischen Erfolgs- und Fortschrittsgeschichte zu machen. Heute sind viele ihrer Themen nicht nur in den Mainstream eingegangen, sondern sie definieren geradezu die Loyalität zum System. Wer gegen Umweltschutz oder Frauenemanzipation ist oder sich gar ausdrücklich gegen die 68er wendet, dürfte im heutigen Deutschland aller Wahrscheinlichkeit Anhänger der AfD sein und als solcher zur freiheitlich demokratischen Grundordnung des Grundgesetzes in einem zumindest ambivalenten Verhältnis stehen, während viele politische Projekte der 68er mittlerweile im Grundgesetz verankert sind, also die maximale Systemkanonisierung erfahren haben.

III.

»Freiheitliche demokratische Grundordnung«, diesen Ausdruck kenne ich von meinem Vater, abgekürzt als FDGO und stets mit ironischem Unterton ausgesprochen. Verwendet wurde er gar nicht selten, aber es ging weder um deren politische Bekämpfung noch gar um ihre loyale Unterstützung, sondern um die Praxis, Bewerber um Stellen im öffentlichen Dienst auf ihre Verfassungstreue zu überprüfen. Die von Willy Brandt eingeführte, später eingeschränkte Praxis der *Regelanfrage*, mit der alle Bewerber für den öffentlichen Dienst vom Verfassungsschutz überprüft wurden, war ein großes Thema. Die Berufsbiographien vieler Bekannter waren für immer beschränkt, weil ihnen die Zulassung zum Referendariat an der Schule oder bei Gericht wegen kleiner Vergehen verweigert wurde, die sich aus politischen Aktionen ergaben. Aus Sicht der Betroffenen zeigte der Staat hier eine traurige Engherzigkeit, über die man sich heute noch mehr wundern darf. Ein intelligentes Mittel, um bei einem einflussreichen Teil der Bevölkerung Loyalität zu erzeugen, war es jedenfalls nicht. Auf der anderen Seite war das Thema auch deswegen so wichtig, weil das Milieu, in dem ich diese Generation beobachten konnte, so unglaublich staatsnah war. Soweit ich mich erinnere, waren alle Freundinnen und Freunde meines Vaters Beamte oder öffentliche Angestellte – und alle arbeiteten im weitesten Sinne im Bildungs- oder Kulturbetrieb. Die Verbeamtung der deutschen Intellektualität, ein Thema, das ja schon mit den preußischen Reformen beginnt, setzte sich bei den 68ern nahtlos fort. Das war nicht notwendig inkonsequent, denn das gemeinsame politische Projekt, wie diffus und umstritten es auch war, war stets eines einer ausgreifenden öffentlichen Verwaltung. Vor seinem Absterben hatte der Staat gehörig zu wachsen. Dass man selbst ein Arm am Körper war, an dem auch die Polizei hing, wurde selten zum Thema.

IV.

Viele Vorurteile gegen die 68er stimmen mit meiner Erinnerung überein, auch wenn damit wenig beschrieben und schon gar nichts bewertet wird. In der Erinnerung fällt mir als Erstes auf, wie überschaubar der politische Radius war, in dem man die Auseinandersetzung führte. Angesichts der allgemeinen Klage über die Fragmentierung der politischen Auseinandersetzung muss man allerdings vorsichtig sein, die Vorgeschichte nicht zu idealisieren. Wenn das deutsche Parteiensystem im 19. Jahrhundert historisch aus *sozialmoralischen Milieus* stammt, dann entspringt es genau den abgeschotteten Überzeugungseinheiten, die wir heute im Internet neu entdecken und beklagen. Meine 68er passten sich dieser Geschichte gut ein: Im Bekanntenkreis der WG gab es keine Konservativen. Vielleicht wurde es wieder einfacher als zuvor, politisch abweichenden Meinungen aus dem Weg zu gehen. Das lag sowohl an der gesellschaftlichen Entwicklung als auch an der Art von politischer Praxis, die die Generation sich suchte: Die Erweiterung des Bildungssektors und die Anstellung vieler Angehöriger einer Generation sorgten dafür, dass sich professionelle Inseln der Gleichgesinntheit bilden konnten. Zudem fand Politik vor allem als dezentrale Debattenveranstaltung ohne Beteiligung in formalen Institutionen statt. Die Konfrontation mit anderen Politikentwürfen blieb weitgehend ausgeblendet, oder anders gefasst: *anderer* Politikentwurf wurde kleinteilig definiert.

Dass dies zu einer Radikalisierung beigetragen hätte, wie wir sie heute beobachten, wenn sich Diskussionsgemeinschaften abschließen, entspricht nicht meiner Erfahrung. Eher konservierte es einen Zustand permanenter Enttäuschung über etablierte Politik und eine Motivation, sich nicht auf sie einzulassen oder sich wieder aus ihr zurückzuziehen. Zugleich wurde politische

Arbeit, eine gängige Formulierung, weit verstanden, denn Politik betrieb man dem eigenen Selbstverständnis nach durchaus: in Diskussionsgemeinschaften, Frauengruppen, in der Bildungsarbeit, die man im Beruf und außerhalb von ihm machte, auf Demonstrationen und bei Spendenaktionen. Das Ergebnis war hier nicht Radikalisierung, sondern eine Erweiterung des Politikbegriffs, eine Überschätzung von Politik, letztlich auch die De-Politisierung von Politik, deren Omnipräsenz sie auflöste und damit die Machtfrage in Vergessenheit geraten ließ. Vom politisch-moralischen Milieu blieb das moralische Milieu. Man fragt sich, ob hier der Weg genommen wurde, den auf Dauer auch die Grünen gehen könnten.

V.

Die 68er waren – dies wird selten gesehen – bei aller politischen Kompaktheit auch eine Generation, in der unterschiedliche soziale Schichten zusammenstießen. Darin waren sie gar nicht abgeschlossen. Das Nebeneinander von Großbürger- und Kleinbürgerkindern, Daniel Cohn-Bendit neben Joschka Fischer, gab es auch bei uns. Spielte es eine Rolle oder ging es in einer Gruppenidentität auf? Im Nachhinein vermute ich, dass es ein wenn auch untergründiges Thema war, aber ich habe es kaum bemerkt. Klar war, dass sich hier ein kleinbürgerlicher Habitus durchsetzte, vielleicht weil er in der Mehrheit war, vielleicht weil es einfacher ist, eine bürgerliche Attitüde zu verlernen als zu erlernen, sehr wahrscheinlich auch, weil das Kleinbürgerliche in Deutschland – anders als in den romanischen Ländern und möglicherweise auch in Großbritannien – zum Linkssein gehört. *Bürgerlich* war ein viel verwendeter Ausdruck, der nichts Gutes bezeichnete, weil er auf die Konnotation besitzbürgerlich, konservativ und privatistisch verengt wurde. Das ist keine zwingende Besetzung des Begriffs, aber doch auch keine ganz unerhörte. Umgekehrt blühten bestimmte bürgerliche Formen wie Lektüre und Diskussion. Es wurde viel gelesen – und es gab einen impliziten Elitismus, indem man nicht über Bildung und

Kanon sprechen wollte, aber es selbstverständlich war, sich gut auszukennen.

Mich irritierte gut konservativ das Desinteresse an bewährten Formen. So wurde eine Menge spiritueller Literatur gelesen, etablierte Religion aber verachtet (während ich anfing, Papstbilder zu sammeln). Wozu braucht es neue Formen der Spiritualität, fragte ich mich und frage es mich bis heute.

Die berüchtigte Formlosigkeit der Generation war auch Konsequenz einer Erfahrung mit der exkludierenden und entleerenden Wirkung von Formen. Und die Theoretiker, die gelesen wurden, von Marx bis zu obskurer New-Age-Literatur, pflegten einen Gestus der Tiefe und Formkritik. Es gab ein Bedürfnis, hinter die Dinge zu schauen und hinter ihnen das Andere zu vermuten, manchmal etwas vulgärmarxistisch, manchmal aber auch genuin interessiert und witzig. »Wenn es denn der Wahrheitsfindung dient«, eines der großen Aperçus der Generation, das ich dort kennenlernte, aber erst als Jura-Student wirklich verstand, ist eben ein Stück brillanter Formkritik.

Die intellektuelle Neugierde und die Suche nach dem Dahinter – auch das ein bekanntes Thema – betraf freilich nicht die Epoche, die den Hintergrund der ganzen Generation definierte, den Nationalsozialismus. Die bittere Diagnose, dass sich die 68er eigentlich nicht für den Nationalsozialismus interessierten, von dem sie doch unablässig sprachen, die in der historischen Debatte namentlich Ulrich Herbert vertreten hat, entspricht meinen Erfahrungen. Dies lässt sich an zwei Dingen festmachen: Zum einen am nach meinem Eindruck nicht antisemitischen, aber doch überaus gedanken- und herzlosen Umgang mit Israel und der dazugehörigen, zumeist rein äußerlichen Solidarität mit der PLO. Zum anderen an der großen Zurückhaltung, die eigene Familiengeschichte auf Bestände des Nationalsozialismus hin umzugraben. Meine Erfahrung ist, dass die eigentlich betroffene Generation, in diesem Fall meine Großväter, hier mehr zu sagen hatte, als deren Kinder zu fragen hatten.

VI.

Der Geist der frühen 68er, einer fröhlichen und witzigen Autoritätskritik, wehte noch durch die Räume der WG. Respekterheischende Gesten, akademische Titel oder geschwollene Rede galten als lächerlich. Als die Schule sich für mich endlich dem Ende näherte, sagte mein Vater zu mir: »Glaub' nicht, dass deine Professoren intelligenter sind als deine Lehrer.« Natürlich hatte er Recht, und seine Bemerkung macht mir bis heute Freude. Sie war weder als Aufruf zur Überheblichkeit zu verstehen noch als altkluge Warnung von jemandem, der die deutsche Universität schon kannte, sondern nur als zarte Erinnerung an mich, mir meinen eigenen Reim auf den Stoff zu machen. Und so scheinen die 68er als eigentümliche Erben zweier anderer alter und grob aufeinander folgender Generationen: einerseits Kinder der Aufklärung, die selbst wissen und denken wollen, andererseits politische Romantiker, die politische Vergemeinschaftung überschätzen und überfordern. Wollte man dieses Programm in der Version, in der ich es kennengelernt habe, auf den Begriff bringen, so könnte man es als ein Modell friedlicher Totalität des Politischen bezeichnen. Denn Politik war omnipräsent, und Demokratie wurde hier als Lebensform, nicht als Herrschaftstypus verstanden. Das zeigte sich nicht zuletzt in der unbegrenzten Bereitschaft, selbst über Alltagsfragen zu debattieren und diese Debatten nahtlos in politische Diskussionen übergehen zu lassen. Dass das Politische und das Private nicht zu trennen seien, war nach meinem Eindruck weniger totalitäre Forderung als vermeintlich pragmatische Einsicht.

Christoph Möllers, geboren 1969, hat seit 2009 an der Humboldt-Universität zu Berlin den Lehrstuhl für Öffentliches Recht, insbesondere Verfassungsrecht und Rechtsphilosophie inne und ist seit 2012 Permanent Fellow am Wissenschaftskolleg zu Berlin. Er studierte Rechtswissenschaften, Philosophie und Komparatistik in Tübingen, München, Berlin, Madrid und Chicago, forschte in Dresden, Heidelberg und New York, lehrte in Hamburg, Münster und Göttingen. Bei Wagenbach veröffentlichte er 2008 *Demokratie – Zumutungen und Versprechen*. Er schreibt in der überregionalen Presse über verfassungsrechtliche und rechtspolitische Fragen.

Gisela Erler

Die Gleichstellung der Geschlechter
Jahrtausendprojekt mit ungewissem Ausgang

Die Anfrage für diesen Text war mir unangenehm. Sie zwingt mich, Bilanz zu ziehen zu einem Thema, das mich mein Leben lang beschäftigt hat, zu dem einerseits bis zur Langeweile alles gesagt scheint und trotzdem Entscheidendes merkwürdig hartnäckig ungelöst bleibt. Die Frage nämlich nach der Geschlechtergerechtigkeit in den Entscheidungszentren von Politik und Wirtschaft. Diese Frage stellt sich trotz einer verschmitzt feministischen deutschen Kanzlerin, trotz Marine Le Pen und Theresa May und vieler Fernsehmoderatorinnen.

Für mich deutet, so viel sei provozierend vorweggenommen, vieles darauf hin, dass sich die Mehrheit der Frauen noch sehr lange, Jahrzehnte oder gar Jahrhunderte, mit dem zweiten Platz begnügen wird – teils gewollt, teils ungewollt. Das wäre vielleicht auch gar kein so großes Problem, wenn nicht im relativ frauenfreien Bereich der Gesellschaft nach wie vor so viele Entscheidungen gefällt würden, die sich auf große Teile der Menschheit und darunter wiederum besonders auf Frauen und Kinder höchst negativ auswirken. Erst die wirklich zahlreiche Anwesenheit und reale Macht vieler Frauen in den Schaltstellen der Macht wird die Wahrscheinlichkeit von alltagstauglichen pragmatischen Konfliktlösungen und Strategien deutlich erhöhen. Im Laufe meines nunmehr 71-jährigen Lebens habe ich zu diesem Themenkomplex zwei Kernthesen entwickelt – eng verknüpft mit meinen persönlichen Erfahrungen als linke Jungverlegerin. Als Mutter, Partnerin, Großmutter. Mit den Ergebnissen jahrelanger Projektpraxis im Bereich Familienforschung. Als Gründerin einer großen Frauenfirma. Und heute als Mitglied der Landesregierung von Baden-Württemberg, als Staatsrätin für Zivilgesellschaft und Bürgerbeteiligung.

Drei programmatische Texte habe ich, neben vielen Einzelarbeiten, in dieser Zeit publiziert: 1985 das Büchlein *Frauenzimmer. Für eine Politik des Unterschieds*, das mich zur Wagenbach-Autorin machte. 1987 die Kernthesen des Müttermanifests der Grünen, das einen großen Aufruhr in der frauenpolitischen Debatte verursachte. 2012 dann das weniger beachtete, weil thematisch quer zu den heutigen Diskussionsfronten liegende Buch *Schluss mit der Umerziehung! Vom artgerechten Umgang mit den Geschlechtern.*

Meine erste These lautet: Gleichstellungspolitik, Emanzipation, Gleichberechtigung, Gender-Mainstreaming, wie immer benannt, haben viele Startpunkte und viele Gesichter. Es gibt nicht den einen korrekten Weg. Die Aktionen und Forderungen können schrill sein, provozierend (Femen) oder vorsichtig, wie bei der feministischen Theologie oder den Landfrauenverbänden. Sie können fordernd gegenüber Männern sein, feindselig oder kooperativ. Frauen auf ihrer Suche nach mehr Spielraum, Mitsprache, Autonomie oder Macht können Mütter sein, kinderlos, Bäuerinnen, Richterinnen, vollzeiterwerbstätig oder prekär beschäftigt, Kopftuchträgerinnen oder Extremsportlerinnen. Diese These war zur Zeit des Müttermanifests eine Provokation, weil sie die Annahme kritisierte, dass Frauen nur über eine starke berufliche Karriereorientierung und über scharfe Abgrenzung von Männern das Geschlechterverhältnis verändern könnten. Und weil sie schon im Titel implizierte, dass Fürsorgearbeit für Kinder und Männer einem emanzipierten Lebensmodell nicht im Weg stehen muss. Provozierend war sie, weil es in dieser Phase für viele Frauen zunächst einmal um Abgrenzung ging, um die

Verweigerung von immerwährender Freundlichkeit und Dienstbeflissenheit. Schließlich war die Frauenbewegung der siebziger Jahre nicht zuletzt eine Antwort auf den extrem männlichen Politikstil der studentischen Linken; aber auch eine Töchterbewegung, die das Lebensmodell vieler ihrer Mütter als Hausfrau ablehnte.

Aber alle diese Impulse zusammen machen die wohl größte Verschiebung in den menschlichen Gesellschaftsordnungen seit vielen Jahrhunderten aus. Wir wissen heute keineswegs, welche Lebensmodelle, Familienformen, Arbeitsteilung zwischen den Geschlechtern sich im Verlauf dieser historischen Verschiebung herausbilden werden. Die Findung der neuen Geschlechterbalance ist ein weltweiter dynamischer Prozess, durchaus mit Rückschlägen und Sackgassen.

Meine zweite These ist bis heute eher sperrig und unbequem: Frauen und Männer sind in einigen wichtigen Dimensionen der Persönlichkeitsstruktur, ihrer Motivationen und ihres Umgangs mit der sozialen Umwelt qualitativ verschieden, nicht nur graduell unterschiedlich. Es besteht eine reale Kluft zwischen Frauen und Männern, und zwar auch dann, wenn sich immer mehr Funktionen, Berufe, Rollen überschneiden. Der wohl wichtigste Unterschied ist dabei die von Kindheit an weitaus geringere Bereitschaft von Frauen, elementare Freude am Wettbewerb zu empfinden, am Sich-Messen, am Kämpfen und Siegen. Das Dominanzverhalten ist in der Gesamtverteilung aller Frauen ebenfalls deutlich geringer ausgeprägt, ihr Interesse an Kraft, Schnelligkeit und auch Gewalt schwächer. Nichts, gar nichts deutet darauf hin, dass sich dies wirklich ändert.

Die Konfliktstrategien und Lösungsmuster von Frauen sind in der Breite eher kommunikativ und dialogisch, bisweilen allerdings auch indirekt verdruckst und emotional. Männer kämpfen eher mit offenem Visier – so weit stimmen die Klischees. Intellektuell sind Frauen Männern mindestens völlig ebenbürtig. Es mag zwar tatsächlich weniger weibliche Mathematikgenies geben, aber Frauen sind gerade in den neuen Wissenschaften etwa der Humangenetik, Bio- und Neurowissenschaften extrem erfolgreich. Allerdings gibt es ein wichtiges Hindernis für hochqualifizierte Frauen, das nicht nur in langen Arbeitszeiten oder fehlender Kinderbetreuung und nicht nur in der stärkeren Wettbewerbsorientierung von Männern begründet ist: Frauen neigen viel stärker als Männer zu induktiven Denkmodellen. Sie gehen eher von konkreten Tatsachen oder Fragestellungen aus und entwickeln daraus eher pragmatische Lösungswege. Männer dagegen bevorzugen deduktive abstrakte Theoreme, um Strategien zu entwickeln. Beide Methoden sind geeignet, Themen zu erforschen oder zu gestalten. Die von vielen Frauen bevorzugten Wege allerdings genießen ein viel geringeres Ansehen – mit negativen Folgen für Aufstiege, Förderungen und Beförderungen.

All diese Unterschiede waren für einige Jahrzehnte weitgehend aus dem öffentlichen Bewusstsein verschwunden, obwohl sie ihre Prägekraft immer behalten haben.

Die Zeit seit dem Zweiten Weltkrieg und insbesondere seit dem gesellschaftlichen Aufbruch von 1968 führte in den reichen Industrienationen zu einer zunehmenden Öffnung der früher eng definierten Geschlechterrollen sowie zu einem Klima einvernehmlicher Konfliktlösungen. Dialog war das Prinzip der Stunde – und es wurde von Jürgen Habermas als deliberative Methode geadelt. Frauen, so schien es, würden von nun an stetig wichtiger, reicher, mächtiger, mit Hilfe von Quoten und Gesetzen, oder auch ohne. Männer, so hoffte man, würden spiegelbildlich sanfter, weniger dominant, weniger aggressiv, kompromissorientierter. Das Machtgefälle zwischen Frauen und Männern werde sich mit Hilfe von Bildung und der Nachhilfe von Frauenförderung bald von selbst erledigen. Kinder im westlichen Kulturkreis wurden nun eher mit dem Ziel geschlechtsneutraler Verhaltensweisen erzogen: mehr Bauklötze für Mädchen, mehr Puppen für Jungen. Die Freiräume für Mädchen wuchsen tatsächlich drastisch, junge Frauen wurden zu Bildungsgewinnerinnen, die sich heute selbstbewusst und ungezwungen in der Öffentlichkeit bewegen können. In den Augen sehr konservativer Kreise und der nicht-westlichen Welt wird diese gesamte Entwicklung letztlich als Verweichlichung und Verweiblichung verachtet.

Doch schon in den neunziger Jahren begann das Bild Risse zu bekommen. Es kehrte mit Macht das Rosa und Blau für Mädchen und Jungen zurück in die Kinderzimmer. Lego und Playmobil entwickelten aufgrund der enormen Nachfrage Serien für Mädchen, für Jungen werden immer wildere kampforientierte Phantasiegestalten produziert.

In vielen Teilen der Welt meldeten sich gleichzeitig Krieg und Gewalt mit tödlichen Folgen vor allem für Frauen und Kinder zurück. Es ist dies unverhohlen männliche Gewalt. Der Kollaps des Sozialismus ließ die russischen Männer zunächst zehn Jahre früher sterben und brachte dann, nach siebzig Jahren mit Frauen auf Traktoren und als Ingenieurinnen, die russischen Oligarchen einerseits und weiblich-glitzernde Schönheiten andererseits hervor, deren Lebenszweck plötzlich Koketterie und Unterordnung unter einen reichen Mann schien. Auch im Westen entwickelt sich ein Rollback gegenüber den neuen Geschlechterrollen und insgesamt gegenüber dem, was als zu sehr verweiblichte und verweichlichte Welt empfunden wird. Über den intellektuellen Flirt vieler Autoren, Philosophen und Journalisten wird der Themenkomplex Nation/Identität/Stärke/Abenteuer/Zerstörung und Apokalypse wieder populär und durchzieht wie ein Virus das Feuilleton und die Gespräche auf Familienfesten des Zivilbürgertums.

Diese Strömungen sind ganz überwiegend von männlichen Theoretikern geprägt, die anscheinend von der langwierigen Kompromissmaschinerie der Demokratie und ihren Details gelangweilt sind. Es gibt natürlich auch Frauen, die diese Thesen und Themen mitvertreten, auch in Führungspositionen (wie Marine Le Pen). Doch bei den Präsidentschaftswahlen in den USA, in Österreich und in Frankreich zeigte sich, dass es mit deutlichem Abstand Männer sind, die die Vertreter solcher Positionen wählen.

Es geht deshalb gerade jetzt, angesichts des illiberalen Grollens am Welthimmel, um das Verständnis dessen, was im Hinblick auf die Geschlechterpolitik tatsächlich erreicht wurde. Und was fehlt oder falsch läuft – und zwar für beide Geschlechter.

Das Problem aus meiner Sicht ist, dass die konservativen Kräfte, wenn wir die Tendenzen einmal so nennen wollen, ein Thema richtig benennen, dafür aber gänzlich unbrauchbare Lösungen vorschlagen: Die Unterschiede von Frauen und Männern im Hinblick auf ihre Motivationen lassen sich nicht einfach durch Gender-Mainstreaming-Maßnahmen wegorganisieren. Frauen werden zum Beispiel ihre Vorliebe für den Umgang mit Menschen nicht einfach ablegen – jedenfalls nicht in absehbaren Zeiträumen –, und dies ist auch nicht wünschenswert. Männer werden nicht ihren deutlich ausgeprägteren Hang zu leistungsstarker Technik, Sport und Kampf, Dominanz, zum Sachbuch statt zum Roman ad acta legen. Ein Hang, der teilweise aktiv ausgelebt wird, teilweise eher über Medienkonsum. Der Hollywood-Actionfilm und die wachsende milliardenschwere Spieleindustrie, ganz zu schweigen von der gigantischen Pornomaschinerie, sind glasklare Indizien.

Diese Grundmotivationen brauchen Platz, auch wenn es unbequem scheint; aber so, dass sie nicht das eigene Geschlecht bremsen, wie es bei der weiblichen Bescheidenheit oft der Fall ist; oder dem anderen schaden, wie es durch ungebremste Dominanz bei Männern nicht selten geschieht.

Für die Geschlechterpolitik geht es dabei um zwei zentrale Bereiche: Für Frauen ist die Ermutigung zu neuen Erfahrungen und mehr Selbstvertrauen entscheidend. Förderlich sind flache Hierarchien, aber nur in einer Kultur, die nicht extrem wettbewerbsorientiert ist. Ein Konzern wie IKEA bietet ein solches Umfeld, die amerikanischen Internetfirmen pflegen trotz cooler Darstellung, Kinderbetreuung und Kaffeeautomaten krasse Wettbewerbskulturen, die Frauen extrem ausgrenzen. Nach meiner persönlichen Erfahrung und Einschätzung werden die meisten großen heutigen Konzerne den Übergang zu einer echten Gleichstellungskultur aus sich heraus nicht schaffen und auch mit externen Vorgaben dabei nur mäßig vorankommen. Quotierte Aufsichtsräte und

Vorstände sind hier wahrscheinlich sinnvoll, aber es gibt viele Mechanismen, um solche Regeln zu unterhöhlen und damit im Ergebnis zu umgehen. Das spricht nicht gegen solche Maßnahmen, doch wo der Kulturwandel als aufgezwungen erlebt wird, da kommt er nur im Schneckentempo voran. Deshalb halte ich die Unterstützung von Frauen bei eigenen Unternehmensgründungen, auch und gerade im Bereich der Naturwissenschaft und Medizin, der Stadtplanung und Digitalisierung, für elementar wichtig. Dort können sie Arbeitskulturen schaffen, die weibliche Höchstleistungen erlauben und nicht bremsen oder ignorieren. Die Schaffung von Möglichkeiten zur Finanzierung solcher Projekte sollte politisch weltweit Vorrang haben: Auf dem Frauengipfel in Berlin im April 2017 wurde genau diese Forderung erhoben. In der Politik haben allein die Grünen eine annähernd 50-Prozent-Quote durchgesetzt, häufig qualvoll. Aber diese Quotierung wird heute oft von Männern und auch manchen Frauen als eher hemmend erlebt. In der Tat ist es äußerst schwierig, Frauen für politische Kandidaturen auf allen Ebenen zu gewinnen. Viele Frauen mögen sich nicht in den etablierten politischen Strukturen bewegen, die Bereitschaft zum Wettbewerb in Gremien, der selbst bei geringer Bedeutung nicht selten knallhart und verletzend ist, findet sich bei ihnen deutlich seltener. Neue Formen der Parteiarbeit lassen sich aber nur schwer entwickeln. Zumal in einer Zeit, in der Politik generell an Ansehen so stark verloren hat. Nicht konfrontative, breit aufgestellte dialogische Bewegungsformen wie »Pulse of Europe« ziehen dagegen viele Frauen an. Doch die Umsetzung in Politik, die ja ohne die repräsentativen Strukturen von Parteien kaum gelingen kann, ist dann wieder ein Weg, den viele engagierte Frauen nicht mitgehen wollen. Der potentielle Bewerberpool für politische Ämter ist unter Männern immer noch deutlich größer als bei Frauen.

Was Männer betrifft, so hat die Familienpolitik mit dem Konzept der Elternzeit einen großen Beitrag dazu geleistet, Vätern mehr Raum dafür zu geben, sich aktiv an der alltäglichen Kindererziehung zu beteiligen. Väterselbstbild und Väterpraxis sind im Umbruch, durch materielle Anreize wird der Erfahrungshorizont positiv erweitert. Die Erfahrung mit Kleinkindern stärkt nachhaltig die Kompetenz für den Umgang mit Kindern und die Freude daran. Das Modell stärkt Frauen in der Partnerschaft und wird umso eher umgesetzt, als Frauen einen gut bezahlten Beruf ausüben und selbst gern Familienzeit an den Vater abgeben. Interventionen des Staates in einem solchen unterstützenden Sinn sind aus meiner Sicht sehr sinnvoll als Angebot, nicht als Zwang.

Die Politik hat aber auch, was die Möglichkeiten von Männern zur Erfahrung ihrer fürsorglichen Dimensionen angeht, einen traurigen Rückschritt vollzogen: durch die Abschaffung des Zivildienstes. Dieser Dienst hat für Jahrzehnte ganzen Generationen junger Männer Brücken gebaut in die Welt sozialer Verantwortung und ihnen oft auch beruflich ganz neue Wege aufgezeigt. Doch hier hat sich der Zeitgeist des Individualismus durchgesetzt und eine wichtige Quelle von sozialem Kapital verschüttet.

In der Schulpolitik gibt es daneben ein geschlechterpolitisches Problem, das kaum diskutiert wird, aber folgenschwer ist: Jungen haben heute deutlich weniger Bildungserfolg als Mädchen, sie machen weniger und schlechtere Schulabschlüsse, sie haben damit oft schlechte berufliche Chancen. Das verringert ihre späteren Möglichkeiten, eine Paarbeziehung einzugehen, denn Frauen binden sich nicht gern an völlig erfolglose Männer. Damit schädigt diese Entwicklung das private Lebensglück vieler Frauen und Männer in einer späteren Phase. Diese Verweigerung von Jungen liegt nicht nur an bildungsarmen Elternhäusern. Jungen treffen in der heutigen Schule oft nicht auf die Bedingungen, die sie zu ihrer Entwicklung eigentlich brauchen: genügend Wettbewerb, Herausforderung, Disziplin, intensiven Sport und Bewegung. Feinmotorik wird in den frühen Schuljahren überbewertet, der zappelnde Kampfgeist findet keine Kanäle. Stattdessen werden immer mehr Knaben als hyperaktiv eingestuft und medikamentös ruhiggestellt. Die Schule wurde aus vielen Gründen mehr auf das gefügigere Verhalten von Mädchen programmiert. Eine befriedigende Antwort auf diese Fragen ist wohl langfristig nur in attraktiven Ganztagsschulen mit guter Ausstattung für alle sozialen Schichten möglich.

Wir brauchen deshalb, im Gegensatz zu den Forderungen rechter Gruppierungen, mehr Geschlechterforschung. So wie es in der Medizin inzwischen selbstverständlich wird, Medikamente darauf zu prüfen, wie sie sich in ihrer Wirksamkeit bei Frauen und Männern unterscheiden (oft beachtlich), so müsste noch einmal ein großer Forschungsschub erfolgen, der banalen Fragen nachgeht: Unter welchen Umständen lernen Jungen und Männer gut? Unter welchen Mädchen und Frauen? Aber auch: Welche Bedingungen erleichtern es, dass Frauen sich für Führungsaufgaben interessieren? Dass sie Höchstleistungen erbringen? Wann und wie gelingt eine echte Kooperation von Frauen und Männern auf Augenhöhe am besten? Es gilt die Annahme zu hinterfragen, dass Frauen und Männer auf Angebote und Möglichkeiten im Wesentlichen gleich reagieren. Die fehlende Lohngleichheit ist ein Resultat dieser falschen Annahme: Es ist auf keinen Fall zu erwarten, dass Frauen insgesamt so aggressiv verhandeln wie Männer. Dieses Ungleichgewicht kann nur über Transparenz korrigiert werden. Da immer mehr Frauen für sich selbst sorgen müssen und als Alleinerziehende auch für ihre Kinder sorgen, wird die unterschiedliche Bewertung von Sozial- und Technikberufen sozial relevanter und ist nicht nur ungerecht, sondern äußerst kontraproduktiv.

Damit kommen große gesellschaftliche Themen ins Spiel. Etwa die Frage, wer zukünftig die unbezahlten Teile von Familienarbeit erbringt. Bei der heute wieder so populären Phantasie eines garantierten Grundeinkommens sehe ich vor meinem Auge viele Frauen mit Grundversorgung, die mit diesem geringen Einkommen Kinder erziehen, Kranke und Alte in der Nachbarschaft pflegen; und gleichzeitig viele unqualifizierte Männer, die sich eher selten sinnvoll beschäftigen. Und eine kleinere Schicht aktiver, viel arbeitender, sehr gut bezahlter Männer und Frauen, die hohen Status und ein hohes Einkommen genießen und die Welt gestalten. Das ist für mich keine positive Vision. Die Balance zwischen unbezahlter, eher niedrig bezahlter und regulärer bezahlter Arbeit ist jedenfalls stets im Fluss und stets kontrovers. In der Konfrontation mit den islamischen Flüchtlingen zeigt sich, dass Frauen und Männer in Deutschland oft tatsächlich um die hier bereits gewonnene Gleichstellung fürchten. Dennoch bleibt das Machtgefälle zwischen Frauen und Männern auch bei uns in abgeschwächter Form sicher noch lange erhalten. Es lohnt sich, weitere Schritte zum Abbau zu gehen, aber diese werden an Grenzen und auf Widerstände stoßen. Wie sich Wettbewerbsdenken und der Wunsch nach Kooperation in eine wirklich konstruktive Ergänzung begeben können, ist nicht nur das Projekt der Geschlechterbalance, sondern auch die Frage nach einer wirklich (öko)sozialen Marktwirtschaft.

Unglaublich viel, wirklich unglaublich viel hat sich in Europa in meiner Generation zugunsten von Frauen geändert. Zentimeter um Zentimeter wurde die Machtbalance verschoben. Zunächst drehte sich die Auseinandersetzung darum, was Frauen *dürfen* (also die gesetzlichen Rechte); dann um das, was Frauen *müssen* oder *sollen* (die Normen: Müssen Frauen Kinder haben? Fürsorgearbeit leisten? Freundlich sein? Einen Mann lieben?); ferner um das *Können* (können Frauen Autorität ausüben? Atomphysik beherrschen? Ski springen?).

Jetzt steht die letzte Frage an: Was *wollen* Frauen wirklich? Die gängige Antwort, dass Frauen im Kern das Gleiche wie Männer wollen sollen, ist jedenfalls nicht die Lösung der verbleibenden Probleme.

Eine letzte provozierende Anmerkung: Die Transgender-Debatte hat das Thema der Kluft zwischen den Geschlechtern wieder neu eröffnet. War die Debatte über Homosexualität von der These gekennzeichnet, dass es eben Frauen mit mehr männlichen und Männer mit stärker weiblichen Anteilen gebe, gewissermaßen ein Kontinuum ohne scharfe Abgrenzung, so basiert die gesamte Transgender-Debatte auf der Annahme einer geradezu fundamentalen Verschiedenheit der Geschlechter. Der gefühlte

Unterschied, das *falsche* Geschlecht, wird hier oft durch drastische Hormonbehandlungen und Operationen korrigiert. Ob dies tatsächlich der einzig richtige Weg für die betroffenen Personen sein kann, weiß ich nicht. Aber sie haben das Thema der markanten Unterschiede zwischen Männern und Frauen wieder auf die Tagesordnung gesetzt. Für viele Menschen ist dies eine verstörende Praxis, die tiefe Tabus berührt. Es gibt noch viel zu lernen und darüber zu streiten, aber mit Respekt, bitte.

Gisela Erler ist seit 2011 Staatsrätin für Zivilgesellschaft und Bürgerbeteiligung der Landesregierung Baden-Württemberg und Mitglied im Ministerrat; Gründerin der pme Familienservice GmbH, Berlin, von 1992–2008 deren Geschäftsführerin; seit 2006 Leiterin der Serviceagentur im Aktionsprogramm der Mehrgenerationenhäuser; 2000–2006 Programmdirektorin der Konferenz »Work-Life und Diversity«; zuvor wissenschaftliche Referentin am Deutschen Jugendinstitut, München; Familienforscherin, Autorin (u. a. Mitherausgeberin des *Müttermanifestes* 1987). Bei Wagenbach erschien 1985 *Frauenzimmer. Für eine Politik des Unterschieds*. Geboren 1946 in Biberach an der Riss, Tochter des SPD-Politikers Fritz Erler.

Mithu M. Sanyal

Quo vadis, Feminists?

Feminismus hat mein Leben verändert. Nicht nur im übertragenen Sinne. Das auch. Zunächst bescherte der Feminismus mir jedoch meinen glänzenden deutschen Pass. Na ja, meinen nicht mehr ganz so glänzenden Pass, weil ich ihn ständig mit mir herumtrage, um zu beweisen, dass ich wirklich ich bin.

Hier soll es nun um die deutsche Frauenbewegung vom Tomatenwurf bis heute gehen und um die Frage, ob genügend Tomaten geflogen sind und wir heute Ketchup für alle haben. Und aus diesem Grund wäre dieser Text beinahe nicht zustande gekommen. Denn: Wer bin ich, mir das anzumaßen?

Zum Glück habe ich meinen Pass, um diese Frage zu beantworten: Ich bin Deutsche. Weil die Frauenbewegung für das Recht meiner Mutter gekämpft hat, mir ihre Staatsangehörigkeit zu geben. Tatsächlich hat meine Mutter als Teil der Interessengemeinschaft der mit Ausländern verheirateten Frauen (IAF), als Teil der deutschen Frauenbewegung dafür gekämpft. 1974 stimmte ihnen das Bundesverfassungsgericht zu, dass es mit dem Grundsatz der Gleichberechtigung unvereinbar ist, wenn die Staatsangehörigkeit nur über den Vater *vererbt* wird. Am 1. Januar 1975 wurde das Reichs- und Staatsangehörigkeitsgesetz geändert, und am 28. Januar wurde ich Deutsche. Das war ein Dienstag. Danke, Mama! (Auch so eine zentrale feministische Handlung, unseren Müttern zu danken, den biologischen wie den geistigen.

Deshalb: danke Ingrid Sanyal, danke Marta Zagorski, danke Florence Hervé, danke Ingrid Strobl, danke Meera Syal, danke Dee Wells, danke bell hooks, danke Gayatri Chakravorti Spivak, danke Zora Neale Hurston, danke Angela Davis, danke Amrita Sher-Gil, danke Annie Sprinkle, danke Gypsy Rose Lee, danke Dorothy L. Sayers, danke Trinh T. Minh-ha, danke …)

Das war aus einer ganzen Reihe von Gründen bemerkenswert: So wurden die Menschen, die in diesem Land lebten, damals noch *Ausländer* genannt und nicht wie vorher *Gastarbeiter* oder wie nachher *Migranten* oder wie heute *Muslime*. (Wir erleben zurzeit eine Ethnisierung von Religion. Sind Sie beige und haben dunkle Augen und Haare? Herzlichen Glückwunsch, dann gehören Sie dazu – ob Sie wollen oder nicht. So gratulieren mir häufig Leute, dass ich kein Kopftuch trage.)

Insbesondere aber, weil das eine radikale Revolutionierung der Vorstellungen von Besitz in Bezug auf Geschlecht war. Frauen konnten damit nicht nur ihren materiellen Besitz vererben, sondern wurden auch zu Eigentümerinnen ihrer Privilegien: Frau Doktor war nicht mehr (nur) die Frau des Doktors, sondern selber Doktora, und eine Deutsche gehörte nicht mehr nur als Tochter zu diesem Land, sondern konnte ihre Zugehörigkeit auch auf ihre potentiellen Kinder übertragen. Damit wurde Deutschland vom Vaterland zum Vater- und Mutterland (andere Möglichkeiten, die Staatsangehörigkeit zu erlangen, wurden und werden noch immer heiß umstritten), und das war ein Grund zu feiern!

Bloß hinterfragten die 68er die Bedeutung von Vaterland und Staat und Angehörigkeit. Ich erinnere mich noch an einen Genossen, der mir erklärte, er glaube nicht an Nationalitäten, weshalb ihm Pässe egal seien. Derselbe Genosse wurde später der Vater meines Sohnes und setzt jetzt alles daran, dass unser Sohn neben meinem auch seinen – also einen französischen – Pass bekommt. Betroffenheit verändert den Blick auf die Dinge, und das ist gut so. Doch noch etwas verändert unseren Blick, und das ist unser Schlicht-so-Sein. Der Schriftsteller David Foster Wallace erzählte gerne die Geschichte: »Schwimmen zwei junge Fische des Weges und treffen zufällig einen älteren Fisch, der in die Gegenrichtung unterwegs ist. Er nickt ihnen zu und sagt: Morgen Jungs, wie ist das Wasser? Die zwei jungen Fische schwimmen eine Weile weiter, schließlich wirft der eine dem anderen einen Blick zu und sagt: Was zum Teufel ist Wasser?« Der Feminismus ist das Wasser, in dem wir schwimmen.

Deshalb fällt es uns so schwer zu bemerken, in wie unendlich vielen Wegen und Arten unser Leben grundlegend anders ist, als es wäre, wenn es die Frauenbewegung nicht gegeben hätte, den Feminismus, den Womanismus und Riot Grrrl und alles, was dazugehört. Die Gesellschaft ist eine andere geworden. Und sie ist nicht so anders, wie wir sie gerne hätten: Mind the gap!

Ein gerne zitiertes Beispiel ist der Gender Pay Gap, also der Lohnunterschied zwischen Männern und Frauen – und ja, in dieser wie in so vielen Debatten um gleiche Rechte ist die Tatsache, dass es mehr als zwei Geschlechter gibt, die alle ein Recht auf gleiche Rechte haben, noch immer nicht angekommen. Jeder kennt die Parole: »Gleicher Lohn für gleiche Arbeit!« Nur ist diese ebenso eingängig wie falsch. Wenn es tatsächlich so wäre, dass Frauen in Deutschland für die gleiche Arbeit 21 Prozent weniger Bezahlung bekämen als Männer, würden Betriebe ab morgen nur noch Frauen einstellen und damit über Nacht ein Fünftel ihrer Kosten sparen. So sehr kann der Kapitalismus das Patriarchat gar nicht lieben. Die 21 Prozent Lohnunterschied beziehen sich auf das Durchschnittseinkommen von Frauen in Vollzeitbeschäftigung im Vergleich zu dem von Männern in Vollzeitbeschäftigung. Der bereinigte Pay Gap – also der, bei dem versucht wird, die konkrete Lohndiskriminierung zu errechnen, der also nicht das Einkommen von (um im Klischee zu bleiben) Kindergärtnerinnen mit dem von Schreinern vergleicht – ist deutlich niedriger: Je nachdem, welcher Statistik man glaubt, liegt er zwischen 2 Prozent (Institut der Deutschen Wirtschaft) und 7 Prozent (Statistisches Bundesamt). Wer manipuliert hier also die Zahlen? Niemand. Es ist die Frage, welche Faktoren man mitberechnet und welche nicht. Wie so häufig ist die Sache nicht so eindeutig, wie wir sie gerne hätten. Das ist natürlich ein großer Trost, da Frauen dieselben Mieten zahlen müssen und ein Laib Brot nicht weniger kostet, wenn eine Frau ihn kauft. Aber es bedeutet, dass das Lohngleichheitsgesetz nur an den 2 bis 7 Prozent tatsächlicher Unterschiedlichbezahlung im selben Beruf rütteln kann und wir für die restlichen 14 bis 19 Prozent des Gender Pay Gaps andere Maßnahmen brauchen.

Nun beruht die Vorstellung der unterschiedlich vollen Lohntüte nicht auf verblendeter Propaganda, sondern darauf, dass Frauen mit der industriellen Revolution tatsächlich weniger Lohn *bekamen* als Männer. Die Begründung war, dass Arbeiter*innen weniger schwer tragen, weniger schnell malochen oder anderweitig hart arbeiten würden als ihre männlichen Kollegen und deshalb in derselben Zeit weniger produzieren würden. Ähnlich erging es auch schwarzen oder beigen Arbeiter*innen, nur dass bei ihnen die Begründung lautete: Seid froh, dass ihr überhaupt einen Job habt.

Die Gesetze, die diese Ungleichbehandlung verbieten, sind der Frauenbewegung der 68er zu verdanken (die bei uns in der Provinz etwas später angekommen ist, weshalb wir sie den Siebziger-Jahre-Feminismus nennen), ebenso wie das Gesetz, dass Ehemänner nicht mehr den Arbeitsvertrag ihrer Ehefrau kündigen können, wenn sie meinen, dass die den Haushalt nicht ordentlich genug macht (1975), und so viele andere Gesetze, die uns heute als selbstverständlich erscheinen, wie die wenn schon nicht Legalisierung, so doch zumindest Straffreiheit bei einem Schwangerschaftsabbruch bis zur zwölften Woche (1974 in der BRD, in der DDR war Abtreibung legal), die Revolutionierung des Scheidungsrechts (1977), der Zugang zu sogenannten Männerberufen wie Polizistin (1979), Nachrichtensprecherin (1979), Pilotin (1986), Ministerpräsidentin (1993) oder Schiedsrichterin in der Fußball-Bundesliga (2017), das Gesetz zur Gleichbehandlung am Arbeitsplatz (1980), das Recht, bei einer Heirat den eigenen Namen zu behalten (1991), die Nein-heißt-nein-Regelung bei Vergewaltigungen (2016) und die Ehe für Alle (2017), um nur einige zu nennen ... und *dass* sie uns so selbstverständlich erscheinen, zeigt, wie radikal der Feminismus die Art, wie wir in der Welt sind, verändert hat.

Und trotzdem gibt es die 21 Prozent. Deshalb muss der Kampf dagegen neben der juristischen auch auf der mentalen Ebene ausgefochten werden, auf der Ebene der Vorstellungswelten und der Narrative. Eines dieser Narrative ist Geld, das für Frauen nach wie vor ein schmutziges Wort ist. Und mit Frauen meine ich auch mich. Wann immer mich Veranstalter*innen fragen, ob ich einen Vortrag halten oder einen Artikel schreiben möchte, entschuldige ich mich, weil ich nach dem Honorar fragen muss. Und wenn die Antwort lautet – wie sie überraschend häufig lautet –, dass sie es sich leider nicht leisten können, mich für meine Arbeit zu entlohnen, entschuldige ich mich erneut und erkläre – ernsthaft! –, dass ich leider mein Kind ernähren muss und ansonsten nur zu gerne ohne Bezahlung alles Mögliche für Menschen tun würde, deren einzige Verbindung zu mir darin besteht, dass sie mir eine E-Mail geschickt haben.

Doch kommen wir zurück zu den 68ern, denen ich für immer dankbar sein werde, weil sie dafür gesorgt haben, dass Deutschland ein anderes Land geworden ist, so sehr, dass wir das Prä-68er-Deutschland nicht mehr erkennen würden, auch wenn es uns mit Petersilie dekoriert auf einer Kaltplatte gereicht würde. Gleichzeitig waren die 68er aber auch diejenigen Lehrer (wenn sie nicht aufgrund des Radikalenerlasses aus dem öffentlichen Dienst entfernt worden waren), die sich in den achtziger Jahren vor uns Schüler*innen stellten und sagten: »Wir waren viel politischer als ihr.« Natürlich schrieben wir uns damals noch nicht mit *. Die Geschlechtergrenzen verliefen ebenso klar wie die anderen Demarkationslinien. Das ist noch etwas, das sich heute verändert hat: die Vorstellung, dass es nur eine Art gibt, Politik zu machen, sowie die Sicherheit, mit der zwischen hüben und drüben unterschieden wird, zwischen uns und denen. Habe ich geschrieben »hat«? Ich meinte natürlich: »soll«. Das ist etwas, was sich noch weiter verändern sollte. Bitte. Dringend.

Vorstellungswelten zu erweitern ist eine zentrale Aufgabe des Feminismus – auch heute. Tatsächlich werde ich meistens doch für Veranstaltungen bezahlt. Eine der Fragen, die mir dabei immer wieder gestellt werden, ist: »Gegen wen sollen wir denn dann kämpfen?« Denn ich spreche (nicht nur, aber) auch darüber, in welchen Formen Männer aufgrund ihres Geschlechts diskriminiert werden. Was ich damit meine, ist lediglich, dass Simone de Beauvoirs berühmter Satz: »Man wird nicht als Frau geboren, man wird es« genauso gilt, wenn man sagt: »Man wird nicht als Mann geboren, man wird es«. Dass Cis-Männer nicht die Gewinner der Geschlechterlotterie sind, sie haben nur ein anderes Los gezogen als Cis-Frauen. Und dass die Befreiung der Frau nicht ohne die Befreiung des Mannes – und der aller anderen Geschlechter! – funktionieren kann.

»Gegen wen sollen wir denn dann kämpfen?« – ist eine berechtigte Frage, aber es ist eben nur eine von vielen Fragen, wie zum Beispiel »Wofür wollen wir kämpfen?«. Der Tomatenwurf war ein Protest gegen das Selbstverständnis der Helden der Studentenbewegung, die Frauen – und auch anderen als *Minderheiten* wahrgenommene Gruppen, wie Menschen mit Behinderungen, rassifizierte Menschen und so weiter – eine Nebenrolle in ihren inneren Skripten zuschrieben – sprich: Sie sollten diese Skripte/Reden/Flugblätter abtippen und kopieren und sich ansonsten um Kaffee/Kinder/Küche kümmern. Das war so offensichtlich unfair, dass es einfach war, sich dagegen zu positionieren. Und das war notwendig! Vor allem, da Recht und Gesetz auf Seiten der Helden waren.

Das Narrativ der Helden wurde damit aber auch affirmiert: Es wurde gebeten, geschimpft, eingefordert, eine bessere Rolle in diesem Narrativ zu erhalten – anstatt ein eigenes Narrativ zu erschaffen, in dem *wir* die Aufmerksamkeitsökonomie bestimmen. Denn ein Vorteil daran, dass wir Gesetze geändert haben – und ich möchte mich an dieser Stelle noch einmal bei all den großartigen Frauen* bedanken, die das *de facto* getan und mir das Privileg verliehen haben, hier in politischer Kontinuität *wir* zu schreiben –, ist, dass es schnurz ist, ob die Helden (der Studenten-bewegung/linken Szene/des Schulhofs/Betriebs …) uns zustimmen oder nicht. Ihre Liebe hat nicht mehr Gewicht als unsere, und sie sind ebenso auf unsere Wertschätzung angewiesen wie wir auf ihre. Nur ist das bei den meisten von uns noch nicht angekommen. Und damit meine ich, bei den meisten Anteilen meiner Psyche.

Die Feinde waren nie die Männer, die Weißen, die Kapitalisten (okay, die vielleicht schon). Der politische Kampf hat sich immer darauf gerichtet, Systeme zu verändern. Dass die Welt komplexer geworden ist, ist ein Zeichen dafür, dass auch unser Denken komplexer geworden ist. Und dass kämpfen (im besten Fall) bedeutet, darum zu ringen, zu wachsen und uns gegenseitig beim Wachsen zu helfen. Natürlich geht es darum, gegen Herrschaftsstrukturen anzugehen, aber auch gegen die eigenen Herrschaftsstrukturen.

Um die ganze Sache noch komplizierter zu machen, ist *Unterdrückung* selbst zu einer Form des politischen Kapitals in linken Kreisen geworden. Werde ich *unterdrückt*, muss ich keine Verantwortung dafür übernehmen, wenn ich möglicherweise andere unterdrücke, schließlich bin ich ja *die Unterdrückte*. Nach dem Motto: Wer zuerst sagt »du hast mich verletzt«, hat gewonnen. Doch die meisten von uns sind nicht Gefangene totalitärer Regime. Und wenn wir von Diskriminierung sprechen, dann ist diese real, aber sie stellt uns eben nicht automatisch außerhalb des Systems, auf das wir dann nur noch unbeteiligt schauen können. Diskriminiert zu werden ist keine moralische Kategorie, verhindert nicht, andere (und uns selbst) zu diskriminieren. Noch einmal: Es geht darum, Strukturen zu verändern. Und das tun wir unter anderem, indem wir vorleben, dass wir Menschen als Menschen wahrnehmen und nicht als Vertreter ihres Geschlechts – auch wenn diese Menschen Cis-Männer sind.

Ich möchte das am Beispiel der Vereinbarkeit von Kindern und Leben verdeutlichen, weil sich daran so vieles aufzeigen lässt. Der Feminismus hat mir ein Leben geschenkt, das für meine Mutter unmöglich gewesen wäre. Er öffnete mir die Tore der Universitäten (und da ich aus einer Arbeiterfamilie komme, in der mir der Mond deutlich näher war als ein Studium – schließlich sah ich ihn jeden Abend, während Universitäten fremde Galaxien waren –, schrieb ich mich in meiner Heimatstadt für eine Fächerkombination ein, die mich nicht sonderlich interessierte, weil ich ja schließlich nicht zum Spaß studierte). Und dann wurde ich schwanger und hatte das Gefühl, mit einem Schlag zurück in den fünfziger Jahren gelandet zu sein. Was natürlich nur bewies, wie wenig Ahnung ich von den Fünfzigern hatte. Aber auch, wie radikal sich meine Wahlmöglichkeiten verengten. Ich wäre gerne Vater geworden und hätte eine (Ehe)Frau gehabt, die sich zu Hause um das Kind gekümmert hätte, während ich … nicht einmal Karriere …, aber doch irgendetwas anderes gemacht hätte, als durchgehend und ausschließlich die Bedürfnisse einer anderen Person zu befriedigen und, wann immer ich etwas anderes tat, wie zum Beispiel arbeiten, aus missverstandenem Mutterschutz am liebsten nach Hause geschickt worden wäre. Als ich zum Jugendamt ging, um darüber zu verhandeln, ob es mir eine Tagesmutter bezahlen könnte, sagte die freundliche Beamtin: »Kein Problem, wir haben hier das Düsseldorfer Modell, Sie brauchen nicht zu arbeiten und bekommen jeden Monat 1.000 Euro, ist das nicht toll?« Sie konnte nicht verstehen, dass ich das nicht toll fand, während ich nicht verstehen konnte, dass sie mir lieber 1.000 Euro geben wollte als 300 Euro für die Tagesmutter.

Und mit dem Gefühl, dass hier etwas faul ist, bin ich nicht allein. Der Moment, in dem das erste Kind kommt, ist für die meisten Menschen bei uns gleichbedeutend mit einem Rückfall in traditionelle Geschlechterrollen. Beziehungen, die vorher ziemlich gleichberechtigt geführt wurden, verwandeln sich in Versorgerehen, bei denen die Frauen zu Hause beim Kind bleiben – zumindest erst einmal. Nicht, weil die Hormone sie in den Wahnsinn treiben, sondern weil es eine Reihe von guten Gründen gibt, angefangen bei der Tatsache, dass in den meisten Beziehungen die Frauen weniger verdienen. Und diese Gründe sind das Problem. Denn sie kommen ja nicht von ungefähr. Siehe 21 Prozent Lohnunterschied.

Doch dann gibt es noch die anderen Gründe, wie in: das andere Geschlecht. Noch immer nimmt nur ein kleiner Anteil der Väter Elternzeit – und von denen 80 Prozent nur zwei Monate. Überraschend dabei ist, dass viele junge Väter in Deutschland Elternzeit nehmen *wollen*, ihnen das aber gar nicht so einfach gemacht wird wie Müttern, die bereits während der Schwangerschaft von ihren Arbeitgebern darüber beraten werden. Das beginnt bei arbeitsrechtlichen Hürden wie der, dass der Kündigungsschutz für werdende Väter erst ab der achten Woche vor der Geburt besteht, Elternzeit aber bis spätestens zur siebten Woche beantragt werden muss. Viele Chef*innen fühlen sich dann davon hintergangen und machen ihren Arbeitnehmern klar, dass sie sich in diesem Fall eine Karriere in dem Unternehmen abschminken können, und Jungs lernen in unserer Gesellschaft Abschminken nun einmal seltener. Doch abgesehen davon: Welche Perspektiven haben Väter überhaupt? Was ist die Rolle von Vätern in unserer Gesellschaft?

Es gibt die vage Vorstellung, dass sie den Müttern helfen sollen; so wie mein Vater damals in den siebziger Jahren im Haushalt helfen sollte. Dass sie Handlangerarbeiten übernehmen sollen, während Mütter die Expertinnen in der Kindspflege sind. Ja, es stimmt, dass Männer am Spielplatz als Helden beklatscht werden, aber nur kurz, dann sprengen sie den Kreis der Mütter und werden als Fremdkörper behandelt.

Ich verallgemeinere, doch genau das tun auch die Jugend- und alle anderen Ämter. Väter sind Eltern zweiter Klasse, die Krankenkassen etwa übernehmen die Kosten des Geburtsvorbereitungskurses für Mütter, aber nicht für Väter. Väter, die sich mit den Müttern nach einer Trennung die Sorge des Kindes je zur Hälfte teilen, müssen trotzdem den vollen Unterhalt zahlen. Einzelfallentscheidungen zeigen, dass sich inzwischen etwas bewegt – leider nur sehr langsam.

Die Sechziger waren das Jahrzehnt der Zukunft, einer Zukunft, die für uns heute so *steampunk* wirkt wie das viktorianische Zeitalter. Was daran liegt, dass sich unsere Vorstellungen von Fortschritt verändert haben. Wir haben begriffen, dass höher, schneller, weiter in einer immer globaleren Welt nichts anderes als ein Rezept für Selbstzerstörung und Einsamkeit ist. Was wir brauchen, sind revolutionäre Konzepte für Kommunikation, Konsens und Respekt. Der Umgang mit Kindern ist ein Beispiel für eines dieser Konzepte. Männer lernen in unserer Gesellschaft noch immer, weniger Zugang zu ihren Gefühlen, weniger Empathie mit sich selbst und als Konsequenz daraus weniger Empathie mit anderen Menschen zu haben. Wenn junge Väter Zeit und Hautkontakt mit ihren Babys teilen, eröffnet ihnen dies einen Weg zu eben diesen Persönlichkeitsanteilen. Wie können wir es für das Gemeinwohl unserer Gesellschaft verantworten, ihnen das zu erschweren? Ja, wie kann die Wirtschaft es sich leisten, dass ihnen diese *soft skills* flöten gehen?

Der politische Umgang mit Männern basiert häufig auf der Forderung: Die sollen endlich etwas abgeben. Doch ist das nicht sexy. Nun müssen politische Bewegungen natürlich nicht sexy sein. Aber da halte ich es mit Emma Goldmann: Wenn ich nicht tanzen kann, ist es nicht meine Revolution. Natürlich haben Männer eine Menge durch den Feminismus zu gewinnen oder hätten das zumindest, wenn wir die Sache konsequent angingen. Der Gedanke, dass sie die ganze Zeit Frauen unterdrücken und dabei eine tolle Zeit haben, ist ebenso anachronistisch wie das Zukunftsbild der 6oer. Er ist total verständlich aus den historischen Bedingungen, aber zum Glück sind die Bedingungen inzwischen andere, *weil wir sie verändert haben!*

Was die Frauenbewegung erreicht hat, machte mir die Autorin Erica Fischer vor kurzem deutlich, als sie mir erklärte: »Ich konnte mir nicht vorstellen, von einem Mann geliebt zu werden, weil ich mir nicht vorstellen konnte, dass jemand ein so minderwertiges Wesen wie mich lieben konnte.« Dass eine so kluge und charmante und gebildete Autorin von so tollen Büchern wie *Aimée und Jaguar* sich nicht vorstellen konnte, liebenswert und damit lebenswert zu sein, *weil sie eine Frau war*, war für mich unfassbar. Und doch war dies das Gefühl, mit dem meine Mutter aufgewachsen ist, obwohl sie unglaublich geliebt wurde – von ihrer Mutter, von ihrem Bruder, von mir – und von meinem Vater. Es ist keine faire Analyse ihrer Ehe, die wie jede Ehe vielschichtig und kompliziert war, aber ich weiß, dass meine Mutter einen großen Teil ihrer Konflikte darauf zurückführte, dass mein Vater sich ihr überlegen fühlte, weil er ein Mann war. (Umgekehrt hat mein Vater einen gerüttelten Anteil derselben Konflikte darauf zurückgeführt, dass sie sich ihm überlegen fühlte, weil er nicht deutsch war.) Und das ist es, was der Feminismus verändert hat und nach wie vor verändert. Er gibt uns – und zwar uns allen – eine Existenzberechtigung.

Dürfen wir was auch immer wollen, anstreben, erwarten? Wir dürfen nicht nur, wir müssen! »Wenn du dich klein machst, dient das der Welt nicht. Es hat nichts mit Erleuchtung zu tun, wenn du schrumpfst, damit andere um dich herum sich nicht verunsichert fühlen. Wenn wir unser eigenes Licht erstrahlen lassen, geben wir unbewusst anderen Menschen die Erlaubnis, dasselbe zu tun«, ist eines der berühmtesten Zitate von Nelson Mandela. Nicht ganz so bekannt ist, dass er damit wiederum Marianne Williamson zitiert hat.

Eine der vielen große Errungenschaften der Frauenbewegung ist, dass sie die mentale Arbeit geleistet hat, die notwendig war, um uns das Korsett von Geschlecht = Schicksal vom Leib zu reißen oder zumindest aufzuschnüren, damit wir anders denken, fühlen und träumen können. Dieselbe Arbeit für Männer, aus dem Schuhkarton ihrer Geschlechterzuschreibungen – der *(act-like-a-)man-box* – herauszukommen, steckt noch in den Kinderschuhen. So sehr, dass die meisten von uns davon ausgehen, Geschlecht hätte gar keine Auswirkungen auf Männer, außer der, dass sie sich als *Masters of the Universe* fühlen. Doch auch die Tatsache, dass Geschlecht Auswirkungen auf Frauen hat, wurde vor den Frauenbewegungen ja häufig übersehen. Also dass wir nicht deswegen Mathe-Leistungskurse gemieden haben, weil unsere Gehirne nicht für komplexere Rechnungen gemacht waren als die, wie viele Eier auf wie viel Mehl verwendet werden, sondern weil Leute wie mein Mathe-Leistungskurs-Lehrer gesagt haben: »Ich sehe, hier sitzen zwei Mädchen im Kurs, das wird sich bis zum Ende des Schuljahrs ändern.« Derselbe Lehrer hätte Stein auf Bein geschworen, dass er nichts gegen Mädchen hätte, Mädchen wären nun einmal schlechter in Mathe. Dass wir heute sehen können, dass er ein Knallkopf war und dass Mädchen weder so noch so, sondern unterschiedlich sind, ist ein Zeichen für den Erfolg des Feminismus. Vielleicht ist es an der Zeit, dass wir abgeben: von unserer Erfahrung, unserem Wissen, unseren *best-practice*-Modellen.

Feminismus ist das Fenster, durch das ich politisiert worden bin. Vieles von dem, was mir in meinem Leben zugestoßen ist, habe ich als Sexismus identifiziert und damit unschädlich gemacht oder ihm zumindest die Spitze genommen: Was Sexismus war, war eine Struktur, die gegen Frauen als gesellschaftliche Gruppe gerichtet war und nicht gegen mich persönlich. Und damit traf es mich nicht so sehr. Heute würde ich vieles davon als Rassismus bezeichnen. Die Struktur ist dieselbe. Und deshalb kann Feminismus nicht dabei stehenbleiben, nur Rechte für Frauen zu erkämpfen. Natürlich ist das jeder*m freigestellt. Aber es dabei zu belassen, bringt uns als Bewegung nicht weiter. *Wir Frauen* sind nur *eine* unterdrückte Bevölkerungsgruppe. So weh es tut: Wir sind nichts Besonderes, weil wir so sexy und … weiblich sind. Wir wurden und werden unterdrückt, weil Kapitalismus/Patriarchat/Imperialismus auf Hierarchien basiert und auf unterschiedlichen Sphären, darauf, dass die Welt nicht uns allen gehört. Der wirkliche Widerspruch ist nicht Patriarchat versus Matriarchat, er ist hierarchisches versus kooperatives Denken.

Mithu M. Sanyal, geboren 1971, lebt in Düsseldorf. Sie promovierte in Kulturwissenschaften und arbeitet als Buchautorin und Journalistin, hauptsächlich für den WDR. Sie hat eine regelmäßige Kolumne in der *taz*. Im Wagenbach Verlag veröffentlichte sie 2009 *Vulva. Die Enthüllung des unsichtbaren Geschlechts*/Neuauflage 2017. Zuletzt erschien von ihr in der Edition Nautilus *Vergewaltigung – Aspekte eines Verbrechens*.

Bahman Nirumand

Iran zum Beispiel

Kaum war ich dem Angriff der Polizei auf Demonstranten vor der Deutschen Oper in Berlin entkommen, hörte ich, dass bei den Auseinandersetzungen ein Polizist ums Leben gekommen sei. Die Polizei hatte, nachdem der Schah und seine Gattin Farah Diba sich in die Oper begeben hatten, um Mozarts Zauberflöte zu lauschen, die von Polizeipräsident Erich Duensing vorgegebene *Leberwurst-Taktik* erprobt: »Nehmen wir die Demonstranten als Leberwurst, dann müssen wir in die Mitte hineinstechen, damit sie am Ende auseinanderplatzt.« Ich hatte Glück, denn ich war mit einigen Knüppelschlägen und blauen Flecken davongekommen.

Die Nachricht war schockierend. Bis dahin war ich optimistisch gewesen. Es war uns Iranern in Deutschland gelungen, die bundesrepublikanische Öffentlichkeit über die Verhältnisse in unserem Land aufzuklären und das wahre Gesicht des Kaisers auf dem Pfauenthron zu entlarven, der in der westdeutschen Regenbogenpresse als aufgeklärter Monarch präsentiert und von großen Teilen der Bevölkerung geschätzt wurde.

Zeitgleich machten die als Volksbefreiungsbewegungen bezeichneten Aufstände in anderen Regionen der Welt, allen voran die Volkserhebung in Vietnam, viele auf die Vorgänge *draußen in der Welt* aufmerksam. Bereits in der ersten Hälfte der sechziger Jahre gab es kleinere Protestdemonstrationen gegen Staatsbesuche von autoritären Herrschern, die in ihren Ländern als

Handlanger des Westens fungierten, wie die im Dezember 1964 gegen den kongolesischen Ministerpräsidenten Moïs Tschombé in Westberlin. Aber erst der Schah-Besuch im Juni 1967 und die damit einhergehenden Ereignisse verknüpften die Rebellion im Innern mit den Aufständen in jenen Ländern, die damals als Dritte Welt bezeichnet wurden. Der Staatsbesuch des Schahs, bei dem der im Iran herrschende Despot anbiedernd hofiert wurde, die damit verbundenen Einschränkungen, die der Bevölkerung auferlegt wurden, und schließlich das brutale Vorgehen der Polizei und Sicherheitsdienste gegen Demonstranten lieferten nach unserer damaligen Analyse ein anschauliches Beispiel für die gemeinsamen Interessen der etablierten Schichten im Westen und der Diktaturen in der Dritten Welt. Unsere Aufklärungsarbeit gepaart mit den Vorgängen während des Staatsbesuchs hatten uns unerwartete Erfolge beschert. Immer mehr Menschen äußerten mittlerweile Verständnis für unsere Protestaktionen.

Für die meisten Bürgerinnen und Bürger der Bundesrepublik lagen Länder wie Iran damals aber in weiter Ferne. Ihr Blickfeld reichte kaum über die Grenzen ihres eigenen Landes hinaus. Es ist aus heutiger Sicht schwer vorstellbar, wie provinziell die Bundesrepublik damals war. Die Erinnerung an die jüngst vergangenen grauenhaften Jahre und an die unmittelbare Nachkriegszeit wurde verdrängt, der wirtschaftliche Aufschwung erfüllte die Menschen mit Stolz und verlieh ihnen ein Glücksgefühl, das keine Störung von außen oder innen dulden wollte. Man wusste nicht und wollte auch nicht wissen, was *draußen in der Welt*, ja sogar im eigenen Land geschah. Wen wundert es, dass unter diesen Umständen bereits die ersten Protestrufe gegen die herrschenden Verhältnisse in der Bundesrepublik Anfang der sechziger Jahre auf heftigen Widerstand nicht nur der Regierenden stießen, sondern auch auf den großer Teile der Bevölkerung.

Die Aufständischen, meist Studenten und Intellektuelle, ließen sich aber nicht einschüchtern, sie legten die Finger in manche Wunden, die dringend einer Heilung bedurften. Eine gründliche Auseinandersetzung mit der Vergangenheit wurde gefordert, der autoritäre Staat wurde in Frage gestellt. Genau genommen war die Revolte in erster Linie nicht politisch, sondern kulturell.

Der Tod eines Polizisten hätte unsere gesamte Arbeit zunichte gemacht. Doch Stunden später stellte sich heraus, dass nicht ein Polizist, sondern ein demonstrierender Student erschossen worden war. Benno Ohnesorg war eigentlich nicht politisch aktiv gewesen. Doch empört über die Verhältnisse im Iran und die Unterstützung, die die Bundesrepublik dem Herrscher auf dem Pfauenthron gewährte, hatte er an der Demonstration vor der Oper teilgenommen und war von einem Polizisten namens Karl-Heinz Kurras niedergeschossen worden. Dieser Schuss hatte weitreichende Folgen. Er spaltete die bundesrepublikanische Gesellschaft und radikalisierte die bis dahin friedliche, pazifistische und oft humorvolle Bewegung. Wenn der Staat auf Proteste und demokratische Forderungen mit Gewalt reagiere, müsse ihm Gegengewalt entgegengesetzt werden, wurde nun argumentiert.

Als im April 1968 auf Rudi Dutschke ein Attentat verübt wurde, machten sich Wut und Verzweiflung in der Bewegung breit. Am Abend gab es eine regelrechte Schlacht vor dem Haus des Axel-Springer-Verlags, in dem die *Bild-Zeitung* und die *Morgenpost* herausgegeben wurden – beide Zeitungen führten seit Monaten eine Hetzkampagne gegen die Bewegung. Man dürfe nicht »die ganze Drecksarbeit der Polizei und ihren Wasserwerfern überlassen«, forderten beide Blätter.

Das Attentat auf Dutschke im April 1968 markierte den Gipfel der Bewegung und zugleich den Beginn ihres Zerfalls. Sie zersplitterte sich in sogenannte K-Gruppen und in Organisationen, die mit Waffengewalt gesellschaftliche Veränderungen erzwingen wollten. Für mich war es verblüffend, wie rasch sich dieser Wandel vollzog und wie konsequent Einzelne die Rollen wechselten. Wie konnten Leute, die noch vor kurzem jede Form von Autorität, jede Einschränkung individueller Freiheiten ablehnten, sich auf einmal als autoritäre Parteifunktionäre gebärden? Auch der bewaffnete Kampf, der sich durch Attentate auf

Einzelpersonen bemerkbar machte, war nach meiner Auffassung ein Irrweg, denn die Attentate legitimierten die Zunahme der Staatsgewalt, anstatt sie zu schwächen oder gar abzuschaffen. Ich zog mich zurück und konzentrierte mich auf den Kampf gegen die Diktatur im Iran.

Eigentlich war die Bewegung der sechziger Jahre spätestens nach drei Jahren also zu Ende. Aber schon diese kurze Zeit reichte aus, um einen gesellschaftlichen Prozess in Gang zu setzen, der den Wandel der Bundesrepublik Deutschland von einem Land des 19. Jahrhunderts in ein Land des 20. Jahrhunderts, von einem autoritären in einen modernen demokratischen Staat herbeiführte. Das Land öffnete sich nach innen und außen. Durch den raschen wirtschaftlichen Aufschwung spielte es auf dem Weltmarkt eine immer wichtigere Rolle. Millionen Deutsche verbrachten alljährlich ihren Urlaub in anderen Ländern, und Millionen Migranten hatten wiederum in der Bundesrepublik Arbeit gefunden und waren hier sesshaft geworden. Allmählich verwandelte sich das Land in eine plurale und multikulturelle Gesellschaft.

Aber auch jene, die von der Bewegung der sechziger Jahre herausgefordert worden waren, blieben nicht untätig. Helmut Kohl verkündete bei seiner Regierungsübernahme eine *geistig-moralische* Wende. Dabei ging es nicht allein um die Übernahme des Neoliberalismus, der parallel von Ronald Reagan in den USA und Margaret Thatcher in Großbritannien praktiziert wurde. Es ging auch um die Reaktivierung jener moralisch-geistigen Werte, die von den 68ern in Frage gestellt worden war. Dazu gehörte auch die Wiederentdeckung des Nationalismus. Diese von oben gesteuerte Wende bekamen nicht zuletzt die in Deutschland lebenden Migranten und Flüchtlinge zu spüren. Es war wieder die Rede von der »Homogenität der Gesellschaft«, die laut dem damaligen Innenminister Friedrich Zimmermann »im Wesentlichen durch die Zugehörigkeit zur deutschen Nation bestimmt wird«. Man sprach von der »Gefahr der Überfremdung«.

Beide Strömungen haben sich im Verlauf der folgenden Jahrzehnte weiterentwickelt: jene, deren Verfechter die Vielfalt und

Offenheit der Gesellschaft als eine Bereicherung und eine Chance betrachteten, in einem vereinten Europa mehr Demokratie und Freiheit zu erlangen und zur Sicherung des Friedens in der Welt beitragen zu können, und jene, deren Protagonisten ungeachtet der gewonnenen Erfahrungen aus unheiligen Zeiten deutscher Geschichte und ungeachtet der längst globalisierten Welt eine national orientierte, monokulturelle Gesellschaft anstrebten.

Kurze Zeit nach der friedlichen Revolution von 1989 zeigte sich, dass es offenbar nicht wenige Menschen in Deutschland gab, die die neu gewonnene Einheit, die sie mit nationalem Stolz erfüllte, als Ausgrenzung gegen Fremde interpretierten. Asylbewerberheime und Wohnungen von Ausländern wurden mit Molotow-Cocktails und Stahlkugeln angegriffen und in Anwesenheit applaudierender Bürger in Brand gesteckt, einzelne Migranten auf offener Straße zusammengeschlagen. Allein im Jahr 1992 wurden siebzehn Menschen nichtdeutscher Herkunft getötet.

Erschüttert von diesen Ereignissen wachte das liberale Deutschland wieder auf, es gab Demonstrationen, Solidaritätskundgebungen, Lichterketten. Doch Kerzen brennen schnell ab. Eine Bewegung, die das Phänomen an den Wurzeln hätte packen können, kam nicht zustande. War die nachfolgende Generation nicht motiviert genug, um sich mit den Ereignissen kritisch auseinanderzusetzen und den reaktionären Kräften den Kampf anzusagen? Anlässe dazu hätte es genug gegeben, nicht nur innen-, sondern auch außenpolitisch.

Ohne Zweifel war die Bewegung der sechziger Jahre sowohl in der Theorie als auch in der Praxis nicht ohne Fehler. Aber heute, nach einem halben Jahrhundert, zeigen die Fakten, dass unsere Kritik von damals in den Grundzügen berechtigt war. Wir kritisierten zum Beispiel, dass die Unterstützung der Diktaturen in den Ländern der sogenannten Dritten Welt zur Durchsetzung der eigenen ökonomischen und geostrategischen Interessen langfristig verheerende Folge haben würde, sowohl für die betreffenden Länder als auch für ihre Unterstützer. Iran bot dafür ein anschauliches Beispiel. Hätten die USA gemeinsam mit

Großbritannien nicht den Putsch gegen die Regierung des demokratischen Präsidenten Mohammad Mossadegh organisiert und nach seinem Sturz die Diktatur des Schahs mit aufgebaut, hätten die Islamisten unter der Führung von Ayatollah Chomeini niemals die Macht im Iran übernehmen können.

Kaum war der Vietnamkrieg, der in vielen westlichen Ländern und auch in Deutschland beträchtliche Proteste mobilisiert hatte, mit über zwei Millionen Toten zu Ende, eröffneten die USA gemeinsam mit Saudi-Arabien und Pakistan eine neue Kriegsfront in Afghanistan – dieses Mal allerdings zunächst ohne Beteiligung eigener Soldaten. Sie unterstützten die afghanischen Mudjahedin, die gegen *ungläubige Kommunisten* kämpften, massiv mit Geld und Waffen und mobilisierten außerdem Tausende kampfbereite junge Männer aus den arabischen Staaten, die sich auf den Weg nach Afghanistan machten. Der Krieg wurde zum Heiligen Krieg, zum islamischen Dschihad erklärt. Damit verwandelte sich Afghanistan zur Brutstätte des islamischen Terrorismus. Hier konnten all die Bin Ladens und Scheich Omars mit amerikanischen Waffen und Dollars sowie großzügigen Spenden aus Saudi-Arabien in Ruhe und Gelassenheit ihre Netzwerke aufbauen. Das Ergebnis dieser völkerrechtlich unzulässigen Einmischung war die Machtübernahme der Taliban.

Nennenswerte Kritik an der amerikanischen Nahost-Strategie blieb aus. In einem nächsten Schritt ermunterten die USA stattdessen den Diktator in Bagdad, Saddam Hussein, zu einem Angriff gegen die neu gegründete Islamische Republik Iran, mit dem Ziel, einen Regimewechsel zu erwirken und damit die alte Machtkonstellation im Nahen Osten wiederherzustellen. Die Revolution im Iran hatte die gesamte Architektur des Nahen und Mittleren Ostens ins Wanken gebracht. Es wurde befürchtet, dass die Region um den Persischen Golf, die bis dahin zur westlichen Interessensphäre gehörte, außer Kontrolle geraten könnte. Auch einige europäische Staaten, allen voran Frankreich und Deutschland, beteiligten sich und lieferten dem Irak massenhaft Waffen, darunter auch chemische und biologische. Acht Jahre dauerte der sinnlose Krieg, dem fast eine Million Menschen zum Opfer fielen. Das Absurde war, dass das islamische Regime trotz der hohen Menschenopfer und zerstörten Städte und Dörfer durch den Krieg gestärkt und der Diktator in Bagdad zum gefährlichsten Feind des Westens wurde.

Die Ereignisse im Iran und in Afghanistan leiteten eine neue Ära ein, in der der internationale islamische Extremismus und Terrorismus als neuer Akteur auf die politische Bühne trat. Die grauenhaften Anschläge in New York und Washington im September 2001 kamen nicht aus heiterem Himmel. Die Folgen sind bekannt.

Wenige Monate nach diesen Anschlägen starteten die USA einen Angriff gegen die eigenen Zöglinge, allen voran in Afghanistan. Die US-Regierung erklärte dem internationalen Terrorismus den Krieg und erhielt dafür die Unterstützung eines Großteils der Staaten der Welt. Afghanistan ist heute ein zerfallener Staat, die Hoffnung auf Sicherheit und Frieden ist verschwunden, weite Teile des Landes stehen unter der Herrschaft der Taliban. Der Terrorismus, der ausgerottet werden sollte, baute seine Netzwerke über weite Teile der Welt aus. Heute ist die Macht des IS eine Hauptursache der globalen Konflikte.

Kaum anders steht es um den Irak, jenes Land, das den USA und ihren Verbündeten als nächstes Kriegsziel diente. Bekanntlich erwiesen sich die offiziell angegebenen Gründe für diesen Krieg, der zweieinhalb Jahre nach dem Angriff gegen Afghanistan folgte, teils als dramatische Irrtümer, teils als bewusste Lügen. Doch im Grunde ging es um ein Ziel, das von den Neokonservativen in den USA unter verschiedenen Namen immer wieder gefordert wurde. Ob es *Greater Middle East* hieß, *die neue Weltordnung* oder, noch unverblümter, *das amerikanische Jahrhundert*, das Ziel bestand darin, vor allem im Nahen und Mittleren Osten, wo zwei Drittel der Öl- und Gasreserven der Welt lagern, eine Ordnung zu schaffen, die die Hegemonie der USA sichern sollte.

Heute ist die Weltlage im Vergleich zu den sechziger Jahren weitaus komplizierter und weniger überschaubar geworden. Die

Globalisierung und die daraus hervorgehenden Wirtschaftskrisen, die sich häufenden Umweltkatastrophen und der enorme Machtzuwachs der Ökonomie gegenüber der Politik haben dazu geführt, dass wir, trotz weitaus mehr Informationen, den Überblick verloren haben. Die Welt ist einerseits eng zusammengerückt, andererseits zutiefst gespalten.

Gegen diese Entwicklung gibt es zwar hier und dort Proteste und Widerstand. Gegen den Irak-Krieg gingen 2003 weltweit Millionen Menschen auf die Straße. Eine ernstzunehmende international organisierte Bewegung ist jedoch nicht in Sicht. Die Studenten, Intellektuellen, Künstler und Schriftsteller, die stets die Rolle der Avantgarde gespielt haben, flüchten sich in apokalyptisch anmutende Visionen. Der zuvor herrschende Glaube, durch politisches und soziales Engagement lasse sich eine freie, offene Gesellschaft ohne Unterdrückung erreichen, ist perspektivloser Apathie gewichen. Sie sind Zuschauer einer selbst handelnden Geschichte geworden. Kein Wunder, dass die so entstandenen Lücken von rückwärts gewandten, rassistischen Populisten vom Schlage Trump, Le Pen und Erdoğan gefüllt werden.

Blickt man auf die Staaten der Welt, scheint Europa die einzige Macht zu sein, die in der Lage wäre, neue Wege zum Frieden und Wohlstand einzuschlagen. Das setzt allerdings voraus, dass Europa seine Außenpolitik, unabhängig von den USA, radikal ändert und sich von jener Politik verabschiedet, die alle Mittel, auch das der militärischen Gewalt, einsetzt, um eigene Interessen durchzusetzen.

Natürlich ist die Lieferung von Waffen ein lukratives Geschäft. Aber Europa sollte bereit sein, bei solchen Geschäften zugunsten der Wahrung seiner eigenen Prinzipien und der Erhaltung eines nachhaltigen Friedens Abstriche zu machen. Die Anschaffung großer Waffenarsenale bedeutet gerade für die weniger entwickelten Länder eine massive Vergeudung von Geldern, die stattdessen zum Aufbau von Infrastruktur und für Bildung und Ausbildung ausgegeben werden könnten. Viele Länder der sogenannten *Dritten Welt* sind als Folge des Kaufs von Waffen enorm verschuldet, Waffen, die zumeist nicht zur Außenverteidigung, sondern gegen die Opposition im eigenen Land eingesetzt werden. Europa kann nicht auf der einen Seite die Missachtung von Menschenrechten in diesen Ländern beklagen und zugleich deren Regierungen Waffen und Ausrüstungen verkaufen, mit denen diese dem eigenen Volk ihre Macht und ihre ungerechten Entscheidungen aufzwingen.

Europa muss seine Wirtschaftsbeziehungen zu den autoritären Regimen mit Forderungen nach Einhaltung der Menschenrechte, nach Bildung und Ausbildung verknüpfen. Der kulturelle Austausch und der Wissenschafts- und Technologietransfer sind für die Zivilgesellschaften der weniger entwickelten Länder von nahezu existenzieller Bedeutung. Zudem könnte Europa durch die Unterstützung dieser Zivilgesellschaften in jenen Ländern den Prozess der Demokratisierung beschleunigen. Diese Chance sollte endlich ergriffen werden.

Bahman Nirumand, 1936 in Teheran geboren, verlieh 1967 als persischer Dissident mit seinem Buch *Persien. Modell eines Entwicklungslandes oder Die Diktatur der Freien Welt* den Studentenprotesten eine internationale Perspektive. Er war Mitauslöser der Proteste vom 2. Juni 1967. Nirumand hat zahlreiche Bücher über die politischen Verhältnisse im Nahen Osten und in Iran sowie die Beziehungen seines Heimatlandes zum Westen verfasst, unter anderem *Iran Israel Krieg. Der Funke zum Flächenbrand* 2012 bei Wagenbach. Außerdem hat er einige literarische Werke aus dem Persischen ins Deutsche übersetzt. Er lebt als Journalist und Autor in Berlin.

Tom Koenigs

50 años de Solidaridad

»Make Germany great again«, das fehlt jetzt noch, dass der Nationalismus, der halb Amerika, Russland, die Türkei und Ungarn gepackt hat, in Polen, Frankreich und Holland voranschreitet, England, Schottland, … Cataluña …, dass der auch in Deutschland ankommt; ankommt nicht irgendwo in den übelriechenden braunen Ecken, im »Nazizimmer« des europäischen Hauses (Matthias Beltz), sondern sich der bürgerlichen Mitte nähert, dem legendären *kleinen Mann*, der manchmal eine Frau ist, im Gefolge irgendeiner identitären Bewegung, die sich als Opfer fühlt, Opfer fehlender Aufmerksamkeit, niedriger Einschaltquoten, Opfer finsterer Meinungen und Macht, alter Verschwörung, Bann …

»Nationalismus heißt Krieg. Krieg, das ist nicht nur Vergangenheit. Er kann auch unsere Zukunft sein«, mahnte François Mitterrand in seiner letzten Straßburger Rede 1995.

Wenig verbindet die 68er-Generation mehr und nachhaltiger als die gelebte und gelobte Abkehr vom Nationalismus der Weltkriegszeit und der beiden Kriegsgenerationen der westlichen Welt.

Der Aufbruch gegen den »Muff von tausend Jahren« war von Anfang an ein grenzüberschreitender. Er begann in vielen Ländern zur gleichen Zeit, nicht nur in den westeuropäischen Metropolen und den USA, sondern mindestens auch in Lateinamerika. Es erstaunt mich immer wieder, gerade im Nachhinein betrachtet, wie sich die Diskussionen geähnelt haben an den Universitäten, die Themen, die Literatur und die Organisationen. In den USA verband sich der Kampf gegen den postkolonialen Vietnamkrieg mit der antirassistischen Bürgerbewegung (»No Vietcong called me nigger«, Muhammad Ali). In Lateinamerika verband sich der Kampf gegen den weltweiten Wirtschaftsimperialismus mit dem Widerstand gegen die örtlichen US-gestützten Diktatoren, und auch wenn sich manche Gruppen *nationale* Befreiungsbewegungen (ELN) nannten, waren sie doch eingebunden in ein internationales Konzept, das Bewusstsein eines gemeinsamen Kampfes, einen kosmopolitischen Traum (»I had a dream«).

Bei der Lektüre historischer Betrachtungen der 68er Jahre finde ich viele sehr deutsche Begründungszusammenhänge (Auseinandersetzung mit den deutschen Täter-Vätern) und genauso viel Hingabe an die extremistischen Abirrungen dieser Bewegung (RAF, Bewegung 2. Juni), dagegen wenig Betrachtung dieses internationalen Elements, zumal ein erheblicher Teil der politischen Energie dieser Jahre der internationalen Solidarität gewidmet war.

Der Protest gegen den Vietnamkrieg, der in den USA zum Widerstand wurde, stand für die ganze Bewegung früh an zentraler Stelle, obwohl es wenig direkten Austausch mit dem vietnamesischen Widerstand gab.

Kaum eine der antikolonialen Befreiungsbewegungen, die nicht in mehreren – die vietnamesische in fast allen – westeuropäischen und amerikanischen Ländern eine Solidaritätsgruppe hatte. Diese Gruppen versuchten die öffentliche Meinung und möglichst auch die staatliche Politik für die Befreiung in der Dritten Welt zu gewinnen, vermittelten Informationen aus und über diese Länder und empfingen manchmal Delegationen, öfter Flüchtlinge.

Auch die legendäre Demonstration am 2. Juni 1967 in Berlin war eine Solidaritätsdemonstration für die iranische Befreiungsbewegung und gegen das US-gestützte Schah-Regime.

Die Flüchtlinge, Exilierten, Austauschstudenten oder Gastwissenschaftler spielten in der Bewegung oft eine zentrale Rolle, für die Iran-Demonstration war es Bahman Nirumand und sein

Buch *Persien. Modell eines Entwicklungslandes oder Die Diktatur der Freien Welt* aus dem Jahr 1967.

Grenzen und kulturelle Unterschiede traten in den Hintergrund. Im Gegenteil, den engen, national geprägten Vorstellungen und Vorurteilen der Kriegs- und Nachkriegsjahre zu entkommen, den Traum ohne Grenzen zu leben, der sich in dieser Zeit noch nicht mit der europäischen Gemeinschaft oder den Vereinten Nationen verband, war Teil der eigenen Befreiung.

Die Idole des Internationalismus waren Ho Chi Minh, dessen Name auf jeder Demonstration erklang, und Che Guevara. Während Ho Chi Minh heute fast vergessen ist, lebt die Ikone Che weiter als Symbol für Engagement und Glaubwürdigkeit: »Einer, der für seine Ideale eingetreten ist, mit allem, auch seinem Leben«, würde ein durchschnittlicher minderjähriger amerikanischer oder europäischer Che-T-Shirt-Träger heute wohl antworten, gefragt, wer da abgebildet sei, »so eine Art Jesus«.

Ich glaube, dass der kosmopolitische Impuls der 68er Jahre eines derjenigen Elemente dieser Bewegung ist, das in den Ländern der damaligen Revolte bis heute wirkt, mögen die politischen Weiterentwicklungen dieser Bewegung in den verschiedenen Ländern noch so unterschiedlich verlaufen sein.

Die Befreiung von den Grenzen, die internationale Solidarität, Politik als Weltpolitik zu verstehen, die globale Verantwortung und so weiter, das ging mit den González', Blairs, Clintons und Fischers und ihren Parteien, Kampagnen und Bewegungen in die westliche Regierungspolitik der achtziger und neunziger Jahre ein. Manche, die sich früher in Solidaritätsgruppen engagiert hatten, trafen sich dann wieder bei den Vereinten Nationen, in Think Tanks, Regierungs- und Nichtregierungsorganisationen und setzten in unterschiedlicher Weise diesen internationalistischen Impuls der Bewegung fort, auch wenn der Glanz der 1968 scheinbar so nahen Revolution weltweit schnell verblichen war.

In der sogenannten Dritten Welt, auf den Projektionsflächen der internationalen Solidarität dagegen haben sich die Dinge weniger harmonisch entwickelt.

Die in manchen Ländern Lateinamerikas den europäischen anfangs so erstaunlich ähnlichen Studentenbewegungen (Guatemala, Uruguay, Chile) wurden mit amerikanischer Militär- und Geheimdiensthilfe brutal unterdrückt. Die Solidaritätsstrukturen halfen einigen wenigen ins Asyl (aus Chile vor allem), viele wurden umgebracht (systematisch zum Beispiel in Guatemala), verschwanden in Folterkellern (Uruguay, Argentinien) oder wurden politisch bedeutungslos. Nur ganz wenige konnten sich in einer Guerilla halten (Kolumbien, El Salvador).

Der politische Einfluss der Solidaritätsgruppen in Westeuropa und den USA auf ihre Partner in der Dritten Welt, mochten sie einander scheinbar noch so nah gewesen sein an Ideologie und Internationalismus, war dennoch gering und schwand mit den Entwicklungen der siebziger und achtziger Jahre vollkommen. Aus Vietnam kamen jetzt Flüchtlinge, die vor den Befreiern fliehen mussten (Boat People), in Afrika lagen Befreiungsbewegungen miteinander im Krieg, und Nicaragua stand im Feuer der Pro- und Contra-Sandinisten.

Trotz der gemächlichen Wandlungen hier und der Katastrophen dort gab es zu jeder Zeit westliche Gruppen, die sich weiterhin der Solidarität und Pflege der alten Beziehungen widmeten, Flüchtlinge aufnahmen, Spenden sammelten (»Waffen für El Salvador«, Hans-Christian Ströbele, 1981) oder Austausch durch Reisen pflegten, auch wenn die Partnerländer ihrerseits in den althergebrachten Nationalismus früherer Generationen zurückfielen, ein Nationalismus, der in Lateinamerika allerdings selten einen aggressiv gegen die Nachbarn gerichteten Charakter angenommen hat. Selbst ein Charismatiker wie Hugo Chávez konnte das nationalistische Ego seines und der Nachbarländer nur für kurze Momente überspielen.

So stark das internationale Element die 68er-Bewegung beeinflusst und begeistert hat, so schwach war die Wirkung in die umgekehrte Richtung. Der Vietnamkrieg ist zwar gegen die Amerikaner nicht nur in Vietnam gewonnen, sondern auch in den USA verloren worden. Das hat aber die antidemokratische

Richtung der siegreichen Nordvietnamesen und des Vietcong im Süden nicht gemildert. Die westliche Kritik an den Waffen und Ideologien war – wenn überhaupt vorgetragen – schwach und ist es über Jahrzehnte geblieben. Die Auseinandersetzung um die kubanischen kulturellen Säuberungsmaßnahmen (Heberto Padilla) ist eine Diskussion unter Lateinamerikanern geblieben, die Kritik am Mord des salvadorianischen Dichters Roque Dalton durch die eigenen Genossen wegen *ideologischer Abweichungen* war lau. Und auch der schrittweise Weg der kolumbianischen Guerillagruppen in die Abhängigkeit von der internationalen Drogenwirtschaft oder die Praxis der Entführungen zur Finanzierung ihres Kampfes ist von der westlichen Linken und den inzwischen immer vereinzelter arbeitenden Solidaritätsgruppen meist übersehen worden.

Ohne ihren kosmopolitischen Anspruch aufzugeben, sind die Solidaritätsgruppen zu Grüppchen geworden, es wurde mehr mit den Füßen abgestimmt als kritisiert, und die Vietnam-Solidarität erstarb mit den Kontroll-, Repressions- und Vertreibungsmaßnahmen des neuen Regimes. Nur wenige derer, die heute gegen die Menschenrechtsverletzungen (zum Beispiel Zensur der Presse) in Vietnam protestieren, sind dieselben, die damals Ho-Ho-Ho-Chi-Minh skandiert haben.

Auch andernorts bleibt die Kritik am bewaffneten Kampf ebenso aus wie an dem, was daraus geworden ist, wie im Fall von El Salvador (»Revolución o muerte, venceremos«), wo 1992 im Friedensvertrag zwischen Regierung und Guerilla Totalamnestie für beide Seiten statt Aufarbeitung der begangenen Verbrechen festgeschrieben wurde; oder im Fall von Nicaragua (»patria libre o morir«), wo der Comandante de la Revolución Daniel Ortega mit seiner Frau, der Dichterin Rosario Murillo, inzwischen so autokratisch regiert wie damals der US-gestützte Anastasio Somoza (»Es una dictadura«, sagt Ernesto Cardenal 2017); oder in Venezuela, wo inzwischen die Epigonen von Chávez die Reste des Reichtums des Landes unter sich aufteilen, während die Bevölkerung hungert.

Es ist, als wäre der Solidaritätsbewegung von damals, nachdem der Internationalismus bei den staatlichen und internationalen Organisationen für Entwicklung, humanitäre Hilfe und Menschenrechte angekommen ist, die eigene zivilgesellschaftlich kritische politische Meinung abhandengekommen und als sei der anderen Seite eine solche kritische Meinung auch vollkommen gleichgültig.

So kommt es, dass zum Beispiel die letzte lateinamerikanische Guerilla, die ELN, in Kolumbien politische Aktionen pflegt, die aus dem »Mini-Handbuch des Stadtguerilleros« von Carlos Marighella (1970) stammen mögen, aber heute fast jeden im eigenen Volke und in der internationalen Welt empören. Als hätte sich in einer Nische ein kleines gallisches Dorf verschanzt, das – dank eines immer noch lukrativen ökonomischen (Drogen-)Modells ziemlich autonom – die alten Lieder singt und glaubt, die Macht doch noch wie damals vor sechzig Jahren Fidel Castro (»patria o muerte, venceremos«) mit Guerilla-Krieg erringen zu können, ohne zu sehen, dass Entführungen und Bombenattentate menschenverachtender Terror und Alptraum jeder Bevölkerung sind.

Casa de la Cultura, großer Saal. Das Riesen-Auditorium ist zu einem Drittel gefüllt. Auf den Rängen lautes, junges, gut gelauntes Volk. 300 Vertreter aus den Regionen. Das Podium, vor dem großen roten Vorhang aufgebaut, vier zusammengeschobene Tische mit einem ebenfalls roten Tuch darauf, wird von der Kommission (zwölf Männer und vier Frauen) gebildet, die ernst in die Menge blicken.

Ein Sänger, den alle kennen, singt engagierte Lieder, die wir auch alle kennen. Dann kommt eine Rede des Comandante, dann reden die Delegierten, die der Kommission Zuspruch leisten, jeder mit seinen Worten, jeder mit der gleichen Entschlossenheit. Dann wieder Gitarre und Lieder. Die Solidarität des Nachbarlandes, das so viele Flüchtlinge aufgenommen und integriert hat, wird gebührend gefeiert.

Eine der Genossinnen der Kommission wird durch Beifall ans Mikrofon gelockt, sie singt noch besser als die anderen Barden.

Großer Beifall. Mehr Reden. Am Schluss ein Genosse, der gerade aus dem Gefängnis entlassen worden ist – nach vierzehn Jahren!

»Es gibt nichts Schöneres, als die einmal verlorene Freiheit wiederzugewinnen« (Cervantes). Glückliche Genossen liegen sich in den Armen, mit Tränen in den Augen, auch ich.

Santiago, Frankfurt, San Francisco 1968? Nein, Quito 2017, die Feier der ELN zum Beginn der Friedensverhandlungen. Aus Kolumbien sind die Sympathisanten mit Bussen gekommen, um die Verhandlungskommission zu bestärken. Deren Leiter, Comandante und Mitglied des Zentralkomitees Pablo Beltrán, sitzt vorn in der Mitte. Ich werde begrüßt neben anderen Vertretern der internationalen Gemeinschaft. Es ist, als hätte sich nichts geändert, die Bewegung, die Hoffnung, die Illusion wenn schon nicht der Revolution, so doch der Gerechtigkeit, der Beteiligung und des Friedens, der internationalen Solidarität wegen.

Sind wir also nicht weiter, immer noch ›68? Oder ist es nur die ELN, die letzte Guerilla des Kontinents nach 52 Jahren und mehr als 300.000 Toten und 6 Millionen Vertriebenen in einem langen Krieg, die stehengeblieben ist? Sind sie immer noch bei Che Guevara in den bolivianischen Bergen von La Higuera? Ja, »aber doch nicht so ganz« (»sí, pero no tanto«), sagt die alte Ursula in Gabriel García Márquez' *Cien años de soledad* an solchen Stellen. Immerhin verhandelt Pablo Beltrán jetzt über Frieden, und es ist die letzte Guerilla in Lateinamerika.

Die Stärke der internationalistischen Bewegung der 68er Jahre hat darin bestanden, dem traditionellen, inhärenten, historischen, ranzigen Nationalismus der Nachkriegsjahre internationale Solidarität und Betroffenheit, eine globale Verantwortung entgegengesetzt zu haben, die in Deutschland bis heute trägt. Der Verantwortung aber, diese kosmopolitische und irgendwie romantische Beziehung zur Befreiung in der Dritten Welt auch in Kritik am Weg zu dieser Befreiung (oder in neue Abhängigkeiten) umzusetzen, der sind wir selten nachgekommen.

Auch in Kolumbien – mitten im Friedensprozess – gibt es übrigens die großen Redner des einzig nationalen Weges und der

Größe der Nation (Álvaro Uribe). Sie sind für die Fortsetzung des Krieges (»hasta la victoria siempre«).

Die letzte Guerilla Lateinamerikas sucht jetzt die internationale Solidarität zum Weg aus der Einsamkeit der Wälder und aus der Enge des Dschungelblicks ins Offene der gewaltfreien demokratischen Diskussion. »Der kolumbianische Staat und wir auch, wir werden uns ändern müssen.« (Comandante Beltrán, Casa de Cultura, Quito 2017)

Zur Ehrenrettung der kolumbianischen 68er sei erwähnt, dass die geistigen Väter des Friedensprozesses auf Regierungsseite dieselben sind, die vor fünfzig Jahren zu den Sympathisanten der Guerilla gehört haben und sich 1974 um Gabriel García Márquez und die Zeitschrift *Alternativa* geschart haben.

Die Guerilla-Seite bleibt auch traditionsbewusst und ihrem charismatischen Gründer Camilo Torres (Studentenpfarrer 1959 und als Guerillo schon 1966 gefallen) verbunden.

Die Friedensverhandlungen nähren die Hoffnung, dass sich irgendwann auch diese 68er-Wunde schließt.

Die internationale Solidaritätsbewegung – staatlich und zivilgesellschaftlich – sollte dazu beitragen, die alten Freunde von damals in die Neuzeit zu begleiten, eine Zeit der Weltoffenheit über die Grenzen der Kontinente und Generationen hinweg (»Make Solidarity great again«).

Tom Koenigs, 1944 geboren, studierte in Berlin. Er arbeitete bei Opel in Rüsselsheim als Schweißer und später als Elektromechaniker, Buchhändler, Taxifahrer und Übersetzer in Frankfurt und ist seit 1983 Mitglied der Grünen, von 1989–1999 Dezernent für Umwelt, von 1993–1997 außerdem Stadtkämmerer in Frankfurt. 1999–2002 für die UN im Kosovo, 2002–2004 in Guatemala, 2005 Menschenrechtsbeauftragter im Auswärtigen Amt, 2006–2007 für die UN in Afghanistan (*Machen wir Frieden oder haben wir Krieg?* 2011 bei Wagenbach). 2009 bis 2017 Abgeordneter im Bundestag, Mitglied im Menschenrechtsausschuss.

Otto Kallscheuer

Hoffnung der Linken, Glaube ans Volk?
Transatlantische Irritationen

Ich habe auf dem Gipfel des Berges gestanden.
Und ich habe das Gelobte Land gesehen.

Martin Luther King, 3. April 1968

Eine amerikanische Prophezeiung

Ist die linksliberale (ex/post) 68er-Intelligenz jenseits des Atlantiks mitschuldig am Wahlsieg Donald Trumps? Ist sie es bei uns in der Alten Welt am Aufstieg der diversen nationalpopulistischen Bewegungen und Parteien in Westeuropa? (Für die Nationalisten in Osteuropa kann man uns schließlich nicht auch noch verantwortlich machen.)

Ziemlich absurde Fragen, möchte man meinen, die wohl nur von der Selbstüberschätzung linker Intellektueller zeugen. Die kann ja auch in Gestalt einer (sozusagen indirekt narzisstischen) Selbstkritik daherkommen: Sogar noch für die eigene Bedeutungslosigkeit sind wir allein verantwortlich …

Auch bei überdrehter Selbstkritik kann Kritikwürdiges in den Blick kommen: Gewiss hatte in den letzten Jahrzehnten an US-amerikanischen Colleges und Hochschulen ein in Teilen absurder *Identitäts*-Kult oder *Differenz*-Diskurs Einzug gehalten. Für immer mehr und für immer speziellere Segmente ethnischer Herkunft, kultureller Affiliation oder geschlechtlicher Identifizierung wurden – gerade seitens der linken Professoren- und Studentenschaft – akademische Reservate beansprucht, spezielle Forschungsrichtungen gefordert, neue Sprachregelungen angemahnt. All diese Sonderrechte waren nicht durchweg mit übergreifenden Rationalitätskriterien akademischer Kommunikation in Einklang zu bringen. Zum »politischen Mandat der Studentenschaft« (Ulrich K. Preuß) hat diese Identitäten-Inflation jedenfalls kaum beigetragen. Aber ersparen wir uns doch die bekannten Karikaturen der *political correctness*, bitte ...

Die Kritik ist ja auch so zu verstehen: Durch die beständige Pflicht zur Feier (inter-)kultureller und -sexueller Differenzen und die daraus folgende symbolische Departementalisierung von immer spezielleren ethnischen und ethischen Identitäten riskiert man einen Rückgang des Interesses an übergreifenden Belangen des Gemeinwesens. Und man entfernt sich immer weiter von der kulturellen Lebenswelt jener Gruppen, welche in den letzten Jahrzehnten in voller Wucht die sozialen Auswirkungen der ökonomischen Globalisierung am eigenen Leibe haben erfahren müssen: nicht zuletzt auch der (alten) industriellen Arbeiterklasse und der traditionellen Mittelschichten. Am Ende steht dann ein segmentärer Pluralismus ohne Verständigung. Die Themen und Diskurse einer akademischen oder kulturellen *Identitätslinken* sind mit der Alltagserfahrung gewöhnlicher Amerikaner inkommensurabel geworden ...

***

Den Abbruch der Kommunikation zwischen der klassischen Arbeiterbewegung Nordamerikas und einer postmodernen Identitätslinken hatte der bedeutende amerikanische Philosoph Richard Rorty (1931–2007) bereits vor zwei Jahrzehnten beschrieben und beklagt.[1] In einer schockierenden Zukunftsphantasie warnte er vor den möglichen Folgen der zunehmenden

Entfremdung zwischen der wirtschaftlich *abgehängten* amerikanischen Industriearbeiterschaft und den Globalisierungsgewinnern einer neuen, gut ausgebildeten *over-class* (Michael Lind). Irgendwann werde es zum Bruch kommen: zur populistischen Revolte gegen *die da oben*, gegen die kosmopolitischen Eliten in New York oder San Francisco und das Establishment in Washington. Und dann würden die arbeitenden Klassen und die vom Absturz bedrohten Mittelschichten – die »vergessenen Männer und Frauen unseres Landes« (Donald Trump) – nach einem neuen starken Mann Ausschau halten und ihn zum Präsidenten der Vereinigten Staaten wählen.

Erst nach der Wahl dieses *strong man* würden sich die Leute fragen: Wo war eigentlich die amerikanische Linke? Warum überließ sie es populistischen Rechten wie Pat Buchanan, mit den Arbeitern über die Konsequenzen der Globalisierung zu reden? Wieso war es nicht die Linke, die sich zum Sprachrohr der aufsteigenden Wut der Verschrotteten, Abgehängten und Enterbten machte?

Rorty kam damals zu dem Schluss, die Neue Linke Amerikas sei längst zu einer bloßen Kulturlinken geworden: Das sei nicht mehr die Sorte von Linken, von der man erwarten könnte, dass sie sich ernsthaft mit den sozialen und ökonomischen Konsequenzen der Globalisierung befasse. Im Gegensatz zur handfesten Tradition der reformistischen Arbeiterbewegung sei nämlich die Neue, die kulturwissenschaftliche Linke zu einer reinen *Zuschauerlinken* geworden. Sie analysiere die eigene Gesellschaft nur noch unter dem Aspekt der Reproduktion von alles durchziehenden Dispositiven von *Macht*, »deren Allgegenwart an die des Satans und damit an die Erbsünde« erinnere.[2] Was dieser Kultur- oder Theorielinken hingegen fehle, das sei jegliche Perspektive von Hoffnung auf mögliche Veränderung und künftige Verbesserung ihrer Gesellschaft. Doch diese gehört in den Vereinigten Staaten zur civic religion, zum republikanischen Glauben von »We, the people«.

Das Vertrauen in die amerikanische Demokratie hatte indes Amerikas Neue Linke in den sechziger Jahren wegen der Kriegsverbrechen in Vietnam verloren. Und dieser politischen

Hoffnungslosigkeit der Neuen Linken, ihrem Geist der Unversöhnlichkeit gegenüber der eigenen Nation, galt Richard Rortys Kritik in seiner zwanzig Jahre alten Prophezeiung. Rorty war gläubiger Atheist, verfocht aber eine Art linker Bürgerpflicht zur Hoffnung – nicht nur in seiner Vorlesung zum amerikanischen Patriotismus, auch als ein Leitmotiv seiner Philosophie.[3]

Ich fragte mich allerdings zuweilen: Woher soll diese Hoffnung auf politische Reform eigentlich kommen? – Man mag für sie plausible Gründe anführen, aber herbeiargumentieren, aus den Argumenten herausklauben lässt sich die Hoffnung eben *nicht* – genauso wenig übrigens wie der Glaube. Der Glaube an Gott oder an Sein erwähltes Volk. Setzt aber in den Vereinigten Staaten die Hoffnung auf Sozialreform auch den Glauben an Amerika voraus? Und woher soll dieser kommen?

Sola fides: »Es ist der Glaube, dass ich meines Bruders Hüter, meiner Schwester Hüter bin, der dies Land zusammenhält. Nur dieser Glaube erlaubt uns, unsere individuellen Träume zu verfolgen und doch zusammenzukommen als Eine Amerikanische Familie: *E pluribus unum*«. So sprach der neue Stern der Demokraten aus Illinois, Barack Obama, damals Kandidat für den Senat in Washington, bei der demokratischen Convention in Boston im Juli 2004 (in der John Kerry als Präsidentschaftskandidat nominiert wurde). Der Sohn eines Kenianers und einer Amerikanerin, studiert in Harvard, Anwalt in Chicago, kündete das »Wagnis der Hoffnung: ein Glaube in Dinge, die wir noch nicht gesehen haben. Ein Glaube, dass bessere Tage vor uns liegen.« *Yes, we can!* – diese Hoffnungen in der Präsidentschaftskampagne Barack Obamas und die Hoffnungen auf seine Präsidentschaft hat Rorty nicht mehr erlebt.

Erbsünden

In der Art und Weise, wie in den USA Alte und Neue Linke ihr Land charakterisierten, begegnen wir einem klassischen Kontrast zwischen zwei alternativen theologischen Grundeinstellungen oder anthropologischen Grundhaltungen.[4] Er durchzieht die gesamte Geschichte der westlichen Christenheit. Dabei geht es um nichts Geringeres als um die Konsequenzen der Erbsünde. Für die radikale kulturwissenschaftliche Linke bleiben die USA beständig an ihre genozidale, sklavenhalterische, imperialistische Erbschuld gefesselt. Im Gegensatz dazu ging und geht die reformistische Einstellung der Arbeiterbewegung, aber auch von Bürgerrechtskämpfern wie Martin Luther King, weiterhin vom zivilreligiösen Selbstbild der Vereinigten Staaten als »Nation under God« aus.[5] So gaben sie auch nach den Kriegsverbrechen in Vietnam und trotz der Ermordung Dr. Kings ihre Hoffnung in die grundsätzlich freiheitliche, zur Besserung offene Natur der amerikanischen Nation nicht auf.

Doch können wir, hier in der Alten Welt, so ohne weiteres davon ausgehen, dass »nichts, was eine Nation [an Greueln] getan hat, es einer konstitutionellen Demokratie verwehren [sollte], ihre Selbstachtung wiederzuerlangen«?[6] Für Deutsche ist dies keineswegs selbstverständlich – aufgrund einer besonderen, *unserer* deutschen Erbsünde. (Und nicht nur amerikanische Freunde oder Genossen waren angesichts unseres grundsätzlichen, gewissermaßen metaphysischen Gefühls deutscher Scham – von *German Angst* und *German Schuld* – zuweilen irritiert.)

Schließlich gehöre ich zu jener in der Nachkriegszeit geborenen Generation der westdeutschen Linken, die jegliche (Selbst-)Achtung für die deutsche Nation verloren zu haben meinte. Natürlich aufgrund der Nazi-Greuel, im Wissen um die deutschen Verbrechen im Zweiten Weltkrieg – an die uns jede Reise in ein europäisches Nachbarland erinnern musste –, aber vor allem wegen der Shoah, des deutschen Mordes an sechs Millionen europäischer Juden: *Der Tod ist ein Meister aus Deutschland …*

So war ich zwar hocherfreut über die relativ gewaltfreie Implosion des sowjetischen Kommunismus im Allgemeinen und die *friedliche Revolution* in der DDR im Besonderen – nicht nur als westdeutscher Zuschauer, sondern auch als an Diskussionen in der sterbenden DDR teilnehmender Westberliner Beobachter.

Die sich dann recht bald abzeichnende staatliche deutsch-deutsche Wiedervereinigung erfüllte mich allerdings keineswegs automatisch mit Enthusiasmus: Wäre es nicht besser, dachte ich zunächst, BRD *und* DDR würden sogleich zum Teil einer europäischen Föderation, statt den irgendwie rückschrittlichen, jedenfalls nicht ungefährlichen Zwischenschritt zum Nationalstaat noch einmal zu tun?[7]

Und heute? – Hat die politische Entwicklung des vereinten Deutschland seit 1990 nicht auch gezeigt, dass – nach Auschwitz – dennoch eine anständige Wiedergewinnung deutscher demokratischer Selbstachtung möglich war, im Rahmen einer zurückhaltenden, verantwortlichen Symbolpolitik des demokratischen Verfassungsstaates? Oder war das eine Selbsttäuschung? Eine politische Chance dafür bestand jedenfalls *nur* unter den Bedingungen der Einbindung dieses deutschen Verfassungsstaates in ein auch trans- und übernational zu verantwortendes Europa![8]

Gewiss bleibt diese relativ neue, für mich noch ungewohnte und durchaus von Skepsis begleitete deutsche Selbstachtung prekär. Deutsche – gerade wir Deutschen – haben vor jedem Anzeichen eines neuen Nationalismus *zuhause* immer noch instinktiv weitaus größere Angst als vor den Marine Le Pens oder Viktor Orbáns oder Geert Wilders' in anderen Ländern der Europäischen Union … und das ist auch gut so. Gefährlich, unverantwortlich wäre es nur, sich ausschließlich auf solche historisch gewachsene, in nur wenigen Nachkriegsgenerationen sedimentierte moralische Instinkte zu verlassen. Ohne europäische Rückkoppelung möchte man (oder: will ich) diesem Vaterland einfach nicht trauen.

Immerhin stellt die neue geopolitische Situation – die Krise der Europäischen Union und die dramatischen Veränderungen in ihrer unmittelbaren geographischen Nachbarschaft: Ost- und Südosteuropa, Kleinasien, Naher Osten, Mittelmeer – uns *neue Deutsche* auch vor dramatische, ungewohnte außenpolitische Bewährungsproben. Und die aktuelle Flüchtlingskrise sowie die anstehende grundsätzliche Selbstanerkennung Deutschlands als Einwanderungsland (*nota bene:* beides ist nicht dasselbe) präsentieren uns neue, zusätzliche Anforderungen an die eigene staatsbürgerliche Rolle, Verantwortung, Identität.[9] – *Schaffen wir das?* – Vor dem jüngsten Tag gibt es keine Absolution.

In der Zwischenzeit aber besteht der Perspektivenkonflikt zwischen einer reformistischen Hoffnungslinken und einer fatalistischen Zuschauerlinken weiter. Er prägt auch unsere Sicht auf *das* Volk (oder auf unser jeweiliges Volk). Auf der Ebene politischer Erwartungen wiederholt sich dabei ein uralter theologischer Konflikt über die Erbsünde, welcher die westliche Christenheit seit circa dem vierten Jahrhundert unserer Zeit immer wieder bewegt und immer wieder gespalten hat. Wir begegnen ihm nun auch auf dem Terrain heutiger politischer Hoffnungen und Leidenschaften.

Dabei geht es um den Kontrast zwischen zwei antagonistischen Zügen des christlichen Menschenbildes. Einerseits: die Menschen als seit ihrem anfänglichen Sündenfall im Garten Eden sterbliche, immer wieder (und unweigerlich) ihre Bestimmung verfehlende Vernunftwesen – und andererseits: die Menschen als *imagines Dei*, als zwar endliche, aber lebendige, zukunftsoffene Abbilder des Göttlichen, die (daher) in der Lage sind, sich und ihre Lage zu bessern. Man sollte sich da nichts vormachen, das *ist* eine radikale Alternative: Hier die bis auf Augustinus zurückgehende pessimistische Vision menschlicher Handlungsfähigkeit, die als individuelle wie kollektive Existenz durch die von Adam und Eva ererbte Urschuld gezeichnet bleibt und ohne Gottes grundlos eingreifende Gnade zur ewigen Verdammnis vorbestimmt ist – und dort eine possibilistische, anthropologisch optimistische Blickweise auf die Menschen als selbstbewusste, lernfähige Geschöpfe, welche prinzipiell zur Selbst- und Weltverbesserung, zur Gottes- und Nächstenliebe fähig bleiben – und die ja genau deshalb auf Erden leben. Wurde die erste, systematisch vom heiligen Augustinus entwickelte Auffassung zu Beginn der Neuzeit von Martin Luther und Johann Calvin kraftvoll wiederbelebt, so mag man die zweite Haltung *grosso modo* mit dem heiligen Thomas von Aquino verbinden – aber man könnte auch an Erasmus von Rotterdam denken oder an modernere Denker wie Descartes oder Leibniz.

Und Vorsicht, Genossen! – Glaubt ja nicht, mit einer bloßen Subtraktion von Gott (oder der Schöpfung) ließe sich diese Alternative bereits erledigen. Denkt nur an Sigmund Freud! Oder nehmen wir die Darwinsche Revolution in den Lebenswissenschaften: Einerseits rief sie fatalistische, pessimistische Reaktionen hervor, vulgärdarwinistische Deutungen der Menschheitsgeschichte als *survival of the fittest*, im Sinne eines gnadenlosen Überlebenskampfes zwischen Menschentypen und Menschenrassen, zwischen Kulturen und Zivilisationen oder Nationen und Klassen – und welche plausiblere Geschichte ließe sich wohl erzählen, um die Thesen Sankt Augustins und der Reformatoren zu belegen, dass »wir […] in allen Stücken unserer Natur dermaßen verderbt und verkehrt [sind], dass wir allein wegen dieser Verderbnis vor Gott mit Recht als Verdammte und Verworfene dastehen«?[10]

Andererseits konnten aber auch optimistische Interpretationen der Menschheitsentwicklung an Darwin anknüpfen. Man kann die kumulativen Lernprozesse in Naturwissenschaft und -beherrschung als durchaus (ko-)evolutionäre Anpassung der Menschen an ihre Umwelt deuten. Und auch ethische Fortschritte der Erweiterung von menschlichem Mitgefühl durch veränderte Beschreibungen der sozialen Welt, also normative Lernprozesse, lassen sich als Ergebnisse kooperativer Weiterentwicklung unseres Problemlösungsverhaltens verstehen: als endliche, gefährdete, sterbliche, aber zugleich unsere Um- und Mitwelt gestaltende Wesen.

Nation der Zukunft …

Können wir das amerikanische Drama der beiden seit dem Vietnamkrieg einander widerstreitenden Seelen der Linken auch auf heutige Kontroversen beziehen? Schematisch vereinfacht ließe sich etwa der postkoloniale Diskurs einbeziehen, der ja inzwischen in den Sozial- und Kulturwissenschaften auf beiden Seiten des Atlantiks und in anderen Weltregionen angelangt ist (wie die indischen »Subaltern Studies«). Die anti- und postkoloniale Kritik hat gute Gründe, sich zunächst auf die historischen Erbsünden der westlich-kapitalistischen Nationen gegenüber der Gesamtheit des globalen Südens zu konzentrieren. Weigert sie sich jedoch grundsätzlich, darüber hinauszugehen, und das hieße, andere Gesichtspunkte in Betracht zu ziehen, sich auf die liberale Diskussionsgemeinschaft in akademischer Forschung und internationaler Kooperation über zukünftige Wege aus den Folgen des Kolonialismus (auch der postkolonialen Bürgerkriege oder von aktuellen Staatsversagen) überhaupt einzulassen – nun, dann verrät auch dies eine gewissermaßen theologische Positionsnahme: Ein durch die Geschichte der weißen Plünderung offenbartes *Wissen* um die letztendliche Verdammnis des Westens. – Also eine Glaubensfrage.

In den Vereinigten Staaten verbindet sich das Wissen um Amerikas Erbsünde in ganz elementarer Weise mit der *Colour-Line*, der »Rassenschranke«[11] – und dies bis heute in weit höherem Maße als in Europa. Denn die *Rassenfrage* ist in Amerika mit der Sklaverei genealogisch verknüpft (auch im Nietzscheschen Sinne der *Genealogie der Moral*). »Amerika nimmt seinen Anfang in schwarzer Plünderung und weißer Demokratie«[12] – schreibt Ta-Nehisi Coates, der bekannteste Vertreter einer neuen, unversöhnten Generation afro-amerikanischer Intellektueller, die nicht zufälligerweise gerade in der Amtszeit des ersten afro-amerikanischen Präsidenten jene Erfahrungen einer gespaltenen schwarzen Identität reformulieren, deren Widerstreit im Selbstbewusstsein bereits W. E. B. Du Bois oder James Baldwin ausgesprochen hatten. In den Nationen der Alten Welt hingegen spielt das (post)koloniale Gewicht der imperialistischen Vergangenheit eine größere Rolle – und diese konditioniert zudem noch heute die bereits in dieser kolonialen Vergangenheit *auch* religiös codierten Konflikte der Gegenwart. Natürlich ist eine (nicht: die einzige) Wurzel des antiwestlichen Islamismus auch im westlichen Kolonialismus christlicher Imperien (und Siedler) der letzten Jahrhunderte zu suchen. Um solche Wurzeln zu verstehen, sind die Schriften von Malcom X und Frantz Fanon nicht minder wichtig als die Suren des Koran.

Und was wäre die Position der Hoffnung heute? – Das beste, auch literarisch gelungene Zeugnis eines (sogar theologisch) optimistischen, reformistischen Menschenbildes in der politischen Landschaft des neuen Jahrhunderts dürfte die Autobiographie Barack Obamas sein, die er noch vor seiner politischen Karriere verfasste. *Dreams from my Father* (1995) ist nicht sofort ein Bestseller geworden, sondern erst ein Jahrzehnt später, als Obama als demokratischer Senator in Illinois seine politische Karriere begann – aber dann durchaus zu Recht.[13]

Es gibt aber ein Problem mit diesem Bildungsroman: Obamas realisierter amerikanischer Traum ist nämlich in keiner Weise repräsentativ – und zwar weder für das schwarze noch für das weiße Amerika. Das Kind einer amerikanischen Anthropologin und eines kenianischen Gaststudenten ist bezeichnenderweise kein Nachfahre von Sklaven, Obama hatte in seiner Kindheit weder rassistische Ablehnung noch Gewalt erlebt – und genau diese hybride oder postrassistische Jugend markiert noch heute aus der Sicht vieler afro-amerikanischer Aktivisten einen entscheidenden Unterschied. Obama wurde als Sohn eines Afrikaners in Amerika geboren, zum Afro-Amerikaner aber ist er durch persönliche Entscheidung und politische Erfahrung geworden – ja, wie es sich in Amerika gehört: wiedergeboren worden.[14] Auch darum war weder sein grundsätzlich reformistischer Optimismus politisch unreflektiert noch sein zivilreligiöses Bekenntnis zu Amerika theologisch naiv.[15] (Was seine Präsidentschaft tatsächlich bewirkt hat, steht auf einem anderen Blatt.)

Ist nun dieser Glaube in Amerika durch die Wahl des Immobilienmilliardärs Donald Trump widerlegt, des nationalistischen *strongman* und auftrumpfenden Vertreters eines frustrierten weißen Amerikas, der ankündigt, die (wenigen) sozialpolitischen Reformen Obamas wieder rückgängig zu machen? Mehr noch, wurde er nicht schon in den letzten Jahren der Amtszeit Obamas widerlegt durch die unverändert rassistische Dynamik einer Polizeigewalt gegen Schwarze, die mit fünfmal höherer Wahrscheinlichkeit von Polizisten erschossen werden und achtmal häufiger im Gefängnis landen als Weiße? – »Ich möchte, dass du Folgendes weißt«, schreibt der Sohn eines Black-Panther-Kämpfers in einem Brief an seinen Sohn: »In Amerika ist es Tradition, den schwarzen Körper zu zerstören – es ist sein Erbe«. Ta-Nehisi Coates formuliert die leibliche Erfahrung beständiger Gefährdung von *black lives* in Amerika, schreibend präzisiert er seine kalte Wut, die Hoffnungen der schwarzen Kirche weist er zurück: »Ich habe keine Lobeshymnen oder *Negro Spirituals* parat. Der Geist und die Seele sind der Körper und das Gehirn, und die lassen sich zerstören – genau deshalb sind sie ja so kostbar.«[16] – Wie soll er da an ein postrassistisches Amerika glauben?

Sola gratia: Nur die Gnade rettet. Präsident Obama hat mit seiner Rede am 26. Juni 2015 in der Emanuel African Methodist Episcopal Church von Charleston auf der Trauerzeremonie für den afro-amerikanischen Methodistenpfarrer und Senator von South Carolina, Clementa Pinckney, der dort zehn Tage zuvor mit fünf anderen Teilnehmern seiner Bibelstunde von einem 21-jährigen weißen Rassisten erschossen worden war, sein Glaubensbekenntnis zur amerikanischen Religion erneuert, intoniert in einer eindrucksvollen Fusion der methodistischen Religion des Herzens, des Idioms der schwarzen *Community* und der universalistischen Menschenrechtsnormen: »Diese Kirche [ist] ein geheiligter Platz. Nicht nur für Schwarze, nicht nur für Christen, sondern für jeden Amerikaner, der sich um die beständige Ausbreitung von Menschenrechten und Menschenwürde in diesem Lande sorgt; [sie ist] ein Grundstein für Freiheit und Gerechtigkeit für alle.« Und am Ende singt er den Spiritual von Gottes Gnade: *Amazing grace.*

… und Alte Welt

Der Glaube an die eigene Nation mag heute in der amerikanischen Linken schwanken, widerlegen kann ihn auch ein katastrophales Wahlergebnis nicht. Aber ist er auch für uns Bewohner der Alten Welt relevant? – Ich denke: Nein! In Europa kann dieses Idiom des stolzen Glaubens an die eigene Nation weder für die demokratische Selbstverständigung noch bei der Mobilisierung für größere soziale Gerechtigkeit eine zentrale Rolle spielen. Die Gründe dafür sind ziemlich einfach.

Erstens war die Bürgerreligion in den USA stets ein Zukunftsversprechen, und das ist sie auch nach dem Bürgerkrieg des 19. und nach der Bürgerrechtsbewegung des 20. Jahrhunderts geblieben. Ihre Orte des Heils liegen zwar in Amerika – die gottgefällige *City on the Hill* von puritanischen Heiligen, die an der amerikanischen Ostküste ihre Musterkolonien gründeten, oder die grüne Aue in Dr. Martin Luther Kings *I have a dream*-Rede vom 3. April 1968, auf der Löwe und Lamm friedvoll weiden, wenn die Kinder früherer Sklaven und früherer Sklavenhalter sich gemeinsam an den Tisch der Brüderlichkeit setzen können, *and the glory of the Lord shall be revealed and all flesh shall see it together* –, aber sie liegen in einer nie erreichten messianischen Zukunft. Darum bleiben die Gebote ihrer *civic religion* heute wie morgen verpflichtend.

Aus der Vielfalt der Nationalgeschichten ihrer alten Heimaten hingegen, vor deren Kirchen oder Königen die religiösen Dissidenten und verfolgten Minderheiten Europas seit Beginn der Neuzeit nach Amerika entflohen waren, mochte das *Land der Freien* zwar eine Vielfalt kultureller Identitäten und Sensibilitäten ererbt haben, aber keine *the New Nation* insgesamt verpflichtende Vergangenheit. Ganz anders verhält es sich mit den europäischen Nationen: Diese bleiben in weitaus höherem Maße durch ihre Geschichte geprägt (die häufig übrigens eine erfundene Geschichte ist), an »ihr« Territorium gebunden, auf die eigene Vergangenheit fixiert – auf Erinnerungsorte und Ursprungsmythen, Dynastien und Kriege, Brauchtum und Glauben. Die

Vergangenheit liefert die Identität, welche die Nation in ihrer Zukunft behaupten und verteidigen will – auch wenn sie dabei diese Geschichte beständig neu schreibt und die nationale Erinnerung umschreibt.

Zweitens huldigt die amerikanische Bürgerreligion zwar einem persönlichen Gott, aber keinem religiös oder konfessionell bestimmten. Der Gott, vor dem amerikanische Präsidenten bis heute ihren Amtseid schwören, ist unzweifelhaft ein biblischer Gott[17] – ohne deshalb jedoch in spezifischem Sinne jüdisch oder christlich oder in anderem Sinne religiös exklusiv zu sein.[18] Darum – und nur darum – verpflichtet Er im säkularen Staat der USA alle (Bürger, Politiker, Amtsträger) zur Wahrung ihrer unveräußerlichen Freiheitsrechte. Gottes Wille besteht zuerst in diesen Rechten – und nicht etwa im jeweiligen Volkswillen. Amerikas Gott spricht ja zur Nation nicht von der Kanzel einer nationalen Konfession oder Staatskirche, sondern direkt zum Gewissen jedes/jeder Einzelnen, welche dabei doch zugleich wissen und akzeptieren müssen, dass dieser Nachbar oder jene Mitbürgerin einem anderen Credo anhängen, vielleicht einer Häresie ... oder auch gänzlich ungläubig sind. Die (auch religiös) inklusive amerikanische Bürgerreligion widerlegt also Jean-Jacques Rousseaus Vorstellung, dass ein republikanischer Bürgerglauben auf der Voraussetzung beruht, dass es »unmöglich [ist], mit Menschen in Frieden zu leben, die man für unselig hält; sie lieben, hieße Gott, der sie straft, hassen; man muß sie unbedingt bekehren und bedrängen«.[19] Der aus der theokratischen Republik Genf stammende Rousseau wollte bekanntlich alle Bürger auf ein (deistisch aufgeklärtes) staatliches Minimal-Credo verpflichten, Amerikas Gott aber braucht keine religiöse Homogenität.

Ebendas aber unterscheidet auch den amerikanischen Nationalstolz von allen europäischen Nationalismen seit den Religionskriegen zu Beginn der Moderne. Der Feind der amerikanischen *Nation under God* ist die Wildnis – die physische, aber auch die moralische Wildnis (zu der leider auch die Indigenen gezählt wurden: das war die andere Erbsünde Amerikas!). Die Feinde europäischer Nationen aber sind … andere Nationen, feindliche Völker: Menschen anderen Glaubens, fremder Kultur, anderer Nationalität. In Europa liefen die Versuche, nach den Religionskriegen den inneren Frieden zu sichern, darauf hinaus, zuerst religiöse, dann kulturelle Homogenität zu schaffen: zuerst durch nationale Kirchen, deren Konfession der Souverän bestimmte – seit dem 19. Jahrhundert wurde in Westeuropa der konfessionelle Nationalismus dann zumeist durch den weltlichen Nationalismus als Ersatzreligion ersetzt. (Im orthodoxen Osteuropa ist das, wie wir sehen, heute noch oder wieder anders: Dort stützen Patriarch und Staatschef einander in gottgewollter Symphonie.)

Darum braucht der Nationalismus als Bewegung in der Alten Welt einen Feind, wider den die Nation sich durchsetzen muss – und durch den sie erst politische Gestalt gewinnt; und es ist dieser Antagonismus zum Feind, durch den die Nation ihre Homogenität gewinnt und erhält.[20] Der Feind im Innern – das mochten *die da oben* sein: auch die mit ausländischen Dynastien verwandten Monarchien (man denke an die Österreicherin Marie-Antoinette); dann waren es Parlamentarier, Bürokraten oder sonstige Vertreter und Vermittler, die sich den souveränen Volkswillen aneignen (und ihn damit verfälschen).[21] Oder aber es sind ethnisch, kulturell, religiös Andere – wenn nicht gar fremde Unterwanderer innerhalb der eigenen Grenzen, welche die kulturelle Homogenität als Grundlage der Gleichheit eines *Volks von Brüdern* untergraben und zersetzen.

An diese (zunächst nur symbolischen) Ab- und Ausgrenzungen knüpfen heute in der Krise der Europäischen Union die Nationalpopulisten von rechts und links an: gegen die Eurokraten als politische Elite, die zudem noch gerne mit dem früher feindlichen Ausland identifiziert werden, insbesondere in der Kritik an Deutschlands Austeritätspolitik – sowie, dies natürlich nur bei den Rechtspopulisten: gegen Fremde, Einwanderer und (muslimische) Flüchtlinge. Und sind nicht auch die sozialen Motive der populistischen Wählerschaft teilweise dieselben: der Unmut einer von der neoliberalen Globalisierung des

Kapitalismus entmachteten (und von ihren technokratischen Agenten innerhalb der offiziellen Linken verratenen) Arbeiterklasse? – Das mag sein. Didier Eribon hat ja für Frankreich die stumme Verzweiflung dieses abgehängten und heute Marine Le Pen wählenden, ehedem kommunistischen Arbeitermilieus in seiner autobiographischen *Rückkehr nach Reims* (2009) sensibel beschrieben.[22] – *Voilà!* Müsste darum nicht auch die angemessene Antwort bei uns ähnlich ausfallen: die Verbindung von Klassenpolitik mit einem linken Patriotismus? – Ich bleibe beim Nein!

Gewiss bildet die Grammatik des Nationalismus, sich auf die wahrhafte Homogenität des unverfälschten Volkes gegen *die da oben* zu berufen, eine gemeinsame Matrix der neueren Populismen in Europa von rechts bis links. Dass die Polarisierung eines nationalen Wir gegen die Volksfeinde das Herz populistischer Politik darstellt, muss auch ihren linken Theoretikern nicht eigens unterstellt werden, das schreiben sie selbst[23] – was linke von rechten Populisten unterscheidet, ist vor allem das Fehlen rassistischer oder ethnozentrischer Ausländerfeindlichkeit, die sich gegen Asylbewerber und Migranten richtet. Gewiss mag der Appell an die (nicht durch fremde Einflüsse verunreinigte) Nation oder das (unkorrumpierte) Volk als ein Prinzip Hoffnung *jenseits* der repräsentativen Demokratie in Krisensituationen das erfolgreiche Rezept für einen plebiszitären Wahlkampf sein, der die schwierige Konstruktion eines europäischen Handlungsraums durch innen- und außenpolitische Feinderklärungen ersetzt.[24] Zukunftsweisender wird deshalb auch der linke Populismus nicht. Der Appell an die Einheit des Volkes führt zu keiner vernünftigen Antwort auf die aktuellen politischen Krisen.

Der für uns relevante Horizont politischer Entscheidungsbildung aber – die Europäische Union – kann ja gerade nicht zugleich Subjekt und Objekt einer (quasi-)religiösen Identifikation sein, wie sie für das Volk oder die Nation möglich war (und teilweise noch ist). Die *imagined community* (Benedict Anderson) der Nation ist im politischen Europa eben nur noch ein einzelner, gewiss grundlegender Bestandteil politischer Identitätsbildung, aber sie ist nicht mehr der exklusive Horizont des Politischen. Man kann sich mit Europa nicht in derselben Weise identifizieren wie mit der (eigenen) Nation; denn Europa ist kein politisches Subjekt, nicht einmal ein imaginäres. Die Europäische Gemeinschaft war ja keine Gemeinschaft, die zur Identifizierung einlud, sondern ein trans- und übernationaler Staatenverbund, der heute als politische Europäische Union mit bislang wechselnden Erfolgen (und Mitgliedern) versucht, föderale und konföderale Strukturen, nationale und transnationale Legitimationen und *governance*-Instrumente zu kombinieren und zu inkorporieren. Keine einfache Sache.

Aber hat nicht Europa eine religiöse Identität, sein christliches Erbe? – Zum dritten Mal: Nein! Es stimmt, dass das *christliche Abendland* ein insbesondere für die Frühgeschichte der europäischen Einigung im Kalten Krieg wichtiges Legitimationselement war (*copyright* Konrad Adenauer, Alcide De Gasperi, Robert Schuman). Dieses karolingische Europa beinhaltete in der Tat für einige Vorreiter der Europäischen Gemeinschaft ein wichtiges Element der Integration – und ein Identifikationsangebot für einen Teil der Wahlbevölkerung der EG-Länder; ob dieser tatsächlich auch die Mehrheit der Bürger in den Unterzeichnernationen der Römischen Verträge darstellte, ist nicht sicher (aber längst irrelevant).

Wichtig waren *Abendland* und Christentum nach dem Kriege nämlich vor allem in Deutschland und Italien: zunächst und vor allem als ein Gegengift zum heidnischen, totalitären Nationalismus der unmittelbaren Vergangenheit, also zur dominanten ideologischen Matrix des italienischen Faschismus und deutschen Nationalsozialismus. Und so ist es kein Zufall, dass sich in den beiden Achsenmächten Deutschland und Italien nach der (in Deutschland totalen) Niederlage christliche Parteien mit europäischer Berufung bildeten: Sie suchten den Teufel nationalistischer Ideologien im Volke mit dem lieben Gott auszutreiben.[25]

Dass der deutsche Kanzler Adenauer gläubiger Katholik war, hat ihn nicht daran gehindert, den rechten Glauben auch als Konsens-Instrument einzusetzen. Das *christliche Abendland* besiegelte für ihn die Bindung (Rest-)Deutschlands an den politischen Westen und machte es so für die Europäische Gemeinschaft anschlussfähig. Doch damit – mit Verlaub – hat das Christentum für die Staatenräson im heutigen Europa seine Schuldigkeit getan. Es gehört heute nur noch als *ein* Bestandteil in den weiteren, übergreifenden Konsens der Legitimation der Europäischen Union. Verschwinden sollte es deshalb natürlich nicht, ganz im Gegenteil. Es kann die christlichen Europäer – und nicht nur sie – an moralische Ansprüche und politische Solidaritätspflichten erinnern.[26]

1 Richard Rorty, *Achieving Our Country. Leftist Thought in Twentieth-Century America*, Cambridge, Mass. 1998.
2 Ebd., S. 95, es gibt auch eine deutsche Ausgabe dieses Werks: *Stolz auf unser Land. Die amerikanische Linke und der Patriotismus*, Frankfurt a. M. 1999.
3 *Hoffnung statt Erkenntnis* (1993); *Das Kommunistische Manifest 150 Jahre danach: Gescheiterte Prophezeiungen, glorreiche Hoffnungen* (1998); *Philosophy and Social Hope* (1999) sind die Titel einiger Bücher Rortys aus den neunziger Jahren.
4 Geht es um Theologie oder Anthropologie? Ach, das ist hier zweitrangig: Ob nun die Menschen nach Gottes Bilde geschaffen wurden oder ob umgekehrt der biblische Gott die Projektion eines idealen menschlichen Selbstbildes darstellt, die Entäußerung des menschlichen Wesens – so oder so – es bleibt eine Beziehung zwischen Urbild und Abbild.
5 Vgl. Robert N. Bellah, ›Civil Religion in America‹, in: *Daedalus* 96 (Winter 1967), Nr. 1, S. 1–21.
6 Rorty, *Achieving Our Country* (wie Fn. 1), S. 32, bzw. *Stolz auf unser Land* (wie Anm. 2), S. 35.
7 Vgl. meinen Beitrag ›Die Linke, Deutschland und Europa‹ im von Frank Blohm und Wolfgang Herzberg herausgegebenen deutsch-deutschen Diskussionsbuch »*Nichts wird mehr so sein, wie es war*«. *Zur Zukunft der beiden deutschen Republiken*, Frankfurt a. M./Leipzig 1990, S. 133–149.
8 *Nota bene*: Genau dies war direkt nach dem Zweiten Weltkrieg zunächst *nur* die Perspektive Konrad Adenauers – jedenfalls *nicht* die der kommunistischen und sozialdemokratischen Linken!
9 Marina und Herfried Münklers Buch *Die neuen Deutschen* (Reinbek 2016) stellt eine hervorragende Heranführung an diese Fragen dar.

10 Johannes Calvin, *Institutio Christianae Religionis* (II, 1, 8).

11 »The problem of the twentieth century is the problem of the color-line – the relation of the darker to the lighter races of men in Asia and Africa, in America and the islands of the sea« beginnt das zweite Kapitel »Of the Dawn of Freedom« von W.E.B. Du Bois' Klassiker *The Souls of Black Folk* (1903).

12 Ta-Nehisi Coates, *Zwischen mir und der Welt*, München 2016, S. 178.

13 Deutsche Übersetzung: Barack Obama, *Ein amerikanischer Traum*, München 2008.

14 Siehe die Beschreibung seines Erweckungserlebnisses in: *Ein amerikanischer Traum*, ebd., S. 302 f.

15 Ich nenne dafür nur ein Indiz: Obamas Vorliebe für den großen US-amerikanischen Theologen Reinhold Niebuhr: kein *community*-Optimist, sondern ein politischer Realist (im Sinne des heiligen Augustinus), ein *tragischer Liberaler* (also: Linker) und Kritiker jedes Messianismus in der US-Außenpolitik.

16 Ta-Nehisi Coates, *Zwischen mir und der Welt* (wie Anm. 12), S. 105 f. Eindrucksvoll sind darum die Gespräche, die Coates am Ende von Obamas Amtszeit für seinen Artikel ›My President Was Black‹ (in: *The Atlantic*, Januar/Februar-Ausgabe 2017) mit dem scheidenden Präsidenten führte.

17 Denn ER wird Sein Volk urteilen und richten, wie einst JAHWE Israel, und Sein Neues Testament ist die *Gettysburg Address* (19. November 1863) des Sklavenbefreiers Abraham Lincoln, der dann durch seine Ermordung selber zum Märtyrer wurde – wie ein Jahrhundert später Martin Luther King.

18 Könnte ER auch muslimische Züge integrieren? – *Rein* theologisch, scheint mir, spricht nichts dagegen; ohnehin enthält die Grammatik der Exodus/*Hegira*-Story, auch der Bund des neuen Gemeinwesens in Medina, eine Reihe von Assonanzen zu biblischen Geschichten. Daher mussten die *black Muslims* der *Nation of Islam* (N.O.I.) einen umgekehrten Rassismus erst erfinden (mit dem weißen Teufel Yakub und dem schwarzen Jesus und so weiter). Als ihr Star Malcom X sich dann für den universalistisch gefassten sunnitischen Islam entschied, brachte die N.O.I. ihn um.

19 Jean-Jacques Rousseau, *Vom Gesellschaftsvertrag*, Stuttgart 1977, IV.9, S. 152.

20 In der Terminologie von Carl Schmitts *Begriff des Politischen* (1932) bedingt der »Intensitätsgrad« der Trennung vom äußeren Feinde die politische Homogenität der inneren Einheit der Nation.

21 »Die Souveränität kann aus demselben Grunde, aus dem sie nicht veräußert werden kann, auch nicht vertreten werden«. Rousseau, *Gesellschaftsvertrag* (wie Anm. 19), III.15, S. 103.

22 *Retour à Reims*, Paris 2009; auf Deutsch: Berlin 2016. Eribons *soziologische* Reise in die eigene Jugend ist kein politisches Manifest, eher eine *moralische Reportage* und persönliche Gewissenserforschung über seine Flucht aus dem proletarischen Milieu der eigenen Jugend: Seine Motive decken sich ja nicht einfach mit der Verwirklichung der eigenen Homosexualität, denn er sucht zugleich kulturelle Distinktion *des Intellektuellen* gegenüber Arbeiterklasse und Provinz – also just dieselbe Distinktion, welche Eribon auch der ihm so verhassten Pariser Links-Intelligentsija vorhält.

23 Vgl. Chantal Mouffe, *Über das Politische*, Frankfurt a. M. 2007, und *Agonistik*, Berlin 2014.

24 Populistische Strategien beruhen auf Polarisierung (Vereinfachung politischer Konflikte) und Vertikalisierung des Konsenses (direkte Rückkoppelung zwischen Volks-*Wir* und cäsaristischem Führer). Vgl. Nadia Urbinati, *Democracy Disfigured*, Cambridge, Mass. 2014, 3. Kapitel, S. 128 f.

25 In Ostdeutschland wurde er mit Beelzebub ausgetrieben: mit der stalinistischen Ideologie.

26 Das heute von rechten deutschen Spießbürgern hochgehaltene *Abendland* hat hingegen mit der europäischen Christenheit nichts zu tun: Für Pegida heißt *christlich* nur noch antimuslimisch.

Otto Kallscheuer, 1950 im Rheinland geboren, ist promovierter Philosoph, habilitierter Politikwissenschaftler und freier Autor. Er lehrte und forschte u.a. in Berlin, Neapel, Sassari, Wien, Basel, Princeton und New York. Bei Wagenbach hat er 2009 die politischen Schriften des liberalen Sozialisten Norberto Bobbio herausgegeben; zuletzt erschien *Sardinien. Eine literarische Einladung*.

Joscha Schmierer

Lange Welle
in schwerer Brandung
Aus den Spätnachrichten

In einer Reportage des Deutschlandfunks (27. Februar 2017) von
der Frontlinie zwischen der ukrainischen Regierungsseite und
dem Gebiet der von Russland gestützten Separatisten wurde eine
alte Frau zitiert. Sie glaube nicht mehr an den Waffenstillstand.
»Ich bin 1940 geboren, und im Krieg werde ich wohl auch sterben.« Die Frau sieht sich in einem Zyklus von Kriegen gefangen.
1942 in Stuttgart geboren, was fürchtet man da? Ist es überhaupt denkbar, obwohl im Krieg auf die Welt gekommen, im
Krieg auch zu sterben? Das Leben scheint aus dem Verhängnis
herausgeführt zu haben. Wehrdienst zu verweigern, für zwölf
Monate im Knast zu landen und sieben abzusitzen wegen schwe-
rem Landfriedensbruch im Protest gegen Robert McNamara und
die Weltbank muss nicht umsonst gewesen sein. Aber Frieden?
Nicht mal in Europa ist er sicher.

Doch im Auge des Taifuns bleibt es windstill. Von hier aus ist
schwierig, die Welt im Blick zu halten. Mit dem Blick in die Welt
hat alles angefangen, mit Empathie für den Befreiungskrieg in Algerien, dem Prostest gegen den Schah und dann mit dem Protest
gegen den Vietnamkrieg, der Solidarität mit dem Vietcong und
mit den protestierenden Amerikanerinnen und Amerikanern,
der Hilfe für die schwarzen und weißen Deserteure in Heidelberg.

Die internationale Solidarität vor fünfzig Jahren war einfacher als heute. Internationale Solidarität ist jetzt Opferhilfe, Hungerhilfe, Flüchtlingshilfe. Die muss sein. Internationale Solidarität ist nicht mehr Zusammengehörigkeit in einem vielleicht missverstandenen, aber tief empfundenen gemeinsamen Kampf rund um die Welt. Die von Front National, AfD und anderen geteilte, teilweise von Wladimir Putin gesponserte Hoffnung auf sich gegenseitig hochschaukelnde EU-feindliche Nationalismen wird ja niemand als Internationalismus missverstehen.

Nur Bauchgefühle?

Luise Nordhold, geboren 1917 und seit 1931 Mitglied der SPD, meint in einem Interview mit der *Zeit*: »Ich habe Angst, dass es wieder Krieg gibt. Ich habe Angst vor Putin, vor Erdoğan und diesem idiotischen Amerikaner. Und Deutschland liefert überallhin Waffen. Das muss aufhören.« (9. März 2017) Die Leute, vor denen Frau Nordhold Angst hat, sind Vorbilder der nationalistischen Rechten in Deutschland und anderswo.

Amos Oz, ein eher nüchterner Zeitgenosse, meinte gegenüber dem *Spiegel* (9/2017): »Wissen Sie, Stalin und Hitler haben uns, ohne es zu wollen, ein wunderbares Geschenk gemacht. Sie brachten uns 60 Jahre der Abneigung und des Widerstands gegen Gewalt, Rassismus und Militarismus. Sie haben uns teilweise immun gemacht gegen diese Strömungen. Doch nun hat dieses Stalin-Hitler-Geschenk anscheinend sein Ablaufdatum erreicht. Wir waren verwöhnt, wir haben in relativ goldenen Zeiten gelebt. Relativ, weil es immer noch Vietnam gab, Südafrika, aber auch Jugoslawien. Aber wir hatten ein gutes Zeitalter zwischen dem Ende des Zweiten Weltkriegs und dem 11. September 2001.«

Mit seiner zynischen Einschätzung hat Amos Oz sicher Recht, auch wenn der entscheidende Bruch wohl eher im Irakkrieg von 2003 zu sehen ist. Ohne Bushs Berufung auf die Notwendigkeit des »Krieges gegen den Terror« wäre er freilich selbst in den USA nicht zu rechtfertigen gewesen. Entscheidender als der blutige Anschlag war die Reaktion darauf. Mit dem Krieg im Irak verspielte die einzig verbliebene Supermacht ihren politischen Kredit und bereitete den staatsfreien Boden, auf dem der IS sich ausbreiten konnte, um mit der territorialen Errichtung des imperialen Kalifats zu beginnen. Diese Aussicht eröffnete ihm nicht der 11. September 2001, sondern der Angriff auf die Staatlichkeit im Irak, der sich inzwischen im ganzen Mittleren Osten und in Nordafrika wie im Selbstlauf entfaltet.

Aus war es mit dem *unipolar moment*. Der Krieg jeder gegen jeden war eröffnet. Er konzentriert sich gegenwärtig auf kleinstem Raum in Syrien, wo sich russische Truppen und in wachsendem Ausmaß amerikanische Truppen auf dem Boden noch aneinander vorbeibewegen, sich in der Luft miteinander abstimmen, in beiden Sphären aber unterschiedliche Interessen verfolgen. Zugleich schlüpft die Türkei im Inneren und damit in ihrem regionalen Anspruch immer entschlossener in das Gewand des Osmanischen Reiches, das Recep Tayyip Erdoğan groß*türkisch* nationalistisch interpretiert. Er negiert damit weiterhin die kurdischen Interessen und bekommt es zugleich mit den arabischen Ansprüchen des IS auf ein Kalifat zu tun. Der Iran ist seit dem Irakkrieg ohnehin immer stärker in die regionalen Konflikte verstrickt. Innerhalb der islamischen Welt bildet er das Gegengewicht gegen arabisch-sunnitische Herrschaftsansprüche. Vor dem selbstzerstörerischen Mechanismus des Bürgerkrieges hätte der Bürgerkrieg in Algerien eine Warnung sein müssen. In Syrien war der Bürgerkrieg von vornherein ein Vorzeichen auf mehr.

Aus dem hohlen Bauch kommen die Sorgen nicht

Man braucht nicht ins Einzelne zu gehen, um sich vor Augen zu führen, dass der Balkan vor dem Ersten Weltkrieg ein harmloses Pflaster war verglichen mit dem Mittleren Osten und Nordafrika heute. Ganze Kohorten von »Schlafwandlern« (Christopher Clark) nicht nur aus der Region sind dort unterwegs. Militärisch ist Europa immer ein bisschen dabei, aber ohne friedenspolitisches Gewicht. An Kriegen fehlt es also nicht, Befreiungskriege mag sie niemand nennen.

In all den Äußerungen von älteren Leuten aus verschiedenen Winkeln in Europa und um Europa herum scheint ein Gefühl zum Ausdruck zu kommen, dass etwas zu Ende geht und erneut Gefahren sichtbar werden, die wieder in einen großen Krieg münden könnten. Die Kriegsgeschichte und die Spaltung Europas wirken bis in die individuellen Biographien nach, und plötzlich verbreitet sich wieder ein allgemeines Gefühl großer Gefahr. Sind wir also immer noch in einem Zyklus von Kriegen gefangen?

Und vom Fernen Osten war noch gar nicht die Rede. Hier trifft der Egozentriker an der Regierung der amerikanischen Weltmacht auf das Rumpelstilzchen, das in Nordkorea um die Bombe tanzt. Donald Trump ist in diesem Konflikt auf die Zusammenarbeit mit China angewiesen, das er zugleich ökonomisch an die Kandare nehmen will. Auch hier zeichnen sich Zusammenstöße ab, deren Folgen unabsehbar sind.

Die internationalistischen Hoffnungen von '68 stützten sich auf eine globale Konstellation, in der die Protagonisten der einzelnen Kämpfe sich rund um die Welt auf gemeinsame emanzipatorische Werte, aber auch auf gemeinsame Interessen beriefen. Es schien überall um Freiheit und Selbstbestimmung zu gehen. Das war der Zauber des *großen Augenblicks*. Von diesem Zauber handelte mein Beitrag für das Wagenbachbändchen *Die Früchte der Revolte* von 1988. Sehr lange hielt der Zauber nicht vor. Das war schon 1988 deutlich.

Demokratisierungen

In Samuel P. Huntingtons Buch *The Third Wave. Democratization in the Late Twentieth Century* (1991) suche ich nach '68 und finde es nicht. In Huntingtons Wellen der Demokratisierung taucht '68, unser *großer Augenblick* also, nicht auf. Nach der zweiten kurzen Welle der Demokratisierung zwischen 1943 und 1962 fällt '68 bei Huntington mitten hinein in die folgende rücklaufende

Welle, die er in den Jahren 1958 bis 1975 abfließen sieht. Seine dritte Welle der Demokratisierung lässt er dann 25 Minuten nach Mitternacht am 25. April 1974 beginnen, als eine Lissabonner Radiostation ohne Anlass und Wissen um die Folgen das Lied *Grandola Vila Morena* einspielte: »Das war das Startsignal für die Militäreinheiten in und um Lissabon herum, die Pläne für einen Staatsstreich durchzuführen, die eine Gruppe junger Offiziere sorgfältig ausgearbeitet hatte.«

Für uns, die 68er, war die portugiesische Nelkenrevolution nicht der *Beginn* einer neuen Welle der Demokratisierung, sondern ein weiterer Schritt in der seit Jahren weltweit tobenden revolutionären Auseinandersetzung und ein erstes Anzeichen für das erhoffte Überschwappen des antikolonialen Befreiungskampfes in der Dritten Welt auf den alten Kontinent, der seinerseits spätestens seit Pariser Mai und Prager Frühling in große Unruhe versetzt war.

Huntington zählt Regimewechsel, Übergänge von Regimen ohne demokratische Wahlen zu Regimen mit demokratischen Wahlen. So gesehen spielt sich in Sachen Demokratisierung innerhalb von Staaten mit allgemeinen Wahlen ohnehin nichts Entscheidendes ab. Als ob dort das Ende der Geschichte lange vorher bereits stattgefunden hätte, als es der andere amerikanische Sozialwissenschaftler dann 1990 ausrief. Huntington wie Fukuyama interessieren sich vor allem für Regimewechsel.

'68 zeitigte aber zunächst vor allem in Ländern Veränderungen, in denen demokratische Wahlen schon verankert waren. Auf dem Kampfplatz der Ideen freilich, den Francis Fukuyama im Auge hatte, war in den sechziger und siebziger Jahren noch gar nichts entschieden. Hier fiel für ihn erst 1989 die Entscheidung, als der Sowjetblock zerbrach und mit ihm nach seiner Ansicht die Niederlage des Sozialismus besiegelt wurde. Im Westen dagegen hatte sich schon früher herausgestellt, dass die kapitalistische Produktionsweise sich materiell und strukturell so verfestigt hatte, dass sie mit einer politischen Revolution nicht mehr zu beseitigen war. In der Bundesrepublik waren die Grünen und ihr Erfolg auf der Linken Ausdruck dieser Einsicht, die ihnen selbst erst nach und nach klar wurde. Rudolf Bahro, der heute fast schon vergessene Denker, war es damals, der darauf hinwies, dass eine grundlegende Veränderung nicht länger eine Frage der Änderung der ökonomischen und politischen Formen verlangte, sondern der Lebensweise selbst. Und die war mit einer politischen Revolution nicht zu erzwingen.

Fukuyamas richtiges Gespür

Es ist wahr: Im Rahmen der europäischen Ideengeschichte fällt jedenfalls bisher niemandem etwas Besseres ein, als die beiden großen europäischen Erfindungen, die liberale Demokratie und den Kapitalismus, als die treibenden Kräfte einer inzwischen globalisierten Moderne grundsätzlich zu akzeptieren und zugleich den Dauerkonflikt zwischen diesen gegensätzlichen gesellschaftlichen Kräften möglichst erfolgreich zugunsten der Demokratie auszufechten. Dieser Kampfplatz ist mit dem *Ende der Geschichte* erst freigegeben, freigegeben für eine Auseinandersetzung ohne Scheuklappen und für viele neue Geschichten. Den Kapitalismus und seine globale Wirkungsweise kriegen wir nicht los. Die Demokratie gegen diese Wirkung zu verteidigen und den Primat der Politik ihr gegenüber zu sichern, sollten wir als Herausforderung ernst nehmen.

Im Grunde formulierte Fukuyama nur die Begründung für ein globales Bad Godesberg, das allerdings nur unter demokratischen Bedingungen denkbar ist. Und demokratische Bedingungen sind nie gegeben, sondern aufgrund des Gegensatzes von Demokratie und Kapitalismus stets umkämpft.

Die Linke in (West-)Deutschland musste erst lernen, dass etwas Besseres als liberale Demokratie und Republik mit ihren Institutionen der Gewaltenteilung politisch nicht zu haben ist, um sich mit dem Kapital auseinanderzusetzen. Praktisch hat sie das mit den Jahren gelernt, aber die Lehre akzeptiert hat sie nur in Teilen. Daher herrschen immer noch gute Zeiten für Pantoffelrevolutionäre, für revolutionäre Kritik an allem und jedem im stillen Kämmerchen oder auch in dieser oder jener Publikation, ohne je tatsächlich, das heißt praktisch, einen Gedanken an die Revolution verschwenden zu müssen. Das ist anders als in den sechziger und siebziger Jahren und das schlechteste Erbe von '68: Die Revolution wird verbal hochgehalten, ohne nur einen Gedanken darüber anzustellen, wie sie praktisch gelingen könnte. Die Rechte musste sich im Anschluss an Helmut Kohls Ruf nach einer »geistig-moralischen Wende« von 1983, einem gescheiterten frühen AfD-Programm, damit abfinden, dass der Kapitalismus zumindest im Westen nur im Rahmen von Demokratie und Republik eine Entwicklungsperspektive hat. Damit blieb der Weg in die Mitte offen, den die CDU mit Angela Merkel schließlich einschlug. Ein anderer Teil der Rechten gibt sich dagegen zunehmend antikapitalistisch, weil ihm die liberale Demokratie umso fremder wird, je weniger er dort zu bestellen hat. Seit den späten achtziger Jahren haben sich die Kräfteverhältnisse zugunsten einer liberalen Linken so verschoben, dass die Rechte sich veranlasst fühlt, zum Aufstand zu blasen. »Kulturelle Konterrevolution«, ganz ausdrücklich, ist der Begriff, den die autoritäre Rechte für ihr Vorhaben gewählt hat und den sich in unterschiedlichen Nuancen Madame Le Pen und andere autoritäre Wortführer, so auch die Herren Orbán und Kaczyński, zu eigen gemacht haben. Aber anders als in der Zwischenkriegszeit und der Weimarer Republik sucht die Rechte damit heute die Konfrontation mit einem großen Teil der Gesellschaft.

Eine europäische lange Welle der Demokratisierung

Die Notwendigkeit der Mitte- und Konsensbildung ist alltagspraktisch heute so tief in der Gesellschaft verankert, dass es gerade in den großen Städten dazu keine Alternative gibt. In den USA hat Trump keine große Stadt erobern können. London war natürlich gegen den Brexit.

Die Klassengesellschaft hatte mit der Liberalisierung der Linken die Möglichkeit gefunden, eine politische Mitte und zum ersten Mal in Deutschland eine breite Zivilgesellschaft, eine Gesellschaft der Bürgerinnen und Bürger zu bilden. Die Fähigkeit, eine politische Mitte zu bilden, wurde auch zur Chance, die Gesellschaft beieinanderzuhalten und die gesellschaftlichen Umwälzungen der technischen Revolutionen zu verkraften, die als polarisierte Klassengesellschaft nicht auszuhalten gewesen wären. Ohne starke Gewerkschaften geht das alles nicht.

Die immer neue politische Anstrengung, die Mitte in einer eher von Zersplitterung als von Spaltung bedrohten Gesellschaft zu stärken, statt sich der konservativen Illusion hinzugeben, die Mitte sei irgendwo immer schon vorzufinden, bleibt die Aufgabe einer aufgeklärten, das heißt einer republikanischen Linken, einer Linken, die die Gewaltenteilung akzeptiert und sich für die Freiheit einsetzt. Auf dem Weg der *kulturellen Konterrevolution* geht es autoritären Bewegungen und Regimen in ihrem Kampf gegen die liberalen Freiheiten zunächst immer darum, unter Berufung auf die demokratisch errungene Mehrheit die Gewaltenteilung zu beseitigen. Von oben gesteuerte Plebiszite sind dabei ein Mittel der Wahl.

Für die europäische Geschichte kann man von *einer* langen Welle der Demokratisierung nach dem Zweiten Weltkrieg ausgehen. Sie fand ihren Ausdruck in gesellschaftlichen Entwicklungen innerhalb von Staaten, mit allgemeinen Wahlen und mit dem erfolgreichen Zusammenschluss der gewählten Regierungen im Zuge der europäischen Einigung in gemeinsamen Institutionen. Wenn man annimmt, dass die Demokratisierung in Ländern mit autoritären Regimen nicht zuletzt von der Entwicklung in Ländern mit demokratisch gewählten Regierungen beeinflusst wird, dann lohnt es sich, die Auseinandersetzungen um Demokratie in den Kernstaaten der EU und in den USA zu reflektieren. Es ist eine Geschichte von Kämpfen, von Aufständen, Erfolgen und Niederlagen.

In diesen Kämpfen scheint '68 das bleibende Kürzel für einen bedeutenden, ja einen großen Augenblick in der Geschichte der Demokratisierung der Bundesrepublik, aber auch anderer

Länder Europas und in den USA zu sein. Es bezeichnet die Verknüpfung einer allmählichen gesellschaftlichen Entwicklung unterhalb der Staatsebene mit dem gewaltsamen Zusammenstoß eines Teils dieser Bewegung mit dem Staat, eine Zeit der heftigen Konfrontation zwischen Studenten- und Jugendbewegung mit der Staatsmacht, in der sich die Aufständischen nie hätten halten können, wenn sie nicht die allmähliche Änderung der gesellschaftlichen Kräfteverhältnisse hinter sich gehabt hätten.

Zugleich wäre ohne die gewaltsame Konfrontation eines Teils der gesellschaftlichen Bewegung mit der autoritären Staatsmacht die gesellschaftliche Bewegung sich in der Breite ihres politischen Charakters viel weniger bewusst geworden. Osterunruhen und sozialliberale Regierung sind gegensätzlicher Ausdruck dieses *großen Augenblicks* der Demokratie in der Bundesrepublik.

Sektenstreit mit Relevanz

Der Augenblick war eine Überraschung, er war neu und auf beiden Seiten, der sozialliberalen Regierung und der revolutionären Linken, unverstanden. Das zeigen einerseits die Berufsverbote, vor allem die vorangehenden würdelosen Befragungen zur erforderlichen Staatstreue, und auf der anderen Seite, unserer also, die Lizenz zum Töten, die zu erteilen sich die RAF selbstherrlich erlaubte. Sie konnte sich dabei auf eine sehr breit und brutal angelegte Feinderklärung der revolutionären Linken stützen. »Brecht dem Schütz die Gräten, alle Macht den Räten«. Ich habe gegenüber der RAF mit den Begriffen von gerecht und richtig argumentiert, als ob es zwar gerecht wäre, einen wie Hanns Martin Schleyer ohne jede Schonung zu bekämpfen, aber halt nicht richtig, weil man sich mit seiner Entführung eben der Entscheidung der Staatsgewalt auslieferte. Gab sie nach, war's gut, gab sie nicht nach, blieb nur der Mord, wenn man sich nicht lächerlich machen wollte.

Ergebnis der Verhärtung waren die scheinbar ausweglosen siebziger Jahre. In diesen Jahren gab es auf Seiten der revolutionären, das heißt der mehr oder weniger maoistischen Linken, zu der manche Spontis heute nicht mehr gehören wollen, zwei interessante und folgenreiche Debatten, teils durch die historische Rezeption vergangener Kämpfe, teils durch neue Überlegungen der chinesischen Kommunisten angestoßen:

Die eine Debatte, die sich schon an der Übernahme von RGO- (Revolutionäre Gewerkschaftsopposition) und Sozialfaschismuskonzepten der KPD in der Weimarer Republik durch einen Teil der revolutionären Linken entzündet hatte und die schließlich in erbitterte Auseinandersetzungen führte, entbrannte darüber, ob wir es in der Bundesrepublik mit einem Prozess der Re-Faschisierung des Staates und der Gesellschaft zu tun hätten oder ob wir im Gegenteil von einer Linksentwicklung der Gesellschaft ausgehen konnten, die auch die staatlichen Institutionen nicht unberührt lassen würde.

Als wir 1975 darüber diskutierten, ob einige führende Genossen des Kommunistischen Bunds Westdeutschland (KBW) ihre bevorstehende mehrmonatige Haft antreten sollten, war die entscheidende Frage: Werden sie uns je wieder rauslassen? Können wir auf Rechtssicherheit bauen? Wir entschieden uns für diese Option, die weniger auf den Rechtsstaat als auf eine wachsame Gesellschaft und Öffentlichkeit setzte. Es war eine politische Wette, deren Alternative der Gang in den Untergrund war.

Eine zweite Auseinandersetzung drehte sich um die Drei-Welten-Theorie der KP Chinas, eine revolutionäre Theorie, wie die Dritte Welt in ihrem Kampf für die Befreiung die beiden Supermächte isolieren und die *Mitte*, das heißt im Wesentlichen Europa und speziell die EU, für diesen Kampf gewinnen oder sie wenigstens neutralisieren könnte. China war im Unterschied zur Sowjetunion damals und zu Putins Russland oder Trump heute immer an der Stärkung der europäischen Integration interessiert – sicher aus eigenen Interessen, aber das macht ihr proeuropäisches Engagement nicht weniger wichtig, erst recht nicht heute. Man kann darauf bauen.

Damals führten die chinesischen Anstöße bei mir jedenfalls zu einer intensiveren Beschäftigung mit der EU, ohne sie einfach à la Ernest Mandel als neue imperialistische Machenschaft abzutun und zum besonders raffinierten Feind zu erklären.

Nebenbei bemerkt: Überhaupt war ja der Maoismus für manche von uns vor allem deshalb erhellend, weil Mao im Unterschied zu Stalin immer an der Mitte interessiert war und sie gewinnen wollte, während Stalin die Mitte als letztes Hindernis auf dem Weg zum totalen Sieg verstand. Die Mitte musste also zerschlagen werden. Das erklärt erst den strategischen Stellenwert der Sozialfaschismustheorie für Stalin, also den Versuch, die Sozialdemokraten als noch gefährlicher als die Faschisten darzustellen und sie noch mehr zu bekämpfen, weil sie die eigentlichen Fronten verunklarten.

Diese theoretischen Auseinandersetzungen begründeten die politische Abgrenzung zur RAF einerseits und zu radikalen Phraseuren andererseits, hielten aber auch eigene gewaltsame Abenteuer in Grenzen. Zugleich ermöglichten sie eine unbefangene Unterstützung der Demokratisierung in Portugal, Spanien und Griechenland, ohne sie an den hehren Maßstäben der sozialistischen Revolution zu messen. Der Wunsch dieser Länder, der EU beizutreten, konnte vorbehaltlos unterstützt werden. Das bereitete auch darauf vor, die Solidarność in Polen zu unterstützen, ohne durch ihre katholische Grundfärbung allzu sehr irritiert zu sein. Man darf ja nicht vergessen, dass eine Solidaritätserklärung mit Solidarność noch auf dem Parteitag der Grünen in Duisburg Ende der achtziger Jahre keine Mehrheit fand.

Ohne Belang für die Geistesgeschichte

Diese Auseinandersetzungen waren praktisch wichtig für ein paar zehntausend junge Revolutionäre, die nach dem großen Augenblick politische Wege finden mussten, um ihre Verbindung zu der umfassenden gesellschaftlichen Veränderung in der Bundesrepublik wiederzugewinnen, ohne sich der Staatsmacht zu unterwerfen oder völlig anzupassen. Natürlich finden diese Auseinandersetzungen keinen Widerhall in den Büchern von Ulrich Raulff, *Wiedersehen mit den Siebzigern*. *Die wilden Jahre des Lesens*, oder von Philipp Felsch, *Der lange Sommer der Theorie*. *Geschichte einer Revolte 1960–1990*. Die Autoren hatten sich nie in den Wirren revolutionärer Politik verloren, weshalb sie sich auch nicht in die Niederungen des theoretischen Nahkampfs unter Revolutionären begeben mussten. Sie haben schöne Bücher geschrieben, aber den tiefen, heute oft komisch wirkenden Ernst der theoretischen Auseinandersetzungen um die richtige revolutionäre Praxis dieser Jahre findet man in ihren Büchern nicht. Ihre Quellen sind auch keine der damals wichtigen Zeitschriften, sondern Bücher, die es auf den Markt geschafft hatten. Und doch steckte hinter dem skurrilen Humor, mit dem sich der SDS in Heidelberg in den frühen siebziger Jahren in A-Hörnchen und B-Hörnchen spaltete, vielleicht mehr intellektuelle Anstrengung, als der eine oder andere Protagonist später in seine Dissertation investierte. Immerhin ging der Streit um den Weg, wie mit dem Ende des großen Augenblicks umzugehen sei, ohne dessen revolutionären Charme zu verleugnen.

Die einen wurden schnell zu abgeklärten Pantoffelrevolutionären, zu Leuten, die sich wie eh und je auf der äußersten Linken sahen, praktisch aber in Passivität verfielen. Die anderen, damals die Mehrheit, schlugen sich mit dem Problem herum, dass der eigene revolutionäre Enthusiasmus schließlich in die Isolation gegenüber der gesellschaftlichen Bewegung führte, aus deren Widerhall er doch seine Kraft bezogen hatte. Die Emphase war dem Moment entsprungen, die gesellschaftliche Bewegung machte keine revolutionären Sprünge. Kein Durchbruch mehr wie 1968, sondern allmähliche Linksentwicklung bis hin zum rot-grünen Wahlsieg 1998. Der bedeutete ein Attest für die Fähigkeit zur Mehrheitsbildung in der parlamentarischen Demokratie, aber keinen Freibrief für ein rot-grünes Projekt.

Eine Republik wächst heran

Die achtziger Jahre wurden, nach Kohls rechtspopulistischem Debakel einer geistig-moralischen Erneuerung und der ernüchternden Niederlage der neuen schwarz-gelben Regierung im großen Streik des öffentlichen Dienstes, zu einer für die Entwicklung der Bundesrepublik entscheidenden Engführung von gesellschaftlich untergründiger großer Bewegung, Veränderungen im Staatsapparat und der Selbstberichtigungen eines großen Teils der radikalen Linken. Die Repräsentanz der Grünen im Bundestag 1983 war sicherlich ein Zeichen für die Veränderung der politischen Gesamtsituation der Republik. Mit einer ökologischen und friedenspolitischen gesellschaftlichen Bewegung waren zugleich Leute im Parlament vertreten, die von dem großen Augenblick geprägt waren und reden konnten. Sie kamen erst aus dem Westen mit Joschka Fischer, Waltraud Schoppe und Antje Vollmer, dann aber auch aus dem Osten mit Werner Schulz und Marianne Birthler.

Der Sozialdemokrat Gerhard Schröder hat zwar immer betont, er sei kein 68er, und war doch ohne '68 nicht zu denken. Mit rot-grün hatte die parlamentarische Demokratie gerade als Parteiendemokratie eine große Stunde. Sie dauerte immerhin sieben Jahre. Sie bedeutete einen großen Einbruch in die Mitte. Schade, dass sie letztlich in eine große Koalition mündete, der langweiligsten und auf Dauer tödlichen Form, die politische Mitte zu verkörpern. In der Konstellation der großen Koalition kann die Republik ihre Fähigkeit zum Konsens kaum zum Ausdruck bringen. Aber die Ursachen des Rechtspopulismus liegen in schlichtem Revanchismus. Pegida-Demonstrationen und AfD-Kundgebungen sind ja nichts Neues. Sie sind der Auftritt des gleichen politischen Typus, der uns seinerzeit an den Rändern von Demonstrationen zuschrie, wir sollten doch gleich *nach drüben* gehen. Sie verstanden den damaligen Staat als ihren Staat und dementsprechend selbstbewusst traten sie auf. Für diesen Typus von Xenophobie braucht es keine Flüchtlinge und keinen sichtbaren Migrationshintergrund. Der innere Gegner wird zum äußeren Feind erklärt, als Volksfeind wahrgenommen und lauthals angeprangert. Auch die Kanzlerin sieht sich als Volksverräterin denunziert. Manchmal hat es den Anschein, als wären wir alle schon *drüben*.

Hinter den alten Ressentiments mögen auch neue Ängste und Unsicherheiten stecken. Die Ressentiments wurzeln wahrscheinlich immer noch in der Niederlage des Dritten Reiches. Dieser Staat ist ihnen abhandengekommen, das wurde aber erst mit den Folgen von '68 richtig klar, weil sich der ungebrochen autoritäre Staat den allmählichen Veränderungen und den rebellisch geprägten Politikertypen nicht dauerhaft verschließen konnte.

Man liegt, denke ich, richtig, die Populisten einfach als die Verlierer der politischen Kämpfe der letzten fünf Jahrzehnte zu verstehen. Bis in die sechziger Jahre hatten sie offen und subkutan das Feld beherrscht und den Staat als ihren Staat begriffen, die Grenzen von 1937 inbegriffen.

Weil diese politischen Kräfte den Kampf um die Bundesrepublik verloren haben, geben sie sich heute als Aufständische. Man kann ihnen diese Rolle zugestehen. Einen Erfolg nicht.

Joscha Schmierer, 1942 in Stuttgart geboren, studierte Geschichte und Philosophie in Tübingen, Heidelberg und Berlin. Er war 1968 Mitglied im provisorischen Bundesvorstand des SDS. 1973 war er Mitbegründer des maoistischen KBW, 1983 dessen Mitauflöser. Von 1983–99 arbeitete er als Redakteur der Monatszeitschrift *Kommune*. 1999 bis 2007 arbeitete er im Planungsstab des Auswärtigen Amtes. Er publiziert regelmäßig zu Fragen der internationalen Politik und veröffentlichte u.a. 2009 bei Wagenbach *Keine Supermacht, nirgends. Den Westen neu erfinden.*

Petra Dobner

Post-Postmaterialismus oder Das Ensemble der gesellschaftlichen Verhältnisse

I.

Die jahrzehntelange Koexistenz mit der Neuen Linken[1] zu beenden steht der Neuen Rechten nun offenbar im Sinn, wenn sie das »links-rot-grün verseuchte, […] leicht versiffte 68er-Deutschland, von dem wir die Nase voll haben«,[2] frontal angreift. Nach ihrer Lesart haben die 68er (West-)Deutschland einer »Gehirnwäsche«[3] unterzogen. Die herrschende »multikulturelle linke Hegemonie«[4] erfordere »eine metapolitische Wende, eine gesellschaftliche Abwendung von Ethnomasochismus, linkem Universalismus, Internationalismus und Egalitarismus«.[5]

Mit Pierre Bourdieu lässt sich als Zweck einiger rechter Auslassungen – beispielhaft: die von Björn Höcke geforderte erinnerungspolitische Wende[6] oder der Ruf nach einem gegen Flüchtlinge gerichteten Schießbefehl, den nebst Frauke Petry auch die AfD-Politiker Alexander Gauland, Marcus Pretzell und Beatrix von Storch unterstützen[7] – die Absicht interpretieren, einen »häretischen Diskurs«[8] zu etablieren. Der häretische Diskurs bringt etwas bislang Unsagbares mit dem Ziel zur Sprache, einen bestehenden *common sense* in Frage zu stellen und sich selbst und einer anderen Weltsicht Anerkennung zu verschaffen. Er ist Bestandteil der Strategie eines politischen Akteurs, sich mit seiner Platzierung auf dem »politischen Feld« an der Auseinandersetzung um die »Durchsetzung der Sicht- und Teilungsprinzipien der sozialen Welt«[9] zu beteiligen. Teilungsprinzipien wiederum lassen sich als Bausteine kultureller Hegemonie verstehen. Sie sind »alles andere als unmotiviert. […] Wenn das von mir vorgeschlagene Teilungsprinzip von allen anerkannt wird, wenn mein *nomos* zum universellen *nomos* wird, wenn alle die Welt so sehen, wie ich sie sehe, dann habe ich die ganze Kraft der Personen, die meine Sicht teilen, hinter mir. ›Proletarier aller Länder, vereinigt euch!‹ ist eine politische Erklärung, die besagt, dass das Prinzip der Teilung in Nationalitäten an Bedeutung verliert gegenüber dem Prinzip der Internationalität, das über alle Grenzen hinweg Reiche und Arme einander entgegenstellt.«[10]

Bourdieu folgend lässt sich mithin der Angriff der Rechtspopulisten auf die Überzeugungen der 68er als Versuch verstehen, deren als vorhanden wahrgenommene Hegemonie zu brechen und gegen sie eine andere Sichtweise durchzusetzen in Bezug auf legitime und illegitime Ansprüche, an der sozialen Welt teilzuhaben.[11] Anknüpfend an diese Überlegungen stellt sich zunächst die Frage, für welche Sicht- und Teilungsprinzipien die 68er-Bewegung eigentlich steht.

II.

Als Antwort bietet sich eine zentrale Diagnose an, die besagt, dass die 68er historisch erstmalig die im Begriff des *Postmaterialismus*[12] zusammengefassten Werte vertreten. Der Postmaterialismus umfasst ein nicht völlig scharf definiertes Set verschiedener Einstellungen, darunter das Bekenntnis zu Freiheit, Individualität und sozialer Partizipation. Begriffsbildend ist die gemeinsame Eigenschaft dieser Wertvorstellungen, nicht durch materiellen Wohlstand befriedigt werden zu können. Dieser wird vielmehr von den Postmaterialisten als prinzipiell gegeben unterstellt und ist eine nicht weiter in Zweifel gezogene Grundlage der verfolgten politischen Ziele.

Ronald Inglehart, der die ersten maßgeblichen Untersuchungen zu dieser Thematik durchführte, ging bei seiner Argumentation zunächst von der grundsätzlichen Annahme aus, dass individuelle Werte beziehungsweise Bedürfnisse oder auch Ziele[13] hierarchisch sortiert werden. Menschen setzen jeweils diejenigen Ziele an oberste Stelle, von denen sie glauben, dass sie zu einem bestimmten Zeitpunkt ihre wichtigsten unbefriedigten Bedürfnisse erfüllen können.[14] Sein konkretes Anschauungsbeispiel lautete, dass jemand, der sich in der Wüste verläuft, sein ganzes Augenmerk darauf richten wird, Wasser zu finden, was, so kann man anschließen, in vielen anderen Situationen keinen hohen Stellenwert hat, weil das Vorhandensein von Wasser als völlig selbstverständlich betrachtet wird. Insgesamt scheint es plausibel, dass materielle Bedürfnisse immer dann als vordringlich gelten, wenn deren Erfüllung prekär ist oder es zumindest so empfunden wird.

Gesamtgesellschaftlich betrachtet, so Inglehart, ist die Orientierung an materiellen Bedürfnissen bis nach dem Zweiten Weltkrieg dominant. In den siebziger Jahren tritt dann erstmals in den westlichen Gesellschaften eine Bevölkerungsgruppe auf, die ihre materiellen Grundbedürfnisse grundsätzlich als befriedigt betrachten kann und deshalb ihre Wertvorstellungen »nicht länger von den Imperativen ökonomischer Sicherheit«[15] bestimmen lässt. Postmaterialistische Werte werden seither bevorzugt von denjenigen Geburtskohorten vertreten, die auf der Basis eines allgemeinen materiellen Überflusses ihre prioritären Ziele auf nicht-materielle Belange konzentrieren (können) – sie treten ein für »ästhetische und intellektuelle Bedürfnisse«[16] jenseits ökonomischer Sicherheit, insbesondere für individuelle Freiheitsrechte.

Im individuellen Leben, so Ingleharts weitere Annahme, werden Wertvorstellungen zu einem frühen Zeitpunkt geprägt und ändern sich in der Regel auch später nicht grundlegend. Er mutmaßte daher, dass ein intergenerationeller Konflikt wahrscheinlich wird zwischen denjenigen, die in ihrer Jugend Not litten und deshalb fortwährend eher materielle Werte priorisieren, und denjenigen (westlichen) Generationen ab den späten sechziger Jahren, für die Wohlstand kein Lebensziel, sondern eine Selbstverständlichkeit ist. Insbesondere erwartete er einen Wertewandel für die Jugend der oberen Mittelklasse, in der die materielle Befriedigung besonders markant ausfällt. Aus all diesen Annahmen schlussfolgerte Inglehart, dass ein neuer Wertekonflikt entstehen könnte, bei dem die (seinerzeit) jüngere Mittelschicht eher postmaterielle Werte für wichtig ansieht, während sich die älteren Kohorten – von den Arbeitern bis zur oberen Mittelklasse – tendenziell einig in einer materiell-konservativen Grundposition sind.

Die empirische Untermauerung dieser Überlegungen findet sich in diversen Untersuchungen, die seit den siebziger Jahren kontinuierlich international durchgeführt werden. Die Operationalisierung erfolgt zumeist über die Kategorien *freie Rede*, *soziale Partizipation*, *staatliche Ordnung* und *Kampf gegen steigende Preise*.[17] Die Befragten sollen dabei jeweils beantworten, welche zwei dieser vier Werte ihnen besonders wichtig sind. Einige bemerkenswerte Befunde lassen sich aus diesen Untersuchungen hervorheben:

• Wie vermutet korreliert das Eintreten für freie Rede stark mit dem für soziale Partizipation und die Wertschätzung für staatliche Ordnung wiederum mit dem Kampf gegen steigende Preise. Diese beiden unterschiedlichen Grundpositionen bezeichnet Inglehart als *postmaterialistisch* (beziehungsweise *post-bourgeois*) einerseits und *erwerbsorientiert* (*acquisitive*) andererseits.
• In Ländern mit einer hohen Wachstumsrate (mit Ausnahme Italiens) sind postmaterialistische Positionen besonders stark ausgeprägt, insbesondere bei den jüngeren Kohorten.
• Empirisch weist Inglehart nach, dass die Wertorientierungen der frühen Jahre tatsächlich entscheidender sind als Erfahrungen im späteren Lebenszyklus. Es bestätigt sich auch seine Vermutung, dass die Tendenz zum Postmaterialismus gesamtgesellschaftlich seit den frühen siebziger Jahren zunimmt, weil seither immer mehr Menschen in einer frühen Phase ihres Lebens materiell saturiert sind und diese Einstellungen in ihrem weiteren Leben tendenziell beibehalten.

• Einerseits lässt sich somit ein genereller Trend zur Zunahme von Postmaterialisten feststellen.[18] Andererseits sind die Neigungen zum Postmaterialismus in den diversen Bevölkerungsgruppen unterschiedlich ausgeprägt:[19] Insgesamt tendieren besser ausgebildete Personen eher zu postmaterialistischen Haltungen als solche aus bildungsferneren Schichten. Die eigentliche Heimat des Postmaterialismus ist das universitäre Milieu. Darüber hinaus bevorzugt auch die Mehrheit derjenigen, die Sympathien für die damals protestierenden Studierenden bekunden, postmaterialistische Werte. Inglehart sieht sich durch diese Befunde in der Annahme bestätigt, dass die 68er die wichtigsten Träger des postmaterialistischen Wertekanons sind.

• Aus der Korrelation zwischen Bildungsstand und postmaterialistischen Einstellungen ergibt sich eine besondere Affinität der Eliten zu postmaterialistischen Positionen. Bereits zu einem frühen Zeitpunkt, als Postmaterialisten gesamtgesellschaftlich eine Minderheit waren, dominierten sie in den politischen, technischen und wirtschaftlichen Eliten. So waren Ende der siebziger Jahre nur ein Achtel der europäischen Bevölkerung Postmaterialisten, während sie unter den Abgeordneten des Europäischen Parlaments fast ein Drittel ausmachten.[20]

• Früh zeichnen sich auch einige weitere inhaltliche Dispositionen der Postmaterialisten ab, die über das Eintreten für *freie Rede* und *soziale Partizipation* hinausgehen: Anfang der siebziger Jahre zeigten sich bei einer Untersuchung in sechs europäischen Ländern[21] Postmaterialisten zugleich auch als starke Befürworter der europäischen Integration. Inglehart erklärt dies damit, dass einerseits postmaterialistische, libertäre und internationale Positionen inhaltlich verknüpft sind, andererseits erwerbsorientierte, autoritäre und eher auf den Nationalstaat ausgerichtete Positionen.[22] Weitere Untersuchungen ergaben, dass sich Postmaterialisten in einer ganzen Reihe von Einschätzungen signifikant von Materialisten unterscheiden, »von Frauenrechten bis hin zu Meinungen zur Armut, Ideen darüber, was im Job wichtig ist und Außenpolitik«[23] sowie Umweltschutz.[24]

• Auch wenn es einen Zusammenhang zwischen der ökonomischen Lage und der Ausprägung der individuellen Wertorientierung gibt, bedeutet dies nicht, dass eine Verschlechterung dieser Lage automatisch auch zu einer Änderung der Wertorientierung führt. Gleichzeitig ist nicht ausgeschlossen, dass ökonomische Verschlechterungen auch materialistische Positionen wiedererstarken lassen können.[25] Insbesondere wird angenommen, dass – traditionell linker Verbundenheit zum Trotz – die eher materiellen Wertpräferenzen die Arbeiterklasse den konservativen Parteien in die Arme treiben könnten.[26]

Als Zwischenfazit lässt sich festhalten, dass die von den 68ern vertretene Anschauung der Welt, ihr »Teilungsprinzip« in den Worten Bourdieus, eine ganze Reihe von libertären, antiautoritären und nichtmateriellen Werten umfasst. Dagegen sind die Materialisten eher konservativ, autoritär und auf ökonomische Ziele orientiert. Gesamtgesellschaftlich breiten sich die postmaterialistischen Auffassungen seit den frühen Siebzigern kontinuierlich aus, allerdings mit erwähnenswerten Unterschieden: Die tonangebenden und gut ausgebildeten Eliten sind postmaterialistischer als traditionell erwerbsorientierte und bildungsfernere Schichten. Die damals jungen (und heute etablierten) 68er sind postmaterialistischer als ältere Kohorten. Schließlich haben Postmaterialisten und Materialisten in nahezu allen Belangen nicht nur diametral entgegengesetzte Ansichten, sondern ziehen auch aufgrund dieser gegensätzlichen Weltauffassungen aus »denselben Informationen total unterschiedliche Schlüsse«.[27]

III.

Die Furcht vor einem weiteren Abdriften Deutschlands nach rechts ist im links-liberalen Lager so groß wie dessen Sprach- und Hilflosigkeit. Verständlich ist die Schockstarre; vonnöten wäre politische Handlungsfähigkeit, die der Neuen Linken in allen Feuilletons von der *Frankfurter Allgemeinen Zeitung* über *Die Zeit* bis zur *tageszeitung*[28] derzeit abgesprochen wird. Eine leitende Annahme hierbei ist, dass ihre postmaterialistische Grundorientierung dem realen Problemdruck nicht standhält. Angesichts des aufflammenden Rechtspopulismus wirft etwa der Publizist Stefan Laurin der Neuen Linken vor, sie habe sich »so weit von der wirtschaftlichen Realität entfernt, dass Wirtschaft für diese Szene nicht mehr als ein Lifestylethema geworden ist. Von der Lebenswirklichkeit der Menschen mit geringem Einkommen [...] oder von den Wohlstandswünschen von Menschen, die in der freien Wirtschaft tätig sind, ist man in diesen Enklaven der Gesellschaft, in denen man entweder als Teil des Öffentlichen Dienstes versorgt ist oder sich eine prekäre Existenz schönredet, weit entfernt. Diese Linke [...] trifft nun auf eine mit Wucht auftretende rechtspopulistische Bewegung und hat ihr nichts entgegenzusetzen. Ihre Brandmauern gegen rassistische oder sexistische Diskurse, die so wunderbar in den akademischen Blasen funktionieren, werden nun schlicht ignoriert und verlacht. [...] Bei Abstiegsängsten oder dem Leid durch Arbeitslosigkeit finden sich die Betroffenen auf einmal eher von der AfD verstanden als von einer Linken, deren postmaterialistische Sichtweise diesen Menschen nicht nur fremd ist, sondern die so von ihnen gar abgelehnt wird.«[29] Für die 68er bleibt nach dieser Erzählung nur ein Weg offen, der des historischen Untergangs.

In der Tat unterscheidet die Orientierung an freiheitlichen Rechten, sozialer Beteiligung, Geschlechtergerechtigkeit oder Umweltschutz die Neue Linke fundamental von der Alten Linken, für die die Verteilungskonflikte des Kapitalismus den Daseinsgrund darstellten. Unbestritten ist, dass postmaterialistische Forderungen nicht an den traditionell materialistischen Interessen der Arbeiterklasse ausgerichtet sind. Bestreitbar aber ist der Vorwurf an die Neuen Linken, dass genau hierin ihr Versagen bestünde. Es ist eine eigentümliche Verkehrung von Ursachen und Wirkungen, nun den 68ern vorzuwerfen, sie hätten den Nöten des Prekariats nichts entgegenzusetzen, und gleichzeitig anzunehmen, dass die Rechtspopulisten eine Antwort darauf bereithielten. So bitter verführerisch diese vereinfachte

Beschreibung in Teilen zu sein scheint, lebt sie doch von einigen bemerkenswerten Ausblendungen: Sie ignoriert die Bedeutung des Neoliberalismus als Quelle von Abstiegsängsten. Sie verschweigt zugleich, dass die Wähler- und Mitgliedschaft der AfD mehrheitlich gar nicht aus den Zurückgebliebenen besteht. Sie stellt sich nicht die Frage, wie sich konkret soziale Nöte in politische Präferenzen übersetzen. Sie blendet die grundlegenden Veränderungen der Produktion und Kommunikation infolge der Digitalisierung aus. Und schließlich beruht die Kritik auch auf einer impliziten Hierarchie, die immer noch materialistische über postmaterialistische Werte stellt.

IV.

Die seit den achtziger Jahren fortschreitende Durchdringung aller Lebensbereiche durch neoliberale Praxen und Institutionen ist umfassend analysiert und kritisiert worden.[30] Ich beschränke mich hier lediglich auf *eine* Wirkung der neoliberalen Intervention, nämlich ihren Beitrag zur Hervorbringung einer größer werdenden Gruppe von Menschen, deren ökonomische Unsicherheit sie zu unfreiwilligen Mitgliedern des modernen *Prekariats* macht. Unter dem Diktat wachsender *Selbstverantwortung*, die mit den neoliberalen Interventionen in den Arbeitsmarkt, einem Rückbau sozialstaatlicher Versorgung sowie einer generellen Betonung von Leistung und Verantwortung der Einzelnen einhergeht, steigt allen soziologischen und statistischen Untersuchungen nach die Zahl der »Abgehängten«.[31]

Die politischen Gestaltungsmöglichkeiten eines reichen und entwickelten Sozialstaates würden unterschätzt, wenn man dieses neue Prekariat zum ungewollten Nebenprodukt des Neoliberalismus stilisierte; vielmehr ist es sein zumindest willentlich in Kauf genommener Bestandteil. Der Umbau des Arbeitsmarktes und des Sozialstaats – darunter Fordern und Sanktionieren –, die mangelnde Bereitschaft, Gewinnsucht im Immobiliensektor einzudämmen, die eine Gentrifizierung der Städte ermöglicht hat und damit die Vertreibung Ärmerer aus ihren angestammten

Quartieren, die zunehmende Selbstverantwortung bei Renten und Versicherungen, die unsinnigen Beschleunigungen in der Schule und der Universität, die weder dem demographischen Wandel noch der Vermehrung des Wissens entsprechen – all das hat zu Prekarisierung und Abstiegsängsten wesentlich beigetragen und hätte, den politischen Willen vorausgesetzt, verhindert oder zumindest gelindert werden können.

Statt den 68ern vorzuwerfen, keine Repräsentanten der Abgehängten zu sein, wäre eine sachliche Analyse erhellender, wer die Entstehung des Prekariats zu verantworten hat, wer davon profitiert, mit welchen Maßnahmen die Exklusion zu beseitigen wäre und wer hierfür welche Privilegien einbüßen müsste. Deutlicher würde dann vielleicht, dass die Vertreter*innen von Geschlechtergerechtigkeit und Umweltschutz weder für das Aufkommen des Prekariats verantwortlich sind noch dass der Verzicht auf politische Korrektheit irgendetwas zur Lösung beitragen könnte. Das Prekariat existiert, weil sein Recht auf Inklusion politisch nicht verwirklicht wird. Dies endlich effektiv anzustreben wäre die praktisch-politische Aufgabe aller Volksparteien, und das ist keine Frage andersgelagerter Rhetorik. Die Repräsentationslücke kann nur geschlossen werden durch umfassende Maßnahmen in Arbeitsmarkt-, Sozial-, Wohnungsbau- und Bildungspolitik.

Interessanterweise aber ist *soziale Gerechtigkeit* in diesen Tagen offenbar alles andere als ein zugkräftiges Thema im Kampf um Wählerstimmen, wie die SPD schmerzhaft erleben muss. Festhaltenswert ist im Übrigen aber auch, dass zwar viele, nicht aber die Exkludierten selbst glauben, in der AfD den richtigen Repräsentanten finden zu können.

V.

Nach den Landtagswahlen in März 2016, bei der die AfD mit 12,6 (Rheinland-Pfalz), 15,1 (Baden-Württemberg) beziehungsweise 24,3 Prozent (Sachsen-Anhalt) in diese Landtage einzog, diagnostizierten Wahlforscher eine doppelte Wende: Die einst eurokritische Partei habe sich zur rechtspopulistischen Partei gewandelt, die Professorenpartei sei zur Prekariatspartei geworden.[32] Als maßgeblich wurde die Politisierung der Flüchtlingsfrage betrachtet, mit der die AfD die Wahlkämpfe bestritt und – trotz ihrer damaligen Absicht, die Arbeitslosenversicherung zu privatisieren – unter den Erwerbslosen in Baden-Württemberg und Sachsen-Anhalt, von denen 32 beziehungsweise 38 Prozent die AfD wählten, den größten Anteil an Stimmen erhielt.

Mit Recht machen allerdings Oskar Niedermayer und Jürgen Hofrichter darauf aufmerksam, dass bei der Analyse der Sozialstruktur von Parteiwählerschaften zwei Fragestellungen zu unterscheiden sind: »Zum einen kann es darum gehen, von welchen sozialen Gruppen eine Partei über- oder unterdurchschnittlich gewählt wird, zum anderen, wie die Zusammensetzung der Parteiwählerschaft nach sozialen Gruppen aussieht. Beide Blickwinkel sind notwendig, denn aus der Tatsache, dass eine Partei von einer bestimmten sozialen Gruppe deutlich überdurchschnittlich gewählt wird, lässt sich nicht einfach schließen, dass diese Gruppe die Parteiwählerschaft dominiert, denn dies ist von der Größe der Gruppe in der Gesamtwählerschaft abhängig.«[33] Nach ihren Wahlanalysen ergibt der Blick auf die Wählerschaft der AfD ein anderes Bild: Im ersten Quartal 2016 waren 63 Prozent der AfD-Wähler berufstätig, 27 Prozent Rentner und Pensionäre, 7 Prozent sonstige und nur 3 Prozent erwerbslos.[34] Mehr als die Hälfte der AfD-Wähler sind Personen mit mittlerer Bildung, ein weiteres Viertel hat einen hohen Bildungsstand. Kumulierte Auswertungen des DeutschlandTRENDs von Infratest dimap zwischen Herbst 2013 und Frühjahr 2016 zeigen zudem, »dass die AfD-Anhänger verglichen mit allen Wahlberechtigten über ein leicht überdurchschnittliches Haushaltsnettoeinkommen verfügen. Etwa vier Fünftel der AfD-Anhänger beschreiben in einer Umfrage vom März 2016 ihre wirtschaftliche Situation als ›sehr gut‹ oder ›gut‹.«[35]

Dass die wirtschaftliche Lage der AfD-Anhängerschaft insgesamt gut ist, wird auch von der Mehrheit der Wählerinnen und Wähler so gesehen. Nur 13 Prozent schätzen ihre aktuelle persönliche Lage als schlecht oder sehr schlecht ein. Während die Anhänger der AfD damit nur leicht über dem Durchschnitt aller Befragten liegen, heben sie sich in Bezug auf ihre Zukunftssorgen deutlich von anderen ab: »Etwa ein Drittel der Befragten mit AfD-Wahlabsicht erwartet eine Verschlechterung der eigenen wirtschaftlichen Lage – fast doppelt so viele wie unter allen Befragten. Noch pessimistischer sind die AfD-Anhänger mit Blick auf die allgemeine wirtschaftliche Lage: Im Jahr 2016 schätzten fast zwei Drittel die Zukunft schlechter ein als die Gegenwart. [...] AfD-Anhänger sind Pessimisten – im Jahr 2016 mehr denn je.«[36] Und sie neigen dazu, sich als Verlierer zu sehen: »Obwohl die AfD-Anhänger faktisch nicht zu den ›sozial Abgehängten‹ gehören, heißt das nicht, dass sie sich nicht ungerecht behandelt fühlen.«[37]

Festzuhalten an diesen Analysen ist eine interessante Verschiebung des Problems: Nicht das bestehende Prekariat, sondern diejenigen, sie sich ihm künftig zugehörig wähnen, sind Wählerinnen und Wähler der AfD, nicht aktuelles Leid, sondern die Sorge vor potentiellen Problemen treibt sie in die Arme dieser Partei. Allerdings nicht in erster Linie diejenigen, die statistisch von Armutsrisiken besonders betroffen sind: Der aktuelle Armuts- und Reichtumsbericht der Bundesregierung zeigt, dass das Armutsrisiko für Erwerbstätige und ältere Erwachsene eher niedrig ist, hoch aber für Arbeitslose, Alleinerziehende, gering Qualifizierte, Menschen mit Migrationshintergrund sowie insgesamt Kinder und junge Erwachsene.[38] Die Wählerschaft der AfD hingegen rekrutiert ihre Wählerschaft zu 97 Prozent nicht aus Erwerbslosen, 72 Prozent ihrer Wähler sind Männer, 84 Prozent älter als 34 Jahre – alles in allem Gruppen, die eher nicht so große Sorgen um ihre materielle Sicherheit haben müssten.

Die Lage ist also offensichtlich komplizierter: Nicht die tatsächlich Abgehängten fühlen sich von den Gegnern der Postmaterialisten angezogen, sondern offenbar besonders solche Bevölkerungsteile, die zwar weder in besonderem Maße von Armut betroffen sind noch statistisch besonders stark gefährdet sein werden, die aber gleichwohl in hohem Grade von Sorgen über ihre eigene wirtschaftliche Lage und die des Landes geplagt sind. Eine einfache Ableitung ihres Wählerverhaltens aus ihrer ökonomischen Situation greift folglich zu kurz.

VI.

Bourdieu geht in seinen Studien davon aus, dass das soziale und das politische Feld »homolog« sind, sich also die Gegebenheiten des einen Feldes im anderen widerspiegeln: »Es gibt einen politischen, einen religiösen Raum, das, was ich ein ›Feld‹ nenne, das heißt autonome Sphären, in denen nach jeweils besonderen Regeln ›gespielt‹ wird. Die in diesem ›Spiel‹ Engagierten haben besondere, durch die Logik des Spiels und nicht die ihrer Mandanten definierte Interessen. Der politische Raum etwa hat seine ›Rechte‹ und seine ›Linke‹, seine Herrschenden und seine Beherrschten; auch der soziale Raum hat Herrschende und Beherrschte, die Reichen und die Armen. Und beide Räume korrespondieren. Zwischen ihnen besteht Homologie.«[39] Plausibel ist diese Annahme, wenn man einigen weiteren Überlegungen zustimmt, die Bourdieu zu dieser Einschätzung veranlassen. Insbesondere nimmt er aufgrund der unterschiedlichen Verteilung politischen Kapitals an, dass auch die Möglichkeiten des Zugangs zum politischen Feld ungleich sind: »Es gibt also soziale Bedingungen des Zugangs zu diesem Mikrokosmos, wie zum Beispiel genügend freie Zeit. Politisches Kapital wird in erster Linie von Personen akkumuliert, die mit einem ökonomischen Überschuss ausgestattet sind, der es ihnen erlaubt, ihre produktiven Aktivitäten ruhen zu lassen und als Wortführer aufzutreten. Bildung ist ein weiterer Faktor neben der freien Zeit.«[40] Diese Ungleichverteilung der Zugangschancen ist auch ein Grund für eine ungleiche Verteilung von Repräsentationschancen. Vereinfachend lässt sich festhalten, dass eine schlechte Absicherung im sozialen Feld die Chancen verringert, sich im politischen Feld zu platzieren; die politischen Repräsentationschancen sind mithin sozial bestimmt.

Allerdings scheint diese Theorie im politisch sehr elitär geprägten Frankreich und im Hinblick auf die Wählerschaft des

Front National[41] wesentlich besser zuzutreffen als in Deutschland. Noch immer ist hier der Weg zu politischen Posten deutlich von der – allen grundsätzlich möglichen – Bereitschaft abhängig, sich in Parteien zu engagieren und den Kontakt zur Basis zu halten, wie die noch unveröffentlichten Ergebnisse einer aktuellen Studie zur Kandidatenaufstellung des Instituts für Parlamentarismusforschung zeigen.

Zielführender scheint es mir daher, bei Stuart Hall anzuknüpfen, wenn es um die Klärung der Frage geht, wie genau sich eigentlich ökonomische und soziale Verhältnisse in politische übersetzen. In seiner Interpretation der marxistischen Vorstellung einer Determination der politischen Verhältnisse durch die Ökonomie »in letzter Instanz«[42] widerspricht er der Annahme, man könne alle »Nebenwidersprüche« auf den ökonomischen »Hauptwiderspruch« reduzieren. »[D]er Marxismus braucht eine Form der Determination, die *nicht* gleichzusetzen ist mit einem ökonomischen Reduktionismus. Die ›Vereinigung‹ dieser ›heterogenen Ströme‹, so Althusser, sollte man sich nicht als Reduktion, sondern als einen *komplexen Effekt* ›denken‹ – eine Anhäufung aller Instanzen und Wirksamkeiten, eine ›Fusion‹, ein Bruch – eine ›Überdeterminierung‹. Daraus folgt, daß eine Gesellschaftsformation keine ›Totalität‹ im essentialistischen Sinne ist, in der eine einfache ›Identität‹ zwischen ihren verschiedenen Ebenen besteht und die Überbauebenen bloße ›Epiphänomene‹, bloße Begleiterscheinungen der objektiven Gesetze sind, die ›die ökonomische Basis‹ regieren. Es handelt sich vielmehr um eine notwendig komplexe Einheit – ein ›Ensemble‹, das selbst bereits das Resultat vieler Determinationen ist, eine Einheit, die vor allem durch ihre *Ungleichheit* charakterisiert ist.«[43] »Ensemble«, »gegliedertes Ganzes«, »komplexer Effekt« – Halls Versuche, die Komplexität der Verhältnisse verschiedener Ebenen – beziehungsweise in den Worten Bourdieus: Felder – zu denken, deutet auf zweierlei hin: Erstens greift es zu kurz, eines dieser Felder als »homolog« zu einem anderen zu denken und damit quasi automatische Entsprechungen beziehungsweise Übersetzungen der Verhältnisse eines dieser Felder in ein anderes anzunehmen. Zweitens folgt aus der Ablehnung einer simplen Theorie der Entsprechung, dass die jeweiligen Artikulationen zwischen den Ebenen unterschiedlich, variabel, flexibel und fluide sein können. Diese zu erfassen erforderte neben einer gesättigten Theorie folglich auch eine gehaltvolle Empirie.

VII.

Die Entdeckung des *Ensembles der gesellschaftlichen Verhältnisse* war schon im analogen Zeitalter eine große Herausforderung. Die Digitalisierung hat die Entzifferung noch um einige Schwierigkeitsgrade gesteigert. Vorliegende Analysen deuten derzeit auf einige transformierende Tendenzen hin:

• Digitalisierung greift tief in die ökonomischen Verhältnisse und damit auch mittelbar in die Erwerbschancen und sozialen Verhältnisse ein. Früher aufwändige und insofern ebenso kostenintensive wie renditeträchtige Geschäftszweige werden durch die Möglichkeiten der Digitalisierung entwertet – weil entweder jeder selbst ein früher teuer zu erstehendes Produkt herstellen kann (zum Beispiel kommerziell genutzte Bewegtbilder mit dem Handy festhalten und ins Netz stellen, Aktiendepots verwalten), weil bestimmte Arbeiten problemlos in andere Kontinente verlagert werden können (zum Beispiel Lektorate deutscher Bücher nach Indien) oder auch weil sich bislang von Fachkräften gefertigte Produkte digital herstellen lassen oder ihre Erzeugung massiv erleichtert werden kann (zum Beispiel architektonische Berechnungen und Projektierungen).

• Digitalisierung bringt neben einigen ökonomischen Riesengewinnern wie Apple, Microsoft oder Google zahlreiche Modernisierungsverlierer hervor: »Inzwischen geht es schon lange nicht mehr nur um das produzierende Gewerbe – Stichwort Industrie 4.0. Vielmehr sind immer größere Teile der Wirtschaft betroffen: Zeitungen, Bücher, Auftragshandel an den Börsen, Banking, Versicherungen, Immobilien- und Stellenbörsen, Reisebüros, um nur einige Beispiele zu nennen. Derzeit geht die

Beschäftigung im US-Einzelhandel rapide zurück – und das in einer Phase, da der Konsum stark steigt. Das Geschäft aber findet online statt, bei Amazon und Co. Vergleichsweise sichere Jobs gehen verloren. Was viele amerikanische Einzelhandelsbeschäftigte künftig machen, ist ungewiss.«[44]

• Die im US-amerikanischen Wahlkampf erkennbar gewordene Bedeutung digitaler Präsenz und von Verzerrungen durch *social bots* und sogenanntes Direktmarketing, bei dem potentielle Wähler mit eigens auf sie zugeschnittenen Nachrichten versorgt werden,[45] hat die Aufmerksamkeit auf einen Effekt der Digitalisierung, auf das Verhältnis von Repräsentanten und Repräsentierten gelenkt. Während einige in einer Veränderung dieses Verhältnisses eher Chancen sehen wollen,[46] sehen andere Gefahren der Manipulation. Denn nunmehr ist es möglich, Vorlieben, Profile, Meinungen, Interessen und politische Einstellungen digital bis zur Ebene der Einzelperson zu erfassen. Eine unmittelbare und direkte Beeinflussung wird damit ebenso möglich wie die Beeinflussung von Wahlen.

• Digitalität schafft nicht nur verbilligte Kommunikationsmuster, sondern kann durch »Echo Chambers«[47] auch Effekte wie die komplette Schließung von Räumen der Öffentlichkeit ermöglichen.

Auch wenn die mit der Digitalisierung verbundenen Veränderungen im sozialen und politischen Gefüge hier nur ansatzweise angedeutet werden können, scheint eines klar: Die Annahme, der *herrschende Diskurs* der Postmaterialisten treibe die Entrechteten in die Arme der Rechten, nimmt die Auswirkungen dieser Transformation nicht ausreichend zur Kenntnis.

VIII.

Es bleibt der Vorwurf, die Postmaterialisten hätten kein Verständnis für die materiellen Nöte. Implizit gilt dabei die Annahme, dass es einen ökonomischen *Hauptwiderspruch* und zahlreiche (ökologische, genderorientierte, internationalistische et cetera) *Nebenwidersprüche* gibt, eine Erinnerung daran, dass erst das Fressen, dann die Moral kommt. Dieses Argument ist erstens bigott und zweitens kurzsichtig. Erstens: Würde uns die ökonomische Ungleichheit so sehr stören, wäre es an der Zeit, entsprechende Initiativen zu ergreifen, um sie zu verringern. Warum sollte es denn nicht möglich sein, eine effektive Mietpreisbremse einzuführen, wie sie etwa mit dem Vorschlag greifbar wäre, dass der Vermieter die Vormieten offenlegen soll? Die einfache Antwort ist: Weil die CDU es nicht will. Warum kann der Arbeitgeberanteil an der Krankenversicherung nicht wieder auf die gleiche Höhe angehoben werden wie der Arbeitnehmeranteil? Weil die Unternehmen und ihre *shareholder* das nicht wollen. Warum sind wir an einem Punkt angekommen, an dem ausgerechnet der Internationale Währungsfonds Deutschland dazu auffordert, endlich die Reallöhne zu erhöhen? Weil es im kurzfristigen Interesse der Gewinner der exportorientierten und insgesamt immer noch boomenden Wirtschaft ist, die Einkommensgewinne nicht gerecht zu verteilen. Zweitens: Alles deutet darauf hin, dass die von Postmaterialisten vertretenen Wertorientierungen alles andere als irrelevant für die materiellen Belange des Lebens sind. Der Klimawandel ist der augenfälligste Beweis dafür, dass vermeintlich in der Peripherie gelegene Problemstellungen massiv auf die Art und Weise durchschlagen, wo wir leben können, wie wir leben, produzieren und konsumieren werden. Aber auch andere scheinbar immaterielle Weichenstellungen – von der Geschlechtergerechtigkeit bis zur seelischen Gesundheit – haben Auswirkungen auf die Art und Weise, wie Gesellschaften und damit auch die Individuen leben.[48]

IX.

Was also ist den 68ern tatsächlich vorzuwerfen? Am ehesten wohl der Glaube, der politische Feind sei eine Größe der Vergangenheit und nicht der Zukunft. Das würde jedenfalls den Mangel an klaren Analysen und effektiven Strategien erklären, der indessen nicht nur die Linken, sondern auch die bürgerliche Mitte in den letzten Jahren so hilflos gegenüber dem Rechtspopulismus machte. Selbstkasteiung hilft hier nicht weiter. Auch die Annahme, eine politisch korrekte Sprache oder das Eintreten für den Umweltschutz wären Gründe für das Erstarken rechtspopulistischer Strömungen, ist eher gefährlich als plausibel, denn sie impliziert die Absurdität, dass das Eintreten für postmaterielle Werte andere in Xenophobie, Nationalismus und Sexismus treibt.

Einleuchtender scheint mir der Schluss, dass das politische Programm der Liberalisierung und Privatisierung eine heterogene Bevölkerungsgruppe in dem Gefühl gestärkt hat, sozial nicht geborgen und politisch nicht vertreten zu sein. Erst dieses Nichtgehörtwerden, die mangelnde Repräsentation im politischen Diskurs, bringt eine Schicht hervor, die leichte Beute für Rechtspopulisten werden kann. Denn noch einmal an Bourdieu anknüpfend lässt sich festhalten, dass ungehörte Klassen sich Gehör verschaffen, indem sie sich *Wortführern* anvertrauen: »Es gibt so etwas wie eine dem Politischen immanente Antinomie, darin bestehend, dass die Einzelnen – umso mehr, je mittelloser sie sind – sich zu einer Gruppe nur formen (lassen), das heißt zu einer Kraft, die in der Lage ist, ihr Wort zu erheben und sich Gehör zu verschaffen, wenn sie sich in die Hände eines Wortführers begeben, sich ihm ausliefern, zugunsten seiner abdanken: Keine Aufhebung von politischer Entfremdung ohne Risiko politischer Entfremdung!«[49]

Der häretische Diskurs erreicht dann seinen Zweck, eine Anhängerschaft zu bilden, wenn er unwidersprochen bleibt oder gar mit Verständnis quittiert wird. Wenn das stimmte, wäre nicht weniger '68, sondern mehr die richtige Strategie.

1 Vgl. den Beitrag von Claus Leggewie in diesem Band.
2 Rede von Jörg Meuthen auf dem 5. AfD-Bundesparteitag am 30. April 2016, online verfügbar unter https://youtu.be/WcU2eLwVNsc.
3 Alexander Gauland, ›Das Ende der nationalen Identität‹, in: *Junge Freiheit*, 10. September 2015, online verfügbar unter https://jungefreiheit.de/debatte/2015/das-ende-der-nationalen-identitaet/.

4 Martin Sellner, ›Sündenbock und Kantenschere‹, in: *Sezession*, 30. Dezember 2016, online verfügbar unter https://sezession.de/56928/ (zuletzt geprüft am 19. März 2017).

5 Ebd.

6 Björn Höcke, »Höcke-Rede im Wortlaut: ›Gemütszustand eines total besiegten Volkes‹«, in: *Tagesspiegel*, 19. Januar 2017, online verfügbar unter http://www.tagesspiegel.de/politik/hoecke-rede-im-wortlaut-gemuetszustand-eines-total-besiegten-volkes/19273518-all.html.

7 Vgl. Justus Bender/Alexander Haneke, ›Die AfD und die Grenze: Schuss vor den Humbug‹, in: *Frankfurter Allgemeine Zeitung*, 31. Januar 2016, online verfügbar unter http://www.faz.net/aktuell/politik/inland/afd-chefin-frauke-petry-fodert-schiessbefehl-an-grenze-14044672.html?printPagedArticle=true#pageIndex_2 (zuletzt geprüft am 16. April 2017).

8 Pierre Bourdieu, *Politik. Schriften zur Politischen Ökonomie 2*, Berlin 2013, S. 13.

9 Ebd., S. 110.

10 Ebd., S. 106 f. (Hervorhebung im Original).

11 Bourdieu führt dies in dem Aufsatz »Das politische Feld« aus: »Ein Feld ist ein Kräftefeld und ein Kampffeld zur Veränderung der Kräfteverhältnisse. In einem Feld wie dem politischen, religiösen oder jedem anderen Feld wird das Verhalten der Akteure durch ihre Position in der Struktur des Kräfteverhältnisses bestimmt, das für dieses Feld zu dem betreffenden Zeitpunkt charakteristisch ist. Das wirft die Frage auf: Wie definiert man diese Kraft? Worin besteht sie, und wie ist es möglich, diese Kräfteverhältnisse zu verändern? Eine wichtige andere Frage lautet: Welches sind die Grenzen des politischen Felds? […] Man erkennt die Präsenz oder Existenz eines Akteurs in einem Feld daran, dass dieser den Zustand des Felds verändert (oder dass sich viel verändert, wenn er nicht mehr da ist). So ist der Front National zu einem Akteur des politischen Felds geworden in dem Maße, wie er nach und nach alle anderen, institutionellen oder individuellen, politischen Sprecher dazu gebracht hat, wenn nicht auf den FN selbst, so doch zumindest auf die Probleme Bezug zu nehmen, die der FN auf dem politischen Feld durchzusetzen versucht. Die Präsenz des FN hat bewirkt, dass der Gegensatz zwischen den Franzosen und Ausländern denjenigen zwischen Reichen und Armen abgelöst und, vor allem unter dem Einfluss des politischen Felds, im allgemeinen politischen Bewusstsein eine so große Bedeutung angenommen hat. Es wäre leider unschwer zu zeigen, dass es keine Partei mehr gibt, die sich nicht in ihrem Verhältnis zu dieser Dichotomie, diesem in das politische Feld importierten *Teilungsprinzip* definiert.« (Ebd., S. 105.)

12 Ronald Inglehart sprach zunächst von »post-bourgeois values«; die Terminologie wurde später auf »post-materiell« umgestellt; Ronald Inglehart, ›The Silent Revolution in Europe: Intergenerational Change in Post-Industrial Societies‹, in: *The American Political Science Review* 65 (1971), Nr. 1, S. 991–1017 (DOI: 10.2307/1953494).

13 Inglehart unterscheidet nicht systematisch zwischen Bedürfnissen (*needs*), Werten (*values*) und Zielen (*goals*).

14 Vgl. Inglehart, ›The Silent Revolution in Europe‹ (wie Anm. 12), S. 991.

15 Ebd. (Übersetzung P.D.).

16 Ebd. (Übersetzung P.D.).

17 Ebd., S. 993.

18 Ronald Inglehart, ›Post-Materialism in an Environment of Insecurity‹, in: *American Political Science Review* 75 (1981), Nr. 4, S. 880–900 (DOI: 10.2307/1962290); Ronald Inglehart, ›Public Support for Environmental Protection: Objective Problems and Subjective Values in 43 Societies‹, in: *PS: Political Science and Politics* 28 (1995), Nr. 1, S. 57–72 (DOI: 10.2307/420583); Ronald Inglehart, ›The Silent Revolution in Europe‹ (wie Anm. 12) S. 991–1017; Ronald Inglehart/Paul R. Abramson, ›Measuring Postmaterialism‹, in: *The American Political Science Review* 93 (1999), Nr. 3, S. 665–677 (DOI: 10.2307/2585581); Ronald Inglehart/Christian Welzel, *Modernization, Cultural Change, and Democracy. The Human Development Sequence*, Cambridge 2005.

19 Vgl. Inglehart, ›The Silent Revolution in Europe‹ (wie Anm. 12).

20 Vgl. Inglehart, ›Post-Materialism in an Environment of Insecurity‹ (wie Anm. 18).

21 Belgien, Deutschland, Frankreich, Großbritannien, Italien, Niederlande.

22 Vgl. Inglehart, ›The Silent Revolution in Europe‹ (wie Anm. 12), S. 997, Fn. 16. Die als »neue gesellschaftliche Konfliktlinie« (vgl. https://www.wzb.eu/de/forschung/bereichsuebergreifende-forschung/kosmopolitismus-und-kommunitarismus) behauptete Differenz zwischen Kosmopoliten – also solchen, die sich für Öffnung und Internationalität aussprechen – und Kommunitaristen, die politische Entscheidungen und Solidarität in den Grenzen des Nationalstaates praktiziert sehen wollen, ist bereits Gegenstand der Auseinandersetzungen zwischen Postmaterialisten und Materialisten.

23 Inglehart, ›Post-Materialism in an Environment of Insecurity‹ (wie Anm. 18), S. 885 (Übersetzung P.D.).

24 Vgl. ebd.

25 Paul R. Abramson/Ronald Inglehart, ›Generational Replacement and the Future of Post-Materialist Values‹, in: *The Journal of Politics* 49 (1987), Nr. 1, S. 231–241 (239).

26 Vgl. Inglehart, ›The Silent Revolution in Europe‹ (wie Anm. 12), S. 992.

27 Inglehart, ›Post-Materialism in an Environment of Insecurity‹ (wie Anm. 18), S. 897 (Übersetzung P.D.).

28 Vgl. Dirk Jörke und Nils Heisterhagen in der *Frankfurter Allgemeinen Zeitung* vom 26. Januar 2017, Maxim Biller in *Die Zeit* vom 27. Juli 2016 oder Christian Volk in der *tageszeitung* vom 25. Februar 2017.

29 Stefan Laurin, ›Trump und das Ende der Linken wie wir sie kennen – Salonkolumnisten‹ 11. Dezember 2016, online verfügbar unter http://www.salonkolumnisten.com/trump-und-das-ende-der-linken-wie-wir-sie-kennen/ (zuletzt geprüft am 17. April 2017); vgl. auch Wolfgang Merkel, ›Bruchlinien. Kosmopolitismus, Kommunitarismus und die Demokratie‹, in: *WZB Mitteilungen* (2016), Heft 154, S. 11–14.

30 Vgl. exemplarisch den aktuellen Sammelband von Heinrich Geiselberger (Hrsg.), *Die große Regression. Eine internationale Debatte über die geistige Situation der Zeit*, Berlin 2017.

31 Heinz Bude/Andreas Willisch (Hrsg.), *Das Problem der Exklusion. Ausgegrenzte, Entbehrliche, Überflüssige*, Hamburg 2006, online verfügbar unter http://deposit.ddb.de/cgi-bin/dokserv?id=2812098&prov=M&dok_var=1&dok_ext=htm; Robert Castel, *Die Metamorphosen der sozialen Frage. Eine Chronik der Lohnarbeit*, Konstanz 2000; Mona Motakef, *Prekarisierung*, Bielefeld 2015 (Einsichten Soziologische Themen – Themen der Soziologie), online verfügbar unter http://www.reference-global.com/doi/book/10.14361/transcript.9783839425664.

32 ›AfD gewinnt Stimmen bei Arbeitslosen‹, in: *Zeit Online*, 21. März 2016, online verfügbar unter http://www.zeit.de/politik/deutschland/2016-03/alternative-fuer-deutschland-arbeitslose-waehler (zuletzt geprüft am 21. Mai 2017).

33 Oskar Niedermayer/Jürgen Hofrichter, ›Die Wählerschaft der AfD: Wer ist sie, woher kommt sie und wie weit rechts steht sie?‹, in: *Zeitschrift für Parlamentsfragen* (2016), Nr. 2, S. 267–284 (270).

34 Vgl. ebd., S. 272.

35 Ebd., S. 273.

36 Knut Bergmann/Matthias Diermeier/Judith Niehues, ›Die AfD: Eine Partei der sich ausgeliefert fühlenden Durchschnittsverdiener?‹, in: *Zeitschrift für Parlamentsfragen* (2017), Nr. 1, S. 57–75 (63).

37 Ebd., S. 63.

38 Vgl. Bundesministerium für Arbeit und Soziales (BMAS), *Lebenslagen in Deutschland. Der fünfte Armuts- und Reichtumsbericht der Bundesregierung*, Berlin, April 2017, VI, online verfügbar unter http://www.bmas.de/SharedDocs/Downloads/DE/PDF-Pressemitteilungen/2017/5-arb-langfassung.pdf?__blob=publicationFile&v=4 (zuletzt geprüft am 21. Mai 2017).

39 Bourdieu, *Politik* (wie Anm. 8), S. 35 f.

40 Ebd., S. 99.

41 Vgl. Didier Eribon, *Rückkehr nach Reims*, Berlin 2016.

42 »Die neuen Tatsachen zwangen dazu, die ganze bisherige Geschichte einer neuen Untersuchung zu unterwerfen, und da zeigte sich, daß alle bisherige Geschichte die Geschichte von Klassenkämpfen war, daß diese einander bekämpfenden Klassen der Gesellschaft jedesmal Erzeugnisse sind der Produktions- und Verkehrsverhältnisse, mit einem Wort der ökonomischen Verhältnisse ihrer Epoche; daß also die jedesmalige ökonomische Struktur der Gesellschaft die reale Grundlage bildet, aus der der gesamte Überbau der rechtlichen und politischen Einrichtungen sowie der religiösen, philosophischen und sonstigen Vorstellungsweise eines jeden geschichtlichen Zeitabschnittes in letzter Instanz zu erklären sind.« (Friedrich Engels, ›Herrn Eugen Dühring's Umwälzung der Wissenschaft‹, in: *Marx Engels Werke*, Bd. 20, S. 16–31 [25].)

43 Stuart Hall, *Ausgewählte Schriften. Ideologie, Kultur, Medien, Neue Rechte, Rassismus*, Hamburg 1989, S. 19. Vgl. zudem: »Auch und vor allem das Verhältnis

des Ökonomischen zum Politischen muß begrifflich gefaßt werden als das Verhältnis zweiter Momente, die durch ihre notwendigen Unterschiede und Verschiebungen in eine Einheit eingegliedert sind. Von daher gibt es *keine notwendige, unmittelbare* Entsprechung zwischen der ›ökonomischen‹ und der ›politischen‹ Konstituierung der Klassen.« (Ebd., S. 20.)

44 Henrik Müller, ›Bundestagswahlkampf. Vermisst: Ein Konzept für Gerechtigkeit 4.0‹, in: *Spiegel Online*, 21. Mai 2017, online verfügbar unter http://www.spiegel.de/wirtschaft/soziales/soziale-gerechtigkeit-und-digitalisierung-das-fatale-schweigen-der-politik-a-1148667.html.

45 »Bei dieser Art von Direktmarketing spielt es keine Rolle, ob die Wahlversprechen realistisch sind oder ob das Blaue vom Himmel gelogen wird. Es geht darum, dem Wähler genau das zu versprechen, was er erwartet. Es geht um Manipulation.« (Peter Welchering, ›Social Bots. Wahlkampf der Algorithmen‹, in: *Deutschlandfunk*, 22. Januar 2017, online verfügbar unter http://www.deutschlandfunk.de/social-bots-wahlkampf-der-algorithmen.740.de.html?dram:article_id=376345.)

46 Vgl. Felix Stalder, *Kultur der Digitalität*, Berlin 2016.

47 Cass R. Sunstein, *#Republic. Divided Democracy in the Age of Social Media*, Princeton/Oxford 2017.

48 Richard G. Wilkinson/Kate Pickett, *Gleichheit ist Glück. Warum gerechte Gesellschaften für alle besser sind*, dt. Erstausgabe, Hamburg 2009.

49 Bourdieu, *Politik* (wie Anm. 8), S. 24.

Petra Dobner, 1964 am linken Niederrhein geboren, studierte Politikwissenschaft und Philosophie an der Freien Universität Berlin. Zunächst Lehrstuhlinhaberin für Politikwissenschaft in Hamburg, hat sie seit 2012 eine Professur für Systemanalyse und Vergleichende Politikwissenschaft an der Martin-Luther-Universität Halle-Wittenberg inne. Bei Wagenbach erschien u.a. *Bald Phoenix, bald Asche – Ambivalenzen des Staates* (2009).

Claus Leggewie

Mit '68 gegen '68: Damals startete auch die Neue Rechte einen langen Marsch

Auf die provokante Interview-Frage, was rückblickend nach zwanzig Jahren von '68 geblieben sei, antwortete Jürgen Habermas, einst Mentor und Kritiker der Studentenbewegung, einmal ironisch »Frau Süssmuth«.[1] Rita Süssmuth inkarnierte ein so nicht intendiertes Erbe der Antiautoritären, das er als »Fundamentalliberalisierung« der Bundesrepublik bezeichnete. Die CDU-Jugend- und Familienministerin repräsentierte einen gemäßigten Feminismus, der die radikalen Seiten der Revolte gehörig abschwächte, ihren befreienden Kern aber adaptierte.[2] Von '68 in einem ganz anderen Sinne geblieben ist der ins Lager der Auschwitz-Leugner und Reichsdeutschen übergewechselte RAF-Gründer Horst Mahler, ein idealtypischer Gesamtextremist der Republik. Und aktuell ist es der mit verhaltenerem Geschichtsrevisionismus aufwartende AfD-Politiker Björn Höcke, als parlamentarisches Sprachrohr der identitären Strömung, der heutigen Ausprägung der Neuen Rechten, um die es jetzt gehen soll.

Wenn nämlich 1968 als Geburtsjahr einer *Nouvelle Gauche* getauften Strömung markiert ist, wird oft vergessen oder ignoriert, dass parallel auch die *Nouvelle Droite* an den Start gegangen war. Sie kam im Windschatten der Studentenrevolte auf Touren und machte sich prominent in Frankreich mit der Gründung des *Groupement de Recherches et d'Etudes pour la Civilisation*

Européenne (GRECE) einer breiteren Öffentlichkeit bekannt. Anders als ihre linken Antipoden tauften sich die Neu-Rechten nicht selbst so, das Etikett bekamen sie zehn Jahre später angeheftet, als sie den bürgerlich-konservativen *Figaro* (beziehungsweise dessen Wochenend-›Magazine‹) mit Texten belieferten und rechts bei Intellektuellen generell kein Schimpfwort mehr war.

Genau das war die Absicht der Neu-Rechten: die kulturelle Hegemonie der (kultur-)marxistischen und (liberal-)humanistischen Denker zu brechen (Sartre hatte vom »unübersteigbaren Horizont des Marxismus« gesprochen). Jenseits des Rheins sollte Opas Frankreich, die von Charles de Gaulle geprägte Republik, aufs Altenteil, hier der *Gärtnerkonservatismus* der Adenauer-CDU. Die Zeichen standen auf Umsturz, sogar in konservativen Kreisen. Die anderen 68er aus dem Ring Christlich-Demokratischer Studenten (RCDS) bekämpften die Studentenrevolte an der FU Berlin, löckten später aber auch als Modernisierer der CDU wider den Stachel.[3]

Im Sinne dieser antagonistischen Generationseinheit[4] möchte ich die Entstehung der *Nouvelle Droite* und ihre Ausstrahlung nach Deutschland (und zurück) rekapitulieren und gewisse »gramscianische« Familienähnlichkeiten mit der Neuen Linken herausarbeiten, die nicht mit weltanschaulicher Übereinstimmung verwechselt werden dürfen, aber einen Zeitgeist spiegeln. Zu unserer Zeit erlebt man die neueste Auflage der Konservativen Revolution identitärer Zirkel, die in mancher Hinsicht an die 1960er Jahre anknüpfen. Genau wie vor fünfzig Jahren darf man der streitlustigen Selbstinszenierung nicht zu viel Gewicht beimessen, doch nimmt der *bloc identitaire* Einfluss auf die Politik und hat in puncto Einwanderung und Islam das soziale Meinungsklima erheblich beeinflusst. Vor allem im Kampf gegen die politische Korrektheit, vulgo: das »versiffte links-grüne-68er-Deutschland« (AfD-Vize Jörg Meuthen),[5] zeigen sich die späten Revanchegelüste gegen alles, was mit *1968* verbunden war, dessen polemischer Tonfall dabei aber durchklingt. Unterdessen stieg der *Front National* zur zeitweise stärksten politischen Kraft in Frankreich auf,[6] identitäre Diskurse verbreiten sich im italienischen Postfaschismus ebenso wie in der Programmatik der Alternative für Deutschland (AfD).[7]

1. Das Gros der AfD ist im krassen Sinne antiintellektuell, was generell für die populistische Rechte bis zurück in den Faschismus des 20. Jahrhunderts gilt. Doch stets lieferten *fellow travellers* Stichworte und Ideologeme, die der Straßengewalt der Rechten eine weltanschauliche Form geben wollten und sich aus den Tumulten heraushielten. Dieses Spannungsverhältnis zeigt sich derzeit am Verhältnis zwischen der AfD, ihrem außerparlamentarischen Arm Pegida und dem akademischen Milieu der Burschenschaften, das sich um die Wochenzeitschrift *Junge Freiheit* und das Institut für Staatspolitik in Sachsen-Anhalt gruppiert. Bei ihnen ist der Nestor der Konservativen Revolution nicht in Vergessenheit geraten: Armin Mohler (1920–2003), der mit einem zuerst Anfang der 1950er Jahre erschienenen und immer wieder aufgelegten Handbuch das Oxymoron einer Konservativen Revolution und deren mit großem K geschriebenen Mythos begründete.[8] Ein fester Zirkel, gar eine Partei waren die in dem mehrfach aufgelegten Kompendium aufgelisteten Intellektuellen (Carl Schmitt, Ernst Jünger, Ludwig Klages, Oswald Spengler), Freischärler (Edgar Julius Jung und Ernst von Salomon), Clubchefs (Juniklub des Arthur Moeller van den Bruck, Tat-Kreis Hans Zehrers, Widerstands-Kreis von Ernst Niekisch) und Zeitschriftengründer nicht.[9] Sie waren auch nicht per se Steigbügelhalter Hitlers und selten bekennende Nationalsozialisten, verstanden sich vielmehr als originäre, vom Völkermord unbelastete Rechte, als welche sie nach 1945 mehr oder weniger verdeckt rezipiert wurden. Mohler, in seiner Schweizer Jugend in der radikalen Linken aktiv, dann vom Faschismus angezogen, wollte den Überträger des Mythos spielen.

Um 1968 sah der zunächst als Sekretär Ernst Jüngers tätige Publizist seine Stunde schon verpasst.[10] In den 1950er Jahren hatte sich der Paris-Korrespondent diverser Blätter, darunter der

Zeit und der *Welt* aus dem Haus Springer, als Mittler zwischen Deutschland und Frankreich einen Namen gemacht, mit besten, bisweilen konspirativen Kontakten in die radikale Rechte beider Länder. Gefragt war Mohler bei Franz Josef Strauß, Atomminister im Kabinett Adenauer, dem er die Bildung einer gaullistischen, das heißt anti-atlantischen und antiliberalen Achse Paris–Bonn zutraute; der ambitionierte CSU-Grande hielt sich einen Beraterstab, der in der Union sonst keine Entsprechung gefunden hätte. Adenauers Kanzlerpartei hatte den überkommenen deutsch-nationalen Konservatismus 1945 hinter sich gelassen und mutierte später zur modernen Volkspartei der Mitte, wofür Mohler nur die polemische Formel vom gärtnerischen Konservatismus übrig hatte. Begeistert von *la droite pure et dure* in Frankreich[11] und Südeuropa, wollte er die Bewahrung des Bewahrenswerten mit revolutionären Mitteln. Seine Kritik an der liberalen Demokratie war inspiriert durch den in Plettenberg *exilierten* Carl Schmitt, mit dem er Briefe wechselte, genau wie mit dem an der Berliner FU lehrenden Professor Jacob Taubes, der die Kommune 1 verteidigte und vom Bündnis der (messianischen) Philosophie mit dem Partisanen schwärmte – ein Thema, das bei Carl Schmitt genauso anklang wie bei Mao.[12]

Nach 1968 wetterte Mohler, unterdessen Leiter der renommierten Carl Friedrich von Siemens Stiftung und 1967 Träger des Adenauer-Preises der ultrakonservativen Deutschland-Stiftung, gegen die *derwischhafte* Linke und ihre Kulturrevolution,[13] die er vor allem in ihren Facetten Antifaschismus und sexuelle Libertinage tadelte. In der von kritischen Intellektuellen, Kirchenvertretern und Studierenden betriebenen Aufarbeitung der unbewältigten Vergangenheit sah Mohler das Mittel, Deutschland am Nasenring zu führen und ihm seine fehlende Souveränität zu verweigern, in der sexuellen Libertinage eine besonders zersetzende Version des als Hauptfeind bekämpften Liberalismus.[14] Damit war unter gewöhnlichen 68ern kein Durchkommen,[15] und Protagonisten wie Horst Mahler, Günter Maschke und einige weitere 68er mit Affinitäten zur nationalen Frage bemerkten selbst erst später, wie nahe sie mit ihrem Antiamerikanismus, Antizionismus und in summa Antiliberalismus einem Mohler standen, bevor sie sich selbst von Sozial- in Nationalrevolutionäre wandelten und die in der Konservativen Revolution stets angelegte Querfront zwischen ganz links und ganz rechts schlossen.

2. Umso erfreuter war Armin Mohler, 1969 in einem jüngeren Franzosen einen Genossen zu finden, der ausdrücklich an den Mythos der Konservativen Revolution anknüpfte: Alain de Benoist, Kopf der Neuen Rechten.[16] Das Neue an ihr sollte ein weltanschauliches *aggiornamento* sein, die 180-Grad-Revision einer Rechten, die Gründervätern des französischen Faschismus wie Charles Maurras oder Maurice Barrès hinterhertrauerte und Marschall Pétain, den Führer des Vichy-Kollaborationsregimes, verehrte, die sich im Widerstand gegen de Gaulles Verrat an der Algérie algérienne verkrampfte und der OAS zuneigte, einer für die Algérie française mordenden Terrororganisation.[17] Aus diesem Zwielicht war 1965 noch einmal Jean-Louis Tixier-Vignancour als Präsidentschaftskandidat der extremen Rechten angetreten, der ehemalige Propagandachef des Vichy-Regimes, Anwalt des Putschisten-Generals Raoul Salan und eines de Gaulle-Attentäters. Seinen Wahlkampf organisierte ein gewisser Jean-Marie Le Pen, doch TV bekam nur fünf Prozent der Stimmen. Sieger der Präsidentschaftswahl war letztmals Charles de Gaulle, durch den Sozialisten François Mitterrand und den Zentristen Jean Lecanuet in die Stichwahl gezwungen. Zur gleichen Zeit scheiterte in Deutschland die NPD, es bildete sich die große Koalition.

Zum Committée TV gehörten zwei junge Studenten, Dominique Venner und Alain de Benoist, die als Initiatoren der *Nouvelle Droite* gelten können. Venner, Jahrgang 1935, war von der OAS zur ebenso militanten Sekte *Jeune Nation* gewechselt, machte sich dann aber einen Namen mit dem Manifest *Pour une critique positive*.[18] Der Sorbonne-Student Alain de Benoist, Jahrgang 1943, startete ebenfalls bei *Jeune Nation*, die 1958 nach einem Bombenattentat auf die Nationalversammlung verboten wurde, und gründete gemeinsam mit Venner die ultrarechte Studentengewerkschaft *Fédération des Étudiants Nationalistes* (FEN). 1962 bis 1966 fungierte er als Redaktionssekretär der Zeitschrift *Cahiers Universitaires*, seit 1963 publizierte er regelmäßig in der von Venner gegründeten Revue *Europe Action*. In solchen Zeitschriften, deren Auflage 10.000 Exemplare kaum einmal überstieg, mendelte sich die Ideenwelt der *Nouvelle Droite* heraus,[19] die *groupuscules*, die sektiererischen Grüppchen, waren das Pendant der *Nouvelle Gauche*, die sich jeweils als extreme Nationalisten respektive libertäre Internationalisten nicht in die Fünfte Republik einfügen wollten.

Die Erbschaft des integralen Nationalismus, des Faschismus und des reaktionären Katholizismus sowie deren rassistische und antisemitische Grundierungen wurde neu-rechts nicht kassiert, aber ein Stück moduliert. Die Welt war nicht stehengeblieben und Frankreich keine Großmacht mehr. Die Säkularisierung hatte auch die Konservativen erreicht, von der Apartheid musste man sich in den USA und sogar in Südafrika verabschieden. Jüngere Rechtsintellektuelle erkannten das, und ihr Ansatz bestand weniger in Straßendemonstrationen und Prügeleien, die man den Schlägertruppen und Schwarzhemden der militanten Gruppe *Occident* überließ. Sie kaprizierten sich auf die geistige Aufrüstung der Rechten und wollten den lahmen, stockreaktionären Konservatismus der Eliten, die sich am 30. Mai 1968 konsterniert gegen den »Chienlit« (de Gaulle, zu Deutsch Chaos) der Studentenrevolte versammelte, auf den Müllhaufen der Geschichte befördern. Der weiße Suprematismus mutierte in einen kulturellen Relativismus, der die Gleichrangigkeit der ›Rassen‹ oder Völker propagierte, aber genau wie die Apartheid-Befürworter ethnische Mischung ablehnte. Auch vom Hexagonalismus, der Fixierung auf Frankreich, distanzierten sich de Benoist und Kameraden in der Äquidistanz Europas gegen den liberalen Westen wie den kommunistischen Osten. Die katholische Tradition wich dem *anti-judeo-christianisme* und einem ins Esoterische neigenden Neuheidentum. Hauptfeind war stets der Liberalismus, der in Frankreich als politische Bewegung und Partei der Mitte kaum hatte Fuß fassen können.

So speiste sich die *Nouvelle Droite* aus dem geistigen Erbe der Konservativen Revolution, der deutschen Geisteshaltung in der Zwischenkriegszeit des 20. Jahrhunderts, die Armin Mohler 1950 postfaschistisch wiederaufbereitet hatte. Das französische Pendant waren Non-Konformisten der 1930er Jahre, die sich »ni droite, ni gauche« positionierten.[20] Beide bezogen sich auf den italienischen Kulturphilosophen Julius Evola mit seiner »Revolte gegen die moderne Welt« (1934), der wiederum Einfluss hatte auf Martin Heidegger, den in Frankreich so angesagten deutschen Philosophen.[21] In diesem fatalen Milieu fanden die Vordenker der *Nouvelle Droite* ihre Vorbehalte gegen das menschenrechtlich und republikanisch begründete Gleichheitsdenken und gegen die Errungenschaften der bürgerlichen Revolutionen des Westens bestätigt.

Doch mit der Präsidentschaft von François Mitterrand 1981 begannen 14 Jahre (verspäteter) sozialistischer Regierung, am Ende in der Kohabitation mit einer neugaullistischen Rechten, die mit Rechtsintellektuellen auch wenig anzufangen wusste. In Deutschland schien die Ausgangslage günstiger, als Helmut Kohl die geistig-moralische Wende ausrief.[22] Doch nachdem sich auch Strauß Mohler eher als Hofnarren hielt und der ihm nahestehende Strauß-Referent Marcel Hepp (1936–1970) früh verstorben war, blieb dem in etablierten Kreisen in Ungnade gefallenen Publizisten nur noch ein Mitglied im Franzensclub um FJS als Freund, der ehemalige BR-Moderator Franz Schönhuber. 1986 gründete der mit einigen CSU-Dissidenten Die Republikaner und kratzte am Straußschen Verdikt, rechts von der Union dürfe keine politische Kraft etabliert sein. 1991 war auch dieser Versuch gescheitert. Mohler und seine Adepten in der *Jungen Freiheit* konnten keinen Einfluss mehr auf die Politik nehmen, bildeten aber einen Schülerkreis von Post-68ern, die ihm postum Ehrenkränze flochten.[23]

Geblieben aus diesen Jahren ist die *Junge Freiheit* (JF), heute eine Wochenzeitung mit 30.000 verkaufter Auflage.[24] 1986 von dem Politik- und Geschichtswissenschaftler Dieter Stein (*1967) als Schüler- und Studentenblatt gegründet, ist die JF über Gratisverteilung, Lesekreise und Sommeruniversitäten in der Burschenschafts-Szene sowie über die Beobachtung von Antifaschisten und Verfassungsschutz über diese hinaus zu einem gewissen Renommee gelangt. Abonniert und gelesen wird die Zeitung, die einen Ableger in Österreich hat, als Pendant zur *Zeit* von konservativen und weiter rechts stehenden Lesern. Sie gilt als Scharnier- oder Brückeninstanz zwischen moderaten und radikalen Rechten und Sprachrohr der Neuen Rechten, eine Positionierung, die Chefredakteur Stein jedoch ausdrücklich ablehnt. Die ehemaligen Redakteure und Mitarbeiter Karlheinz Weißmann[25] und Götz Kubitschek[26] halten sie aufrecht und haben sie in ihre aktuellen publizistischen Projekte mitgenommen.

3. Mit der 68er-Methode gegen 68er-Inhalte: Die Neue Rechte war kein Double und keine Antwort auf die Gauchisten, aber die Jugendrevolten gegen das Establishment entwickelten sich parallel in derselben Alterskohorte der Nachkriegsgeneration. De Benoist drückte das so aus: »die Moderne mit ihren eigenen Waffen bekämpfen und darauf bestehen, dass eine veritable Revolution notwendig ist, um zu bewahren, was sich noch zu bewahren lohnt«.[27] Beide Universen waren inhaltlich Lichtjahre voneinander entfernt, aber so sehr die Rechten die chaotische Libertinage der Studentenbewegung verachtet und den Generalstreik der Linksgewerkschaften gefürchtet hatten, die Mai-Revolte erinnerten sie mit kaum verhohlener Bewunderung. Dazu zählte das subversive Treiben der Situationisten, der Libertären und Maos (nicht der soldatisch straff organisierten Trotzkisten). Denn der Feind war doch der gleiche: die liberale Bourgeoisie, die auch in Frankreich während der *trente glorieuses* reich, korrupt und fett geworden war. Beide Strömungen waren postindustriell, indem sie Abstand nahmen vom Produktivismus der Rechten und

dem Klassenkampfdenken der Linken – der alterskranke *Parti Communiste Français* vereinte sogar beides. Und ein gewisser, in Frankreich schwer zu begründender Postnationalismus ließ beide von einem Europa der Regionen im Aufstand gegen den Zentralstaat schwärmen.

Neue Linke und Neue Rechte waren Parallelaktionen. Die Antagonisten beobachteten sich wechselseitig, stärker die *Nouvelle Droite* die nach einem kurzen Frühjahr der Anarchie am Boden liegenden Aktivisten der Studentenrevolte als umgekehrt. Die *Nouvelle Gauche*, die von Denkern wie Alain Touraine und André Gorz, Politikern wie Pierre Mendès-France und Michel Rocard und Gewerkschaftern aus der linkskatholisch-sozialistischen CFDT weitergetragen wurde, war für die heraufziehende, erst 1981 siegreiche Linksunion aber eine (zu schwache) Einflussgröße. Die *Nouvelle Droite* konnte sich mit dem 1974 gegründeten *Club d'Horloge* und dem Eindringen in die konservative Presse profilieren, am Ende war ihre metapolitische Strategie auch nicht erfolgreich. Ideen der Neuen Rechten hafteten weder bei den Neogaullisten noch im liberalen Zentrum noch schließlich bei dem von Jean-Marie Le Pen und seiner Tochter Marine nach vorn gebrachten *Front National*. In Deutschland scheiterte Franz Schönhubers Versuch, eine authentische Rechte zu reanimieren, nach einem kurzen Strohfeuer um 1990, ebenso wie der aller Vorläufer.[28] Den nächsten startet seit 2013/2015 die AfD.

Kann die Neue Rechte, begünstigt durch Irritationen über Flüchtlinge und Islamisten, heute reüssieren? In Frankreich findet Alain de Benoist, mittlerweile weit über siebzig, Resonanz bei Jüngeren, neulich wurde er gar zum Guru einer allerneuesten Rechten geadelt.[29] Eine interessantere Figur ist Jean-Claude Michéa, pensionierter Philosophielehrer aus der Provinz, der Fußball liebt und der Pariser Geisteswelt eine Nase zeigt. Seinem Idol George Orwell folgend, bezeichnet sich der Eigensinnige aus Montpellier als »konservativer Anarchist«; er mischt mit bei den Konvivialisten, die an den gesunden Menschenverstand appellieren und an die praktische Solidarität der einfachen Leute und kleinen Gemeinschaften glauben. Michéa versteht sich als Antikapitalist *und* Antiliberaler, seine Variante von »ni droite, ni gauche« ergibt sich aus der für ihn unauflösbaren Symbiose zwischen dem politischen Linksliberalismus und dem rechten Wirtschaftsliberalismus. Man hätte sich, so der Tenor des jüngsten Buches *Notre ennemi, le capital* (Unser Feind, das Kapital),[30] den Industrialisierungsfortschritt mit seinen Mensch und Natur zerstörenden Folgen ersparen sollen und zu Beginn des 19. Jahrhunderts mit den Frühsozialisten für andere Formen der Vergesellschaftung entscheiden können – ein in diesem Sinne konservatives Aufbegehren gegen den real existierenden Kapitalismus stehe weiter auf der Tagesordnung. Das brachte ihm ein vergiftetes Lob Marine Le Pens ein, was dem 67-Jährigen gleichgültig zu sein scheint; er verweist, selbst verwundert, auf seine junge Anhängerschaft in angesagten Online-Magazinen, die ihm Reverenz erweisen wie seinerzeit die Gauchisten Jean-Paul Sartre und die Poststrukturalisten Michel Foucault, so dass schon von der »Generation Michéa« (Alexandre Devecchio) die Rede ist. Unbekümmert schrauben sich französische Jung-Tories katholisches Fühlen, Genossenschaftskommunismus und Null-Wachstum zusammen, manche ziehen aufs Land oder verlassen das Hexagon gen Osteuropa, wo man weniger modern-urban leben kann.[31]

Die aggressive Speerspitze der Neuen Rechten bildet die mittlerweile auch in Deutschland und Österreich aktive *Identitäre Bewegung*, die sich unter dem Banner der *Revolte gegen den Großen Austausch*, so der Titel eines 2011 in Frankreich und 2016 in Deutschland erschienenen Kultbuches von Renaud Camus, gegen die angebliche Islamisierung des Abendlandes zur Wehr setzt. Mit konservativ-subversiven Aktionen knüpft sie sogar namentlich an antiautoritäre Elemente der frühen Studentenrevolte an. »Subversive Aktion« nannte sich um 1964 eine Künstlergruppe und Spaßguerilla um Rudi Dutschke, Dieter Kunzelmann und Rainer Langhans in München, ihre Zeitschrift trug den Namen *Anschlag*.[32] Das war die schiefe Ebene, die den Erstgenannten gefährlich nah an und den Zweitgenannten mitten in die Terrorszene versetzte, und so stellt sich in historischer Analogie die Frage, ob auch heutige Identitäre an einen Punkt gelangen können oder ihn schon erreicht haben, an dem symbolischer Widerstand in handfeste Militanz umschlägt. Für diesen möglichen Übersprung steht Götz Kubitschek, der Verleger des Antaios Verlages, der außer der »Revolte gegen den Großen Austausch« noch weitere Brandreden gegen die imaginierte Masseninvasion nach Europa publiziert.[33] Der ehemalige Redakteur der *Jungen Freiheit* agitiert auf Pegida-Demos und hat dem AfD-Personal sein Institut für Staatspolitik in Schnellroda als Kaderschmiede geöffnet.[34] Angesichts des starken Medieninteresses an ihm könnte sich der Volksredner vorkommen wie der Rudi Dutschke einer rechten APO.

2016 postulierte eine Winterakademie in Schnellroda ein Widerstandsrecht nach Artikel 20,4 Grundgesetz gegen die Regierung Merkel,[35] was auf den Volksaufstand gegen die demokratisch legitimierte Bundeskanzlerin hinausläuft. Erinnerungstüchtige Zeitgenossen denken da unwillkürlich an Ulrike Meinhofs Aufsatz »Vom Protest zum Widerstand«,[36] verfasst im April 1968 nach dem Attentat auf Rudi Dutschke. Das Pathos der Identitären – Kubitschek spricht gerne von der Unverträglichkeit und Durchsetzungswucht (der Migranten und Muslime) – hat viel vom Realitätsverlust der RAF-Vorläufer. Drängen die Sezessionisten jetzt ebenfalls zur Tat, weil sich die Verhältnisse aus ihrer Sicht so entschieden verschlechtert haben und die Bundesregierung der ›Umvolkung‹ nichts entgegensetzt? Oder verharren sie in der Reserve der Konservativen Revolutionäre, etwa eines Ernst Jünger, der in der Zeitschrift Ernst Niekischs *Der Widerstand*[37] publizierte und seine Ideen Adolf Hitler zusandte, sich mit der aufstrebenden nationalrevolutionären Bewegung aber doch nicht gemein machen wollte? Mit anderen Worten: Bleibt Widerstand ein verbaler Radikalismus, der die Gedanken schärfen und zuspitzen soll, oder besteht die Versuchung, sich aktiver in den Tumult einzumischen, sei es nun in einer rechten

Partei oder in einer außerparlamentarischen Bewegung, bei Straßendemonstrationen, bei der Blockade von Flüchtlingsheimen und bei Attacken auf sie?

Die Fragen stellte ich Kubitschek, denn mit Armin Nassehi war ich der Auffassung, man solle nicht nur kritisch *über* Positionen der Neuen Rechten nachdenken, sondern auch *mit* ihren Vertretern streiten.[38] In Sachen Widerstand war Kubitscheks Antwort: »Die kleine Ordnung verletzen, um die große Ordnung zu retten – das ist die Quintessenz einer meiner Widerstandsreden«. Als es ihm zu heiß wurde, brach er den Dialog ab und erklärte ihn für reine Zeitverschwendung. Keine Erläuterung, ein paar Wochen später eine erratische Mail, er sei so niedergeschlagen, und wir hätten jetzt irgendwo zu diskutieren, am besten mit Nassehi und dem AfD-Intellektuellen Marc Jongen.[39] Worauf dann wieder Funkstille folgte, bis er unseren Meinungsaustausch unautorisiert und absprachewidrig ins Netz stellte und seine Meute Burschenschaftler mit ihren Gewaltphantasien auf den »verbeamteten geisteswissenschaftlichen Lumpen« losließ.[40]

4. Diese Verbindung von Aktionismus, Widerstandspathos und Ideenpolitik steht ganz in der Tradition der 1960er Jahre. Die Karriere der *Metapolitik* der Neuen Rechten verlief zusammenfassend so: Die Studentenrevolte um 1968 war Katalysator ihrer Absetzung vom *Gärtnerkonservatismus* der Alten Rechten und Antrieb einer eigenen, ganz konträren Kulturrevolution, die sich im Rückgriff auf faschistische Wurzeln und die Protagonisten und Überträger der Konservativen Revolution wiederum radikalisierte. »Mit '68 gegen '68« war dann der Modus, den ganz wenige 68er, aber umso mehr um 1970 geborene Post-68er aufgriffen und den nun noch jüngere *millennials* im zweiten Versuch zum völkisch-autoritären Nationalismus gegen EU, Muslime und Liberalismus zuspitzen. Der Kampf um kulturelle Hegemonie ist aufgenommen, der um die politische Macht im Gange, eine blau-braune APO auf dem langen Marsch. Die Identitären in Frankreich flankieren den *Front National*, ihre Kameraden in

Deutschland und Österreich die AfD und die FPÖ. Sozialisten und Sozialdemokraten gehen unter diesem Ansturm, der durch eine souveränistische Linke à la Jean-Luc Mélenchon und Sahra Wagenknecht verdoppelt wird, in die Defensive, das *Süssmuth-Erbe* ist in zweifacher Hinsicht in Gefahr, wenn Rechte der Frauen und die Anerkennung von Fremden und somit die *Fundamentalliberalisierung* auf dem Spiel steht.

Die trist-bizarre Kadenz liefert der eingangs erwähnte Mitgründer der *Nouvelle Droite*, Dominique Venner, der seinem Leben im rechten Widerstand 2013 ein spektakuläres Ende setzte. Nach den militanten Jugendjahren hatte sich der ultrarechte 68er mit Waffenkunde beschäftigt und militärhistorische Bücher verfasst, darunter – Klaus Theweleit auf den Kopf stellend[41] – eine Eloge auf die Freikorps im Baltikum, eine Geschichte der Roten Armee und eine revisionistische Rekapitulation des französischen Widerstands. Venner gab wieder Zeitschriften heraus und wurde zum Spiritus rector der Bewegung *Manif pour tous*, die seit 2012 gegen die Legalisierung der Homosexuellenehe (»Marriage pour tous«) durch die sozialistische Regierung aufstand und Zigtausende von Katholiken und Nationalisten auf die Straße brachte. Venner sah besonders in der Adoptionsmöglichkeit für Homosexuelle den letzten Beweis für die abgrundtiefe Dekadenz des Abendlandes und verband das mit dem Kampf gegen die angebliche Verleugnung der »Wirklichkeit der afro-maghrebinischen Einwanderung«.[42] Es brauche ein Martyrium, »gewiss neue, spektakuläre und symbolische Akte, um die Schlafwandler aufzurütteln, das betäubte Bewusstsein aufzustacheln und das Gedächtnis an unsere Ursprünge zu wecken. Wir gelangen in eine Zeit, in der Worte durch Taten bewahrheitet werden müssen.« Am 21. Mai 2013 schoss sich Venner vor dem Hochaltar von Notre-Dame in Paris eine Kugel in den Kopf.

1 ›Der Marsch durch die Institutionen hat auch die CDU erreicht‹, in: *Frankfurter Rundschau*, 11. März 1988, vgl. auch das Interview der *tageszeitung* mit Habermas unter dem Titel ›Vier Jungkonservative‹, 3. Oktober 1980, http://www.taz.de/taz/pdf/habermastaz.pdf.

2 Zur »glücklich gescheiterten Umgründung« der Republik vgl. Claus Leggewie, ›Der Mythos des Neuanfangs – Gründungsetappen der Bundesrepublik Deutschland: 1949 – 1968 – 1989‹, in: Helmut Berding (Hrsg.), *Mythos und Nation. Studien zur Entwicklung des kollektiven Bewußtseins in der Neuzeit*, Frankfurt a. M. 1996, S. 275–302.

3 Vgl. Anna von der Goltz, ›Other '68ers in West Berlin. Christian Democratic Students and the Cold War City‹, in: *Central European History* 50 (2017), Nr. 1, S. 86–112, und Peter J. Grafe, *Schwarze Visionen. Die Modernisierung der CDU*, Reinbek 1986.

4 Vgl. Karl Mannheim, ›Das Problem der Generationen‹, in: ders., *Wissenssoziologie. Auswahl aus dem Werk*, hrsg. v. Kurt H. Wolff, Berlin/Neuwied 1964, S. 509–565, und Heinz Bude, *Das Altern einer Generation. Die Jahrgänge 1938 bis 1948*, Frankfurt a. M. 1995, sowie Claus Leggewie, *Die 89er. Portrait einer Generation*, Hamburg 1995.

5 Zitiert nach Holger Schmale, ›Feindbild. So reagiert das ‚versiffte links-grüne 68er-Deutschland' auf AfD-Attacken‹, in: *Berliner Zeitung*, 12. Juli 2016, http://www.berliner-zeitung.de/24382588.

6 Dazu meine ›Briefe aus Paris‹ in der *Frankfurter Rundschau* vom Frühjahr 2017, gesammelt unter http://www.fr.de/Briefe+aus+Paris./.

7 Volker Weiß, *Die autoritäre Revolte. Die Neue Rechte und der Untergang des Abendlandes*, Stuttgart 2017, und Samuel Salzborn, *Angriff der Antidemokraten: Die völkische Rebellion der Neuen Rechten*, Weinheim 2017.

8 Armin Mohler, *Die konservative Revolution in Deutschland 1918–1932. Ein Handbuch*, 1. Aufl. 1950, erweiterte 6. Aufl. hrsg. v. Karlheinz Weissmann, Graz 2005, dazu Stefan Breuer, *Anatomie der konservativen Revolution*, 2. Aufl. Darmstadt 1995, und Bernhard Dietz, ›‚Conservative Revolution' in Europe? Radical Conservatism in a Transnational Perspective, 1918–1939. Introduction‹, in: *Journal of Modern European History* 15 (2017), Nr. 1, S. 36–47.

9 Hans-Christof Kraus (Hrsg.), *Konservative Zeitschriften zwischen Kaiserreich und Diktatur. Fünf Fallstudien*, Berlin 2003.

10 Der 1959 geborene Bio- und Hagiograph Karlheinz Weißmann beschreibt Mohlers Lage in den 1960er und 1970er Jahren in: *Armin Mohler. Eine politische Biographie*, Schnellroda 2011, S. 163 ff.

11 Siehe Mohlers breiter rezipierte Schriften *Die französische Rechte. Der Kampf um Frankreichs Ideologienpanzer*, München 1958, und *Die fünfte Republik*, München 1963. Mohler schätzte den »faschistischen Stil«, in: Gerd-Klaus Kaltenbrunner (Hrsg.), *Konservatismus international*, Stuttgart 1973, S. 172–198, dazu Porträt und Interview Mohlers in Claus Leggewie, *Der Geist steht rechts. Ausflüge in die Denkfabriken der Wende*, Berlin 1987, S. 187 ff.

12 ›Gespräch über den Partisanen – Carl Schmitt und Joachim Schickel (1969)‹, in: Carl Schmitt, *Staat, Großraum, Nomos. Arbeiten aus den Jahren 1916–1969*, Berlin 1995, S. 618–641. Unter 68ern gab es eine Schar von

Links-Schmittianern, vgl. Günter Maschke, *Kritik des Guerillero. Zur Theorie des Volkskriegs*, Frankfurt a. M. 1973, und ders., *Der Tod des Carl Schmitt. Apologie und Polemik*, Wien 1987. Die Demokratiekritik der Antiautoritären ist oft auch sehr schmittianisch ausgefallen.

13 Dazu jetzt Detlef Siegfried, ›,1968' – eine Kulturrevolution?‹, in: *Sozial.Geschichte Online* 2 (2010), S. 12–36, und Arndt Neumann, ›Time Is on Your Side. Ein Kommentar zu Detlef Siegfrieds ,1968' – eine Kulturrevolution?‹, in: *Sozial.Geschichte Online* 3 (2010), S. 117–132 (http://www.stiftung-sozialgeschichte.de).

14 Siehe Armin Mohler, *Vergangenheitsbewältigung. Von der Läuterung zur Manipulation*, Stuttgart 1968 (3. Aufl. Krefeld 1981), und ders., *Sex und Politik*, Freiburg im Breisgau 1972, sowie ders., *Der Nasenring. Im Dickicht der Vergangenheitsbewältigung*, 3. Aufl. München 1991.

15 Horst Mahler/Günter Maschke/Reinhold Oberlercher, ›Kanonische Erklärung zur Bewegung von 1968‹, in: *Staatsbriefe* 1 (1999), S. 16, und Manuel Seitenbecher, *Mahler, Maschke & Co. Rechtes Denken in der 68er-Bewegung?*, Paderborn 2013.

16 Ältere Texte de Benoists in ders., *Aus rechter Sicht. Eine kritische Anthologie zeitgenössischer Ideen* (frz. *Vue de droite. Anthologie critique des idées contemporaines*, Paris 1979), 2 Bde., Tübingen 1983/84, zu beider Verhältnis: Alain de Benoist, ›Armin Mohler et la révolution conservatrice‹, in: *Eléments* 80 (1994), S. 7–12.

17 Vgl. Joseph Algazy, *La tentation néo-fasciste en France de 1944 à 1965*, Paris 1984, und Ariane Chebel d'Appollonia, *L'Extrême-droite en France. De Maurras à Le Pen*, Paris 1998.

18 Neuauflage Paris 2013, vgl. auch Venners Kommentare zu '68: *Guide de la contestation. Les hommes, les faits, les évènements*, Paris 1969, und *Ils sont fous, ces gauchistes! Pensées. Choisies et parfois commentées par Dominique Venner*, Paris 1970.

19 Dazu Pierre-André Taguieff, *Sur la Nouvelle Droite. Jalons d'une analyse critique*, Paris 1994.

20 Siehe Jean-Louis Loubet del Bayle, *Les non-conformistes des années 30. Une tentative de renouvellement de la pensée politique française*, Paris 1969 (revidierte und aktualisierte Neuauflage 2001), und Nicolas Kessler, *Histoire politique de la jeune droite, 1929–1942. Une révolution conservatrice à la française*, Paris 2001, sowie Zeev Sternhell, *Ni droite, ni gauche. L'idéologie fasciste en France*, Paris 1983; kritisch zur heutigen Verwendung von *ni droite, ni gauche* bei Macron und Le Pen: Pascal Bruckner, ›Rechts ist so gut wie links‹, in: *Neue Zürcher Zeitung*, 2. März 2017.

21 Thomas Vašek, ›Ein spirituelles Umsturzprogramm‹, in: *Frankfurter Allgemeine Zeitung*, 30. Dezember 2015.

22 Mohler und Gleichgesinnte hatten zuvor schon den Begriff der *Tendenzwende* geprägt, vgl. Armin Mohler, *Tendenzwende für Fortgeschrittene*, München 1978.

23 Götz Kubitschek, ›Fünf Lehren – Nachruf auf Armin Mohler‹, in: *Sezession* 1 (2003), Nr. 2, S. 50–51, und Martin Lichtmesz, Nachwort zu Armin Mohler,

Gegen die Liberalen, Schnellroda 2010 (Kaplaken Bd. 21), S. 74–80, vgl. auch
Karlheinz Weißmann/Ellen Kositza/Götz Kubitschek (Hrsg.), *Lauter dritte
Wege. Armin Mohler zum Achtzigsten*, Bald Vilbel 2000.

24 Selbstdarstellung durch Thorsten Thaler (Hrsg.), *25 Jahre Junge Freiheit.
Der Freiheit eine Gasse!* – *Eine deutsche Zeitungsgeschichte*, Berlin: Edition
JF, 2011; kritisch: Matthias Weber, ›Zeitschriftenporträt: Junge Freiheit‹, in:
Uwe Backes/Eckhard Jesse (Hrsg.), *Jahrbuch Extremismus und Demokratie*
14 (2002), Baden-Baden 2003, S. 203–226; Stephan Braun/Ute Vogt (Hrsg.),
*Die Wochenzeitung ›Junge Freiheit‹ – Kritische Analysen zu Programmatik,
Inhalten, Autoren und Kunden*, Wiesbaden 2007.

25 Der Gildenschaftler und Geschichtslehrer wurde bekannt als Ko-Heraus-
geber des Bandes mit Rainer Zitelmann/Michael Großheim, *Westbindung.
Chancen und Risiken für Deutschland*, Frankfurt a.M./Berlin 1993, und publizierte diverse Streitschriften in der Edition Junge Freiheit, Edition Antaios
und andernorts; vgl. *Götz Kubitschek im Gespräch mit Karlheinz Weißmann:
Unsere Zeit kommt*, Schnellroda 2006, siehe auch Anm. 10.

26 Götz Kubitschek, *20 Jahre Junge Freiheit – Idee und Geschichte einer Zeitung*,
Albersroda 2006.

27 Zitiert nach Jean-Yves Camus, ›La Nouvelle droite française et son rapport
avec Mai 68‹, in: https://tempspresents.com/2009/08/31/jean-yves-camus-
la-nouvelle-droite-francaise-et-son-rapport-avec-mai-68/, aus dem Text
›La Révolution conservatrice‹, in: *Eléments*, Frühjahr 1991, S. 24–37.

28 Dazu Claus Leggewie, *Die Republikaner. Ein Phantom nimmt Gestalt an*,
2. Aufl. Berlin 1990.

29 Ariane Chemin, ›La seconde jeunesse d'Alain de Benoist‹, in: *Le Monde*,
11. Januar 2017.

30 Paris 2017, vgl. auch das ins Deutsche übersetzte Werk *Das Reich des kleine-
ren Übels*, Berlin 2016.

31 Ariane Chemin, ›Des jeunes gens antimodernes‹, in: *Le Monde*, 11. Januar
2017, und Saida Djerrada, ›A l'Est, l'Éden‹, in: *Le Monde*, 3. Februar 2017.

32 Dazu Frank Böckelmann/Herbert Nagel (Hrsg.), *Subversive Aktion. Der
Sinn der Organisation ist ihr Scheitern*, Frankfurt a. M. 2002. Eine »konser-
vativ-subversive Aktion« aus dem Burschenschafts-Milieu unternahm 2008
diverse Störaktionen gegen Linke, vgl. dazu die Online-Zeitschrift http://
www.blauenarzisse.de. Auch die Identitären unternehmen heute symbolische Anschläge auf Kultureinrichtungen und von ihnen so bezeichnete Kul-
turmarxisten.

33 Darunter das »Skandalbuch« von Rolf Peter Sieferle, *Finis Germania*, Steigra
2017.

34 Hier spielt auch sein Bündnis mit dem Ex-Kommunisten und Querfront-
ler Jürgen Elsässer und seinem ressourcenstarken Online-Monatsmagazin
Compact eine Rolle, vgl. etwa https://www.youtube.com/watch?v=5V1yEPY
1xD4.

35 Pierre Aronnax, ›Keine Kompromisse‹, in: *Blaue Narzisse*, 26. Januar 2016,
http://archiv.blauenarzisse.de/index.php/gesichtet/item/5505-keine-kom-
promisse; den dort gehaltenen Vortrag ›Zum politischen Widerstandsrecht

der Deutschen‹ des NPD-Anwalts Thor von Waldstein findet man unter https://sezession.de/wp-content/uploads/2015/10/widerstandsrecht-wald-stein1.pdf, die Pegida-Reden Kubitscheks im Herbst 2016 und Frühjahr 2017 unter https://www.youtube.com/watch?v=3mx5HGmdhcw und https://www.youtube.com/watch?v=ay14w353qWg.

36 Ulrike Marie Meinhof, ›Vom Protest zum Widerstand‹, in: *Die Würde des Menschen ist unantastbar. Aufsätze und Polemiken*, Berlin 1980/2010, S. 138–142

37 Die Zeitschrift des Nationalbolschewisten erschien von 1926 bis 1934, dazu Uwe Sauermann, *Ernst Niekisch. Zwischen allen Fronten. Mit einem bio-bibliographischen Anhang von Armin Mohler*, München/Berlin 1980.

38 Vgl. Armin Nassehi, *Die letzte Stunde der Wahrheit. Warum rechts und links keine Alternativen mehr sind und Gesellschaft ganz anders beschrieben werden muss*, Hamburg 2015, dazu auch https://sezession.de/48824.

39 Der 1968 geborene Philosoph und Sloterdijk-Schüler ist Mitglied der AfD und gilt als deren »Vordenker«, so Knut Krohn, ›Marc Jongen. Der Vordenker der AfD‹, in: *Stuttgarter Zeitung*, 12. Januar 2017, http://www.stuttgarter-zeitung.de/inhalt.mark-jongen-der-vordenker-der-afd.eb41e2d3-e28a-451c-b978-8620cb280628.html.

40 ›Briefwechsel zwischen Claus Leggewie und Götz Kubitschek (Teil I)‹, in: *Sezession*, 6. Januar 2017, https://sezession.de/56949, und meine Klarstellungen: ›Versuch der Diskussion mit einem rechten Vordenker‹, 13. Januar 2017, https://www.welt.de/debatte/kommentare/article161148647/Versuch-der-Diskussion-mit-einem-rechten-Vordenker.html.

41 Klaus Theweleit, *Männerphantasien*, Bd. 1: *Frauen, Fluten, Körper, Geschichte*, Frankfurt a. M. 1977; Bd. 2: *Männerkörper – zur Psychoanalyse des weißen Terrors*, Frankfurt a. M. 1978, Neuausgabe Reinbek 1990, dazu Sven Reichardt, ›Klaus Theweleits ‚Männerphantasien‘ – ein Erfolgsbuch der 1970er-Jahre‹, in: *Zeithistorische Forschungen* 3 (2006), http://www.zeithistorische-forschungen.de/3-2006/id%3D4650.

42 Dominique Venner, ›La manif du 26 mai et Heidegger‹, 21. Mai 2013, https://www.dominiquevenner.fr/2013/05/la-manif-du-26-mai-et-heidegger/.

Claus Leggewie ist Ludwig-Börne-Professor an der Justus-Liebig-Universität Gießen und war von 2007 bis 2017 Direktor des Kulturwissenschaftlichen Instituts (KWI) in Essen. Er hatte Gastprofessuren an der Universität Paris-Nanterre und der New York University und war Fellow am Wissenschaftskolleg zu Berlin. Als Co-Herausgeber fungierte er bei den *Blättern für deutsche und internationale Politik* und der Zeitschrift *Transit*. Von 2008 bis 2016 arbeitete er im Wissenschaftlichen Beirat der Bundesregierung für Globale Umweltveränderungen. Mit Patrizia Nanz zusammen veröffentlichte er bei Wagenbach 2016 *Die Konsultative. Mehr Demokratie durch Bürgerbeteiligung.*

Sibylle Thelen

Erinnern 2017

Die Zeitzeugen verstummen. Immer weniger Frauen und Männer, die aus eigener Erfahrung von den Verbrechen der Nationalsozialisten berichten können, sind noch am Leben. In dieser unabwendbaren Gewissheit wurde am 27. Januar 2015, genau siebzig Jahre nach der Befreiung des Konzentrations- und Vernichtungslagers Auschwitz durch die Rote Armee, der Gedenktag für die Opfer des Nationalsozialismus begangen. Mehr als dreihundert Überlebende, in vielen Fällen hochbetagte gebrechliche Menschen, hatten es auf sich genommen, an jenen Ort zurückzukehren, an dem sie unermessliches Leid erfahren hatten, nach Auschwitz-Birkenau.

Nicht nur zu solchen Anlässen wird Zeitzeugen Respekt und Dankbarkeit entgegengebracht. Ihre Bedeutung in der Gedächtniskultur der Gegenwart ist nicht hoch genug einzuschätzen. Wie hätte sich Erinnerungskultur ohne ihre Bereitschaft zum Gespräch entwickelt? Befragt nach dem, was er von KZ-Überlebenden gelernt habe, resümiert Volkhard Knigge, Direktor der Stiftung Gedenkstätten Buchenwald und Mittelbau-Dora: »Sie sind bewundernswert: nicht zynisch, nicht menschenskeptisch, wofür sie ja alle Gründe hätten. Sondern sie wollen die Welt besser machen. Die Erfahrung von Menschenfeindlichkeit kann den Willen zur Mitmenschlichkeit stärken.«[1]

Die deutsche Nachkriegsgesellschaft hat viel gelernt in solchen Begegnungen. Die Zeitzeugen haben nicht nur biographische

Zugänge eröffnet und damit die anteilnehmende Aneignung einer von unsagbaren Verbrechen geprägten Geschichte ermöglicht. Sie haben, wie etwa der Münchener Max Mannheimer, die Gegenwart dieses Landes nach 1945 mitgestaltet. Jahrzehntelang hatte er sich an der KZ-Gedenkstätte Dachau, in der Lagergemeinschaft Dachau und im Internationalen Dachau-Komitee engagiert. Sein Tod 2016 mit 96 Jahren löste breite Anteilnahme aus, bis hinauf an höchster Stelle. Der Regierungssprecher verdichtete Beileid und Würdigung im staatstragenden Tweet: »Kanzlerin #Merkel trauert um Max #Mannheimer – Holocaustüberlebender, Mahner gegen das Vergessen + großer Versöhner. Wir schulden ihm Dank.«[2]

Die eigene Geschichte zu erzählen, zählt in Deutschland heute zur Staatsräson. Das Wissen um die Notwendigkeit von Aufarbeitung und Erinnerung an die Verbrechen der Nationalsozialisten ist Teil des demokratischen Selbstverständnisses.[3] Kritisch-reflexive Geschichtskultur ist Voraussetzung einer lebendigen partizipativen Demokratie. Gemeinsam betrachten unterschiedliche Akteure aus Zivilgesellschaft, Institutionen und Politik, Geschichtsforschung und -vermittlung die Vergangenheit, ziehen Rückschlüsse für die Gegenwart, verhandeln Erinnerungskonflikte und prägen den Umgangsmodus mit der eigenen Geschichte. Die Gesellschaft hat Mechanismen entwickelt, solche Auseinandersetzungen nicht nur irgendwie auszuhalten, sondern zu produktiven Lernprozessen umzugestalten. Auch die Politik weiß das heute als Errungenschaft zu schätzen. Auf internationaler Bühne verweisen bundesdeutsche Repräsentanten auf den Gewinn eines solchen, von humanen Werten geleiteten Erinnerns,[4] sodass manche Beobachter schon skeptisch fragen, ob die Deutschen denn nun auch darin zum Weltmeister avanciert seien.

Wenn die Zeitzeugen sterben und nachwachsende Generationen ob mit oder ohne Migrationsgeschichte zur NS-Zeit keine lebensgeschichtlichen Bezüge mehr haben, wenn die Geschichte des Nationalsozialismus sich historisiert, verlangt dies der Vermittlungsarbeit neue Konzepte ab. Die Suchbewegungen angesichts der vielfach beschriebenen, mitunter ängstlich beschworenen Zäsur kulminieren bezeichnenderweise in einer Zeit, in der ein erstarkender Rechtspopulismus den Konsens des Erinnerns in Frage stellt – mit Pauschalkritik am *Schuldkult* und einer angeblichen *Verengung* der Geschichtsbetrachtung auf zwölf Jahre NS-Zeit bis hin zum Ruf nach einer »erinnerungspolitischen Wende um 180 Grad«.[5]

Der Annäherungsprozess an die Vergangenheit, diese »zweite Geschichte des Nationalsozialismus«, war keineswegs vorgezeichnet und selbstverständlich, sondern eine konfliktreiche Auseinandersetzung, die schließlich zu einem Auslöser für die Proteste der 68er wurde. Die junge Generation stellte die Glaubwürdigkeit einer ebenso jungen Demokratie, die ihre neuen Normen weithin noch nicht verinnerlicht hatte, in Frage. Im »kommunikativen Beschweigen«[6] von Verantwortung für die NS-Verbrechen, von *Volksgemeinschaft* und *Mitläufertum* waren in der bundesdeutschen Nachkriegsgesellschaft auch andere, nicht minder grundlegende Diskussionen versäumt worden, etwa anlässlich der Verabschiedung des Grundgesetzes. Mit ihrem öffentlichkeitswirksamen Aufbegehren stießen die 68er Entwicklungen an, von deren Folgen und Erkenntnissen sie schließlich selbst geprägt worden sind: Demokratie braucht Debatte, Differenzierungsbereitschaft und abwägende Konkretisierung im Argument. Sie will immer wieder neu erfahren werden. Dies zu wissen wappnet in Zeiten postfaktischer Vernebelung und in Situationen der Bedrohung.

Auch wenn die um 1945 geborene Generation damals noch keine reale Vorstellung von der Dimension des Aufarbeitens hatte, klagte sie die Elterngeneration und den Staat und überhaupt alle an, die vor 1945 mitgewirkt hatten. Sie arbeitete sich an Parteigenossen in westdeutschen Führungspositionen, an Vertretern brauner Universitäten und an »Spießbürgern« ab, denen Sätze wie »Der gehört ins KZ« noch immer leicht von den Lippen gingen. Doch der Kampf gegen die als autoritär und repressiv erlebte Bundesrepublik sollte den *Faschismus von morgen* verhindern.

Er galt weniger dem konkreten Ziel der Erforschung des Holocaust.[7] Fragen an diejenigen, die diese Zeit erlebt hatten, wurden selten gestellt. Rudi Dutschkes Diktum, man könne nicht gleichzeitig den Judenmord aufarbeiten und die Revolution machen,[8] gab die Priorität vor – und vereinfachte das Vorgehen. Der Last der Geschichte konnte man sich auf die Art fürs Erste entziehen. Protestparolen, die amerikanisches Napalm in Vietnam mit Zyklon B gleichsetzten oder im Slogan »USA – SA – SS« gipfelten, formulierten sich entsprechend unbeschwert.

Bereits in den 1950er Jahren hatten Einzelne begonnen, die Verbrechen der Nationalsozialisten aufzudecken und die gerichtliche Aufarbeitung gemäß den Kategorien eines demokratisch verfassten Rechtsstaates einzufordern. Zurück aus dem Exil erstritt der heute immerhin einigermaßen gewürdigte Staatsanwalt Fritz Bauer bereits 1952 in Braunschweig ein Grundsatzurteil zur Anerkennung des Widerstands; die Verschwörer des 20. Juli 1944 durften vom einstigen Wehrmachtsmajor Otto Ernst Remer nicht mehr als *Landesverräter* verunglimpft werden. Zu erinnern ist auch an den Ulmer Einsatzgruppenprozess von 1958, dessen Hauptangeklagten vorgeworfen wurde, 1941 als Mitglied der Einsatzgruppe A an der Ermordung von 120.000 litauischen Juden beteiligt gewesen zu sein. Oder beispielsweise an die Ausstellung »Ungesühnte Nazi-Justiz« (1959), in der eine Studentengruppe um Reinhard Strecker dramatische Unrechtsurteile dokumentierte, oder auf Spielfilme wie »Rosen für den Staatsanwalt« (1959) von Wolfgang Staudte, der unverbrämt die personellen Kontinuitäten in der Ära Adenauer thematisierte. Die Jahre zuvor waren von Debatten über den Versailler Vertrag, Reparationen und Kriegsschuldparagraph, vom Furor des Ersten Weltkriegs geprägt gewesen.[9] Nun aber zeichnete sich – in Vorbereitung des postmateriellen Wertewandels in den späten 1960er und 1970er Jahren – ein soziokultureller Umschwung ab, hin zu einer »neuen westdeutschen Mentalität«.[10]

Parallel dazu begann auch die Politik zu reagieren, nicht zuletzt unter ausländischem Druck. Um die Jahreswende 1959/60 rüttelte eine bundesweite Welle antisemitischer Schmierereien, von Jugendlichen an Synagogenwänden und anderen Einrichtungen angebracht, die Öffentlichkeit auf; auch der Bundestag diskutierte die Vorfälle. Es folgte ein erster Versuch, die NS-Zeit in den Schulcurricula zu verankern, die vierzehnteilige vielbeachtete TV-Dokumentation »Das Dritte Reich« (1960), vor allem der Eichmann-Prozess (1961) in Jerusalem und die Auschwitz-Prozesse (1963 bis 1965) in Frankfurt am Main konfrontierten die junge Generation mit den Verbrechen der NS-Zeit. Erstmals traten KZ-Überlebende öffentlich auf, um in erschütternden Szenen auszusagen. Jugendliche, die in schweigenden Elternhäusern herangewachsen waren, wurden nun mit den Abgründen einer unfassbaren Entmenschlichung konfrontiert. Der Historiker Gerd Koenen resümiert: »Dies war, ob wir es wollten oder nicht, unsere Geschichte, sie bedeutete eine fundamentale Erschütterung der ›Wir-Schicht‹ unseres Bewusstseins, von der Elias gesprochen hat, nämlich den Verlust des kindlichen Urvertrauens in die Gesellschaft, aus der wir stammten und in der wir aufwuchsen.«[11]

Zeithistoriker verorten die »Inkubationsphase des Protests« in dieser ersten Hälfte der 1960er Jahre, in einer Zeit also, in der die später Aufbegehrenden ihre Pubertät durchliefen. Zur *unbewältigten Vergangenheit*, zu den NS-Verbrechen als wichtigen Ausgangspunkt ihrer Kritik an autoritären Strukturen, undemokratischen Verfahren und repressiven Erziehungsmethoden in Elternhäusern, Bildungsinstitutionen und in der Jugendarbeit kam vielgestaltiger Protest hinzu, der sich wie in anderen westlichen Ländern 1968 gegen den Vietnamkrieg, gegen Imperialismus und Kapitalismus richtete. Diese spezifisch deutsche Bezugnahme durch die junge protestierende Generation ist für den Historiker Ulrich Herbert »wohl auch die wichtigste Ursache ihrer überschießenden Radikalisierung« mit bekannten Folgen: Ob in der Bundesrepublik oder auch in Frankreich und Italien, überall dort, wo die Vergangenheitsbewältigung nach Hitler, aber auch nach Pétain und Mussolini besonders scharfe

Emotionen weckte, kam es zur Entstehung von linksradikalen Terrorgruppen.[12]

Erst mit dem Zerfall der Revolte in ein breites Spektrum der Neuen Sozialen Bewegungen wurde die Vergangenheit zum Anlass konkreter Fragestellungen. Aktive von einst begannen in Geschichtswerkstätten ihr Umfeld nach der Devise »Grabe, wo du stehst«[13] zu erforschen. Sie taten dies im eigenen Auftrag, in einem Akt zivilgesellschaftlicher Selbstermächtigung, in Opposition nicht zuletzt zur universitären Geschichtswissenschaft. Angesichts einer vorangaloppierenden, Ressourcen vernichtenden Industrialisierung richtete sich ihr fortschrittskritischer Blick zunächst auf Städtebau und Denkmalschutz, Alltagsgeschichte und Arbeiterkultur. Doch schon bald förderte man Spuren der NS-Zeit zutage: Listen deportierter Juden, Restbestände einstiger KZ-Außenlager und Synagogen, die als Lager oder Ställe zweckentfremdet worden waren, falls sie die Pogromnacht überstanden hatten. Es entstanden Studien zu »Konzentrationslagern vor der Haustür« und zum einstigen jüdischen Leben, Biographien von Häftlingen, rassisch Verfolgten, Euthanasie-Opfern. Das Individuum rückte in den Blick. Nach der »Geburt des Zeitzeugen«[14] etablierte sich das Konzept der Oral History.

Aus den Neuen Sozialen Bewegungen gingen schließlich in den 1980er Jahren erste Gedenkstättengründungen hervor. Der Aufbau dieser zivilgesellschaftlich getragenen Einrichtungen am historischen Ort vollzog sich oftmals gegen massiven, medial verstärkten Widerstand im unmittelbaren Umfeld. Ehemalige 68er sahen sich wiederum als Nestbeschmutzer und Kommunisten verunglimpft. Doch die Ablehnung bestärkte sie häufig genug in ihrem Engagement.[15] Rückblickend erinnern die Auseinandersetzungen an Stellvertreterkriege im Kalten Krieg, an eine Spielart des deutsch-deutschen Systemkonflikts. Diese Frontstellung spiegelte sich damals auch in der Gegenläufigkeit der Entwicklungen, die inzwischen von Zeithistorikern thematisiert wird: einerseits die Konkretisierung der Erinnerung an historischen Orten, wie sie die Gedenkstättengründer zum Ziel hatten; andererseits die (von Kritikern) befürchtete Entkonkretisierung von Geschichte an musealen Orten der Erinnerung wie dem Haus der Geschichte in Bonn und dem Deutschen Historischen Museum in Berlin, wie sie Bundeskanzler Helmut Kohl nach der von ihm ausgerufenen *geistig-moralischen Wende* plante. Bundespräsident Richard von Weizsäcker 1985 setzte hier mit seiner Rede vierzig Jahre nach Kriegsende eine Zäsur in der Rezeptionsgeschichte. Er verankerte nicht nur den 8. Mai 1945 als »Ende eines Irrweges deutscher Geschichte« im Bewusstsein. Er benannte die Opfergruppen und etablierte ihre Perspektive.[16]

Die Deutsche Einheit hat dann die Erinnerungskultur auf ihre Weise vorangebracht. Zwei Vorstellungen von Geschichte prallten aufeinander. Das systemkonforme, staatlich gelenkte Gedenken der DDR stieß im Westen auf Widerstand. Die Aufarbeitung des SED-Unrechts war dort plötzlich so manchem wichtiger als die Befassung mit den NS-Verbrechen. Andere verteidigten das Singularitätspostulat des Holocaust. Es bedurfte zäher Debatten, bis die beiden Aufträge zur Aufarbeitung ihren Platz im gesellschaftlichen Bewusstsein finden konnten. Nicht unwesentlich dabei ist die Erwartung des Auslands an ein geschichtsbewusstes wiedervereinigtes Deutschland im Herzen Europas gewesen. Lernprozesse auch hier: Hatte Kohl noch in den 1980er Jahren versucht, Einfluss auf die Gestaltung des 1993 eröffneten Holocaust Memorial Museums in Washington zu nehmen, setzte in den 1990ern ein Wandel ein. Seither hat man »die Erinnerung an die von den Deutschen begangenen Verbrechen zu einem wichtigen Bestandteil der auswärtigen Kulturpolitik, also zur Selbstdarstellung der Bundesrepublik im Ausland gemacht«.[17]

Sind Aufarbeitung und Erinnerungskultur somit wirklich zum Markenartikel des Musterschülers Deutschland geworden? Aleida Assmann, die sich kritisch mit dem »neuen Unbehagen an der Erinnerungskultur« auseinandersetzt, würdigt »die aus einer Position des kritischen Widerstands« errungenen Erfolge – die Verankerung der Holocaust-Erinnerung im kulturellen Langzeitgedächtnis sei in besonderer Weise das Projekt von Angehörigen der 68er-Generation geworden, die sich in Gedenkstätten, Museen, bei Denkmälern, in Schulen und in Massenmedien für dieses Thema engagieren. Aber sie hält auch fest: »Was als subversive Initiative begonnen hatte, war plötzlich staatstragend geworden.«[18] Die 68er von einst melden sich zu Wort – spüren den vergangenen Zeiten mal nachdenklich-kritisch nach, mal angriffslustig-zugespitzt, so etwa Götz Aly unter dem provokanten Titel *Unser Kampf – 1968*. Andere erzählen literarisch verdichtet an der eigenen Familiengeschichte oder am authentischen Fall entlang. Wieder andere arbeiten sich psychologisierend an der vermeintlichen Überidentifikation der 68er, der sogenannten »gefühlten Opfer«,[19] mit den jüdischen Opfern ab oder wechseln gleich ihr Thema mit geradezu revisionistisch anmutender Gebärde. Jede Generation, natürlich auch die Generation der 68er mit ihrem Sinn fürs öffentlichkeitswirksame Happening, will ihr Vermächtnis sichern.

Für die Zukunft entscheidender sind andere Fragen, die beileibe nicht allein Geschichtsdidaktiker stellen: Auf welche Weise lässt sich aus historischen Erfahrungen der *Gleichschaltung* und Selbstgleichschaltung lernen, aus Erfahrungen mit verfügter oder auch selbstverfügter Aushebelung von Institutionen, der Zerstörung oder auch Preisgabe des Rechtsstaats? Der amerikanische Historiker Timothy Snyder zieht Schlussfolgerungen aus dem 20. Jahrhundert: Mit seinem an Trump, Putin und Erdoğan geschärften Blick formuliert der Wissenschaftler zwanzig konkrete, alltagstaugliche Lektionen für den Widerstand gegen Tyrannei oder sich mutmaßlich anbahnender Tyrannei: Leiste keinen vorauseilenden Gehorsam, verteidige Institutionen, sei freundlich zu unserer Sprache und so weiter.[20]

Demokratie und das, was sie bedroht, will immer wieder aufs Neue begriffen werden. Sie lässt sich – trotz Rückschlägen und Brüchen – als »fortschreitende Erweiterung von Gleichheitsansprüchen und Teilhaberechten« beschreiben.[21] Ralf Fücks definiert sie als eine politische Form, in der sich Freiheit und Differenz entfalten können. »Sie verwandelt Menschen ganz unterschiedlicher Herkunft, sozialer Stellung, kultureller Prägung und politischer Überzeugung in Bürger mit gleichen Rechten und Pflichten.«[22] Es wird freilich nicht viel helfen, den Bürgerinnen und Bürgern diese Erkenntnis vor die Nase zu halten. Wirkungskraft kann sie nur entfalten, wenn sie von innen heraus verstanden wird. Einen solchen Anverwandlungsprozess zu ermöglichen, muss von Politik und Gesellschaft getragen werden, aber auch von den Bürgerinnen und Bürgern selbst. Ohne Bereitschaft zur differenzierten Auseinandersetzung mit dem eigenen Umfeld, zur Integration neuer Erkenntnisse und Entwicklungen in das eigene Weltbild wird ein solcher Prozess nicht möglich sein. In Auseinandersetzungen dieser Art erneuert sich die Substanz der freiheitlich-pluralistischen Demokratie. Die Geschichte der Aufarbeitung bildet diesen Prozess beispielhaft ab. Sie fiel 1968 nicht vom Himmel, sondern entfaltet sich seit Jahrzehnten.

Noch einmal der Blick einer Zeitzeugin zurück auf die Geschichte. Eva Umlauf, geboren 1942, ist dennoch keine 68erin. Mit zwei Jahren kam sie nach Auschwitz. Sie überlebte, baute sich später erst in der Tschechoslowakei, dann im Westen, in München, ein Leben auf, doch das Trauma ihrer frühen Kindheit lebte in ihr fort. Spät, mit über sechzig Jahren, beginnt sie, ihrer Geschichte auf den Grund zu gehen. Den Prozess beschreibt sie als schmerzhaft und heilsam zugleich. Nebenbei stellt sie ihr Bild von den 68ern auf den Prüfstand: »Ich sah in den Nachrichten die Demonstrationen der jungen Menschen, las ihre Parolen (›Unter den Talaren der Muff von tausend Jahren‹), sah, wie Studenten Hörsäle besetzten und sich Straßenschlachten mit der Polizei lieferten und gegen eine Obrigkeit aufbegehrten, der sie die Anknüpfung an die Nazi-Diktatur vorwarfen. Wir lebten in Schwabing, und die Proteste fanden quasi um die Ecke statt – aber mir fehlte jeder Bezug dazu. Im Gegenteil. Als Frau, die unter den Zwängen des kommunistischen Systems aufgewachsen war, verstand ich nicht, welches Anliegen diese jungen Leute verfolgten. In meinen Augen besaßen sie alles: Reise-, Rede- und Meinungsfreiheit, und sie lebten in beispiellosem

Wohlstand. Warum rebellierten sie mit solcher Aggression? Wussten sie, was sie forderten, wenn sie mit kommunistischen oder maoistischen Parolen gegen die bestehenden Strukturen protestierten? [...] Erst viel später begann ich zu begreifen, dass die 68er-Generation damals Prozesse in Gang setzte, die zu einer Aufarbeitung der nationalsozialistischen Diktatur beigetragen und die Demokratie gefestigt haben.«[23]

Man könnte hinzufügen: Aufarbeitung ist eine arbeitsteilige Aufgabe. Im Rückblick offenbaren sich Irrtümer und Erfolge.

1 »Unter den Teppich kehren? Das galt viel zu lange. Der Filmemacher will Menschen über die NS-Zeit zum Reden bringen, der Gedenkstättenleiter setzt auf Bildung«, in: *Chrismon*, Mai 2015, http://chrismon.evangelisch.de/print/31075 (Zugriff 12. Mai 2017).

2 Tweet vom 24. September 2016, https://twitter.com/i/web/status/779628160912658432 (Zugriff 19. Mai 2017).

3 *Schlussbericht der Enquete-Kommission* »*Überwindung der Folgen der SED-Diktatur im Prozeß der deutschen Einheit*«, Bundestags-Drucksache 13/11000, 10. Juni 1998, S. 227.

4 So erklärte Bundespräsident Joachim Gauck beim Besuch der Erinnerungsstätte Lugar de la Memoria, la Tolerancia y la Inclusión Social in Lima, Peru, am 21. März 2015: »Wir können nicht die individuellen Erinnerungen prägen, aber ein Staat kann schon eine Menge dafür tun, dass dieses von humanen Werten geleitete Erinnern eben meine eigene Schuld und meine eigenen Untaten einbezieht. Und ich wiederhole die Kernaussage: Deutschland hat sich auf diesem schwierigen Weg, in dem zunächst viel Streit zwischen den Lagern vorkam, nicht verloren, sondern es hat sich selbst gewonnen [...], es konnte sich selber glauben und sich selber vertrauen.« http://www.bundespraesident.de/SharedDocs/Downloads/DE/Reden/2015/03/150321-LugarMemoria-Lima-Peru.pdf?__blob=publicationFile (Zugriff 8. Juni 2017).

5 Björn Höcke, Fraktionsvorsitzender der AfD im Landtag von Thüringen, in seiner Rede am 17. Januar 2017 in Dresden.

6 Der Philosoph Hermann Lübbe prägte in seinem Vortrag bei der Historikerkonferenz ›Deutschlands Weg in die Diktatur‹ im Deutschen Reichstag im Januar 1983 den Begriff des kommunikativen Beschweigens: »Diese gewisse Stille war das sozialpsychologisch und politisch nötige Medium der Verwandlung unserer Nachkriegsbevölkerung in die Bürgerschaft der Bundesrepublik Deutschland.« Lübbe stellte für ihre Anfangszeit eine integrative, dann aber desintegrativ wirkende Form der Auseinandersetzung mit der NS-Geschichte fest. Damit löste er heftige Debatten aus. Zitat in: Hermann

Lübbe, *Vom Parteigenossen zum Bundesbürger. Über beschwiegene und historisierte Vergangenheiten*, Paderborn/München 2007, S. 20.

7 Der Historiker Ulrich Herbert betrachtet Formen und Rituale der Vergangenheitsbewältigung in den späten sechziger und siebziger Jahren im Umfeld der Studentenbewegung und der Neuen Linken und stellt fest, »daß die Auseinandersetzung mit der Geschichte der NS-Herrschaft durchaus keinen Schwerpunkt ihrer öffentlichen und internen Auseinandersetzungen darstellte. Die sich ausbreitende Vorstellung vom NS-Regime war vielmehr durch Faschismustheorien und politische Systemanalysen gekennzeichnet, und es entstand ein abstraktes und synthetisches Bild vom Nationalsozialismus ohne benennbare Täter und Opfer, ohne Orte und Zeit, in dem das NS-Regime und die Bundesrepublik einander immer ähnlicher wurden.« Zitiert in: ›Liberalisierung und Radikalisierung. Zwei Gründungsmythen der Bundesrepublik‹, gekürzt gedruckt in *Frankfurter Allgemeine Zeitung*, 29. Januar 2001, ungekürzt auf der Website: http://herbert.geschichte.uni-freiburg.de/herbert/beitraege/vor_2003/26_mythen.pdf, dort S. 6 (Zugriff 8. Juni 2017).

8 Rudi Dutschke wird mit den Worten: »Wenn wir das anfangen, verlieren wir unsere ganze Kraft. Eine solche Kampagne ist von unserer Generation nicht zu verkraften, aus dieser Geschichte kommen wir nicht mehr heraus. Man kann nicht gleichzeitig den Judenmord aufarbeiten und die Revolution machen. Wir müssen erst einmal etwas Positives gegen diese Vergangenheit setzen«, zitiert in: Götz Aly, *Unser Kampf: 1968 – ein irritierter Blick zurück*, 2. Aufl. Frankfurt a. M. 2012, Anm. 9, dort zitiert nach Peter Schneider, *Rebellion und Wahn. Mein 68*, Köln 2008, S. 190.

9 Peter Steinbach, *Nach Auschwitz. Die Konfrontation der Deutschen mit der Judenvernichtung*, Bonn 2015, S. 26.

10 Axel Schildt, *Ankunft im Westen. Ein Essay zur Erfolgsgeschichte der Bundesrepublik*, Frankfurt a. M. 1999, S. 100.

11 Gerd Koenen, *Das rote Jahrzehnt. Unsere kleine deutsche Kulturrevolution 1967–1977*, Köln 2001, S. 96.

12 Ulrich Herbert, *Die Geschichte Deutschlands im 20. Jahrhundert*, München 2015, S. 855 ff.

13 Diese Formel prägte der schwedische Gewerkschafter und Literaturwissenschaftler Sven Lindqvist 1977 mit seinem *Handbuch zur Erforschung der eigenen Geschichte* (in deutscher Übersetzung 1978 in Bonn erschienen) und beeinflusste damit rasch auch in anderen Ländern die Herangehensweise.

14 Martin Sabrow/Norbert Frei (Hrsg.), *Die Geburt des Zeitzeugen nach 1945*, Göttingen 2012.

15 So beschreibt die wissenschaftliche Leiterin des Dokumentationszentrums Oberer Kuhberg, KZ-Gedenkstätte Ulm, Nicola Wenge, den Entstehungsprozess der 1985 gegründeten Gedenkstätte am Standort des frühen württembergischen Konzentrationslagers: »Gerade die massive Abwehr der Politik bzw. weiter Teile der Ulmer Stadtgesellschaft in den späten 1970er und frühen 1980er Jahren [wirkte] als Katalysator zur Errichtung einer Gedenkstätte durch die 1968er Generation. Der Obere Kuhberg wurde zum

Kristallisationspunkt von Protesten gegen die kompromittierte Verdrängungsgesellschaft.« Vortrag: *Erinnern in Ulm. Auseinandersetzungen um das frühe KZ Oberer Kuhberg in der Ulmer Stadtgesellschaft nach 1945*, Ulm 2017, gehalten auf der Tagung »Schwierige Nachbarschaft?« der KZ-Gedenkstätte Sachsenhausen, Mai 2016.

16 Richard von Weizsäcker, ›Rede anlässlich der Gedenkveranstaltung des Deutschen Bundestages zum 40. Jahrestag des Endes des Zweiten Weltkrieges in Europa, Bonn, 8. Mai 1985‹, http://www.bundespraesident.de/SharedDocs/Reden/DE/Richard-von-Weizsaecker/Reden/1985/05/19850508_Rede. html (Zugriff 27. Mai 2017).

17 Jacob S. Eder, ›Die Holocaust-Angst der Bundesrepublik. Interview mit Jacob S. Eder zum politischen Umgang mit dem Holocaust‹, 10. Januar 2017, Wissenschaftsportal der Gerda Henkel Stiftung, https://lisa.gerda-henkelstiftung.de/holocaust_angst (Zugriff 27. Mai 2017).

18 Aleida Assmann, *Das neue Unbehagen an der Erinnerungskultur. Eine Intervention*, München 2013, S. 68.

19 Ulrike Jureit/Christian Schneider: *Gefühlte Opfer. Illusionen der Vergangenheitsbewältigung*, Stuttgart 2010.

20 Timothy Snyder, *Über Tyrannei. Zwanzig Lektionen für den Widerstand*, München 2017.

21 Ralf Fücks, *Freiheit verteidigen. Wie wir den Kampf um die offene Gesellschaft gewinnen*, München 2017, S. 38.

22 Ebd., S. 49.

23 Eva Umlauf mit Stefanie Oswalt, *Die Nummer auf deinem Unterarm ist blau wie deine Augen*, Hamburg 2016, S. 198.

Sibylle Thelen, geboren 1962, leitet bei der Landeszentrale für politische Bildung Baden-Württemberg die Abteilung »Demokratisches Engagement« und ist Fachreferentin für Gedenkstättenarbeit. Zuvor war sie leitende Redakteurin der Wochenendbeilage der Stuttgarter Zeitung. Sie studierte Politikwissenschaft, Turkologie und Kommunikationswissenschaften in München. Bei Wagenbach erschien 2010 ihr Buch *Die Armenierfrage in der Türkei*.

Albrecht von Lucke

'68 oder Der Krieg ist der Vater der Generationen

Fünfzig Jahre nach '68 ist eines augenfällig: Der Pulverdampf früherer Debatten und Deutungskämpfe hat sich verzogen. Noch zum vierzigsten Jubiläum wurde eine heftige Auseinandersetzung um *Unser Kampf* geführt, das umstrittene Buch von Götz Aly. Und kurz danach wurde ruchbar, dass in der Person von Karl-Heinz Kurras nicht nur ein Westberliner Polizist den Studenten Benno Ohnesorg ermordet hatte, sondern zugleich auch der Ostberliner Stasi-Spitzel. Inzwischen scheinen die alten Kämpen zu müde, die früheren Schlachten noch einmal zu schlagen, wird selbst das eigentliche Ursprungsdatum von '68, nämlich der 2. Juni 1967, kaum mehr verhandelt, sodass es bei den nachwachsenden Generationen fast nicht mehr bekannt ist.

Dabei erlebt die deutsche Politik derzeit einen bemerkenswerten Umbruch. Mit der 2017 beginnenden Legislaturperiode verlassen neben Hans-Christian Ströbele die letzten relevanten 68er den Bundestag – nur Wolfgang Schäuble hält weiter Wacht, als unverwüstlicher Anti-68er. Und nicht zu vergessen: Mit Alexander Gauland könnte ein weiterer alternativer 68er Einzug halten, nun allerdings ganz rechts außen. Doch trotz dieser letzten Ausreißer: Eigentlich – manche mögen sogar sagen *endlich* – ist damit die große Bühne freigeräumt für die Nach-68er. Doch was kommt danach? Wer tritt an die Stelle dieser hochpolitischen Generation?

Mit Erstaunen stellt man fest, dass dahinter noch immer wenig kommt – jedenfalls keine neue politische Generation im engeren Sinne. Dabei sind seit der welthistorischen Zäsur von 1989/90 mittlerweile bald dreißig Jahre vergangen – also fast jene Zeitspanne, die man klassischerweise für eine Generation veranschlagt. Dennoch kann von einer neuen politisierten Generation keine Rede sein – und schon gar nicht von den prompt von rechts ausgerufenen »89ern«.[1]

Wie aber erklärt es sich, dass die 68er bis heute die einzige originär politische Generation der Bundesrepublik geblieben sind? Oder noch grundsätzlicher gefragt: Kam es mit dem Ende der 68er zum Abbruch der Geschichte deutscher politischer Generationen? Um diese Frage zu beantworten, muss man die 68er in einen größeren historischen Zusammenhang stellen – über den Horizont der jüngeren Vergangenheit hinaus.

Vor inzwischen neunzig Jahren entwickelte der Soziologe Karl Mannheim in seinem bis heute kanonischen Text »Das Problem der Generationen« (1928)[2] seine wegweisende Konzeption über das Zustandekommen politischer Generationen. Mannheims Ansatz war deshalb so innovativ, weil er mit den tradierten Modellen brach. Diese waren stets von der Einheitlichkeit eines in einer Generation zum Ausdruck kommenden Zeitgeistes ausgegangen. Mannheim dagegen entwickelte ein Stufenmodell unterschiedlicher Intensitäten innerhalb einer Jahrgangskohorte. Das zentrale Kriterium für das Zustandekommen einer Generation ist dabei nicht der gemeinsame, quasi über allem wehende Geist, sondern gerade der Konflikt zwischen den Generationen, aber auch und gerade innerhalb einer Generation. Erst diese konflikthaften Erlebnisse stiften die Generationseinheiten, die eine echte politische Generation ausmachen. Dabei muss es sich um hochpolarisierende Ereignisse handeln. Denn diese haben eine entscheidende Konsequenz: Indem sie polarisieren, differenzieren sie den vermeintlichen Generationszusammenhang aus und stärken ihn so gerade wieder. Denn was sich aneinander reibt, bezieht sich aufeinander.

Der schärfste Konflikt aber ist – bis heute unverändert – der Krieg. Nichts polarisiert so sehr wie dieser. Über zweihundert Jahre war denn auch der Krieg der Vater aller Generationen. Er stiftete das prägendste Erleben – und die härteste Auseinandersetzung: von 1813 über 1848 bis 1871 und – im nächsten Jahrhundert – von 1914 über 1939 bis 1945 und 1968. Das gilt exemplarisch für die 68er-Generation als den Idealfall einer politischen Generation: Der Krieg als der politische Urkonflikt, so meine These, stand an der Wiege der 68er.

Tatsächlich waren die 68er gleich in doppelter Hinsicht kriegsgeschädigt. Zum einen handelte es sich bei ihnen um Kriegskinder, die als letzte Generation direkt mit den Auswirkungen des Krieges in Verbindung kamen. Obwohl die 68er zugleich die erste deutsche Nachkriegsgeneration verkörpern, sind sie ohne den Zweiten Weltkrieg und sein Nachleben nicht zu verstehen. Geboren noch im Kriege oder jedenfalls in den vierziger Jahren, aufgewachsen in den Fünfzigern, wurde sie in den bewegten sechziger Jahren politisiert – vom Mauerbau 1961 über die Spiegel-Affäre 1962, den Deutschland-Besuch John F. Kennedys und dessen Ermordung 1963, die große Koalition 1966 bis zur Wahl Willy Brandts zum Bundeskanzler 1969.

Und damit sind wir beim zweiten prägenden Kriegsmerkmal. Entscheidend für die politische Sozialisation der 68er im engeren Sinne waren zwei Ereignisse: außenpolitisch der eskalierende Vietnamkrieg und innenpolitisch der Kampf gegen die Notstandsgesetze, bei deren Durchsetzung viele einen Rückfall in das alte, autoritär-faschistische Deutschland befürchteten. Diese kritische Grundhaltung kulminierte am 2. Juni 1967 – in der Reaktion auf die Erschießung des Studenten Benno Ohnesorg auf der Anti-Schah-Demonstration in Berlin als *dem* generationsstiftenden Ereignis für die Studentenbewegung. Denn hier schienen außen- und innenpolitischer Autoritarismus in eins zu fallen: In der militanten Verteidigung des iranischen Diktators habe, so die Überzeugung der Beteiligten, der angeblich neue, demokratische Staat sein wahres postfaschistisches Gesicht gezeigt.

Teile der 68er imaginierten sich regelrecht selbst in eine Kriegs-situation. Exemplarisch kommt dies in dem angeblichen Aus-spruch Gudrun Ensslins nach der Ermordung Benno Ohnesorgs zum Ausdruck. »Das ist die Generation von Auschwitz. Mit denen redet man nicht. Wo kriegen wir Waffen her?«[3]

Wo kriegen wir Waffen her? Diese Position eines militan-ten Widerstands stand auch am Beginn der ersten deutschen Generation, die vor gut zweihundert Jahren entstand, im Zuge der Napoleonischen Kriege. »Am Anfang war Napoleon«:[4] Mit diesem Satz leitet Thomas Nipperdey seine epochale »Deutsche Geschichte im 19. Jahrhundert« ein. »Am Anfang war Napole-on«: Für die Frage der politischen Generationen trifft dies nicht weniger zu. In der Begeisterung für, aber vor allem im Hass ge-gen Napoleon entstand die erste deutsche politische Generation. An Napoleon schieden sich die Geister in ganz Europa: Welt-geist zu Pferde, Einiger des Kontinents im Geiste der Ideen von 1789 – oder bloß Imperator, der die Ideale der Französischen Revolution und die europäische Friedensidee pervertierte und den ganzen Kontinent unter das französische Joch zwingen wollte. Von nationalistisch gesonnenen deutschen Intellektu-ellen wie Ernst Moritz Arndt und Johann Gottlieb Fichte vor-angetrieben, wurde der Hass gegen Frankreich und Napoleon zur ersten nationalen Jugendbewegung, die mit der viertägigen Völkerschlacht von Leipzig im Oktober 1813 ihren kriegerischen Höhepunkt erlebte.

Mit dieser Entscheidungsschlacht der Befreiungskriege da-tiert zweierlei: der Beginn des deutschen Nationalgedankens im modernen Sinne wie auch der Wunsch nach Demokratie. Seither steht Schwarz-Rot-Gold, die Farben der studentischen Lützower Jäger, für die neu erwachte Einheitsbewegung. Gleichzeitig ent-steht die erste politische Generation in Deutschland. Ihre Träger, als prägende politisierte Generationseinheit, waren die studen-tischen Freikorps. Aus dem Ausgang des Krieges aber erwuchs alles Weitere, folgte wie im Wege einer Kettenreaktion die Politi-sierung der jeweils nachfolgenden Generationen.

Die auf dem Wiener Kongress 1815 zusammenkommenden Großmächte zogen zwar neue Grenzen, konservierten aber die alten feudalen Strukturen. Die ersehnte deutsche Einheit blieb ein Wunschtraum. Die dagegen aufbegehrenden jugendlichen Kräfte richteten ihren Protest nun auf zweierlei: auf die Verwirklichung der Demokratie, gegen die autoritäre Herrschaft der Ära Metternich, und auf die Vollendung des souveränen deutschen Nationalstaats. So führt ein direkter Weg von 1813 über das von der Jenenser Studentenschaft ausgerichtete Wartburgfest 1817 und das Hambacher Fest von 1832 in das Jahr 1848 – zur ersten demokratischen Revolution in Deutschland.

Bereits 1832, als sich 30.000 Bürger und Studenten in Hambach in der Pfalz zusammenfanden, schwenkte eine neue Generation von Studenten die schwarz-rot-goldenen Fahnen – für Einheit, Freiheit und Gleichheit. Das *Junge Deutschland* um den Dichter Ludwig Börne demonstrierte für Deutschlands Wiedergeburt. »Es lebe das freie, das einige Deutschland«,[5] lautete die Losung. Doch das Scheitern der Revolution von 1848 und mit ihr das Scheitern einer hoffnungsvollen Generation von Demokraten machte all diesen Bemühungen den Garaus. Wieder siegten die autoritären, alten Kräfte. Und Heinrich Heine kam zu dem resignativen Schluss: »Während den Tagen des Hambacher Festes hätte mit einiger Aussicht guten Erfolges die allgemeine Umwälzung in Deutschland versucht werden können. Jene Hambacher Tage waren der letzte Termin, den die Göttin der Freiheit uns gewährte.«[6]

Die Folge des Scheiterns war der nächste Krieg: Denn aus der gescheiterten demokratischen Einheit von unten resultierte 1871 die kriegerische Einheit von oben. Bismarck schuf Deutschland mit »Blut und Eisen« gegen die Franzosen, wie er es bereits 1862 in seiner legendären Rede im preußischen Abgeordnetenhaus prophezeit hatte: »Nicht auf Preußens Liberalismus sieht Deutschland, sondern auf seine Macht; […] nicht durch Reden oder Majoritätsbeschlüsse werden die großen Fragen der Zeit entschieden – das ist der große Fehler von 1848 und 1849 gewesen –, sondern durch Eisen und Blut.«[7]

Damit knüpfte Bismarck unmittelbar an ein Gedicht aus den Befreiungskriegen an, das der junge Kriegsfreiwillige Max von Schenkendorf 1813 geschrieben hatte. »War das alte Kreuz von Wollen, / Eisern ist das neue Bild, / Anzudeuten, was wir sollen, / Was der Männer Herzen füllt. / Denn nur Eisen kann uns retten, / Und erlösen kann nur Blut, / Von der Sünde schweren Ketten, / Von des Bösen Uebermuth.«[8]

So trug jede durch den Krieg politisierte Generation bereits den Keim für die kommende in sich. Schon die nächste, auf die Reichseinheit folgende sollte dieses Prinzip bestätigen – wenn auch in völlig anderer Weise als bisher. Die um die Jahrhundertwende 1900 entstehende Generation der Jugendbewegung war als erste – ähnlich den 68ern – nicht mehr mit dem Krieg direkt in Berührung gekommen; dreißig Jahre trennten sie von den Einheitskriegen. Und auch sie setzte sich, wie die späteren 68er, entschieden von ihrer Vorgängergeneration ab.

Das schwärmerische Naturverständnis der Jugendbewegung von 1900 richtete sich gegen zweierlei: erstens gegen die rasante Industrialisierung und zweitens gegen die grassierende Militarisierung. Dem herrschenden Hurra-Patriotismus der Wilhelminischen Ära setzte die Jugendbewegung einen dezidiert zivilen, antiautoritären Zug entgegen. Auch deshalb wurde sie, ähnlich wie die 68er, vor allem als kulturelle Revolution empfunden gegen die autoritäre Vätergeneration.

Allerdings war schon diese ursprünglich eher zivile Jugendbewegung, die 1913, hundert Jahre nach der Völkerschlacht gegen Napoleon, auf dem Hohen Meißner ihre alternative Gedenkfeier beging, vor ihrer eigenen radikalen Politisierung, ja Militarisierung nicht gefeit. Der Erste Weltkrieg, die »Urkatastrophe des 20. Jahrhunderts« (George F. Kennan), wurde zu *dem* polarisierenden Erlebnis dieser Generation. Viele zogen mit nationalistischem Furor und Nietzsches Zarathustra im Rucksack in den Krieg, um völlig desillusioniert heimzukehren.

Wie und wohin sollte diese Generation, als sie 1918 in diesem Zustand aus dem Kriege heimkehrte, diesen Hass entladen? Die

Antwort darauf gaben die folgenden Revolutions- und Bürgerkriegswirren: Die einen wurden zu radikalen Anti-Militaristen, Sozialisten und Kommunisten, die statt auf die nationale auf die internationale Revolution setzten. Die anderen, unter ihnen der Gefreite Adolf Hitler aus Braunau, kehrten ihren Hass gegen die angeblichen Verräter an der deutschen Sache. Sie vertieften ihren Nationalismus und rüsteten auf gegen die *Novemberverbrecher*, die sie für die deutsche Niederlage verantwortlich machten – gegen Sozialisten, Juden und Bolschewisten.

So war im Kriegserlebnis der Jahre 1914 bis 1918 bereits der nächste Generationenkonflikt angelegt. Es sollte nur zwanzig Jahre dauern, bis dem Ersten der Zweite Weltkrieg folgte, ausgefochten nicht zuletzt von jenen, die beim letzten Krieg noch nicht dabei sein konnten und das Erlebnis nur aus den Heldengeschichten der Vorväter kannten. Adolf Hitler dagegen wusste aus eigenem Erleben genau, wie sehr der Krieg eine Generation zu prägen in der Lage ist. Im November 1937 erklärte er gegenüber einem Vertrauten: »Jede Generation muß einmal einen Krieg mitgemacht haben.«[9]

Zwei Jahre später war es so weit: Hitler entfesselte den Zweiten Weltkrieg, der für Millionen den Tod bedeutete. Diesmal allerdings war die Niederlage so total, dass eine neuerliche Radikalisierung zunächst ausblieb. Im Gegenteil: Aus der absoluten Ernüchterung des Krieges ging wiederum eine tief geprägte Generation hervor, die in ihrer breiten Masse von jeder Politik genug hatte und sich ganz dem Wiederaufbau widmen wollte. Der Soziologe Helmut Schelsky bezeichnete die Jugend 1957 in seinem gleichnamigen Buch als »Die skeptische Generation«.[10] Gemeint war die auch als »45er« bezeichnete HJ-, Flakhelfer- und Kriegsgeneration der Geburtsjahrgänge der 1920er und frühen 1930er Jahre, also jene, die eben noch mit mehr oder weniger gläubiger Inbrunst gesungen hatten, dass sie immer weiter marschieren würden, und deren Welt nun vollends in Trümmern lag.

Schelsky beschreibt diese Jahrgänge wie folgt: »Diese Generation ist in ihrem sozialen Bewusstsein und Selbstbewusstsein kritischer, skeptischer, misstrauischer, glaubens- oder wenigstens illusionsloser als alle Jugendgenerationen vorher. […] Sie ist ohne Pathos, Programme und Parolen. […] Die Generation ist im privaten und sozialen Verhalten angepasster, wirklichkeitsnäher, zugriffsbereiter und erfolgssicherer als je eine Jugend vorher. Sie meistert das Leben in der Banalität, in der es sich dem Menschen stellt, und ist darauf stolz. […] [W]as sich auch ereignen mag, diese Generation wird nie revolutionär, in flammender kollektiver Leidenschaft auf die Dinge reagieren.«[11]

Im Gegensatz zu ihren Vorgängern war diese skeptische Generation von politischer Ideologisierung kuriert. Mit aller Kraft stürzte sie sich stattdessen in das beginnende Wirtschaftswunder. Für Schelsky war die skeptische Generation damit auf der einen Seite »nur die deutsche Ausgabe der Generation, die überall die industrielle Gesellschaft konsolidiert«.[12] Doch auf der anderen Seite stellte Schelsky – so der Widerspruch seiner Analyse – bei der skeptischen Generation ein typisch deutsches Überbleibsel fest: »Sie erfüllt vielleicht auch dieses wenig dramatische und ruhmreiche epochale Schicksal mit der gleichen Gründlichkeit und Übertreibung der Konsequenzen, die dem deutschen Wesen und seiner neuesten Geschichte eigen sind.«[13]

Offensichtlich wendeten, so Schelskys Diagnose, die einstigen Hitler-Anhänger ihren Fanatismus nun ins Ökonomische als dem idealen Raum zur Verdrängung ihres einstigen politischen Glaubens. Daher war es kein Zufall, dass diese Generation eine Gegenbewegung auf den Plan rief. Was die skeptische Generation verdrängte – den Krieg und ihren eigenen Fanatismus –, kam bei etlichen 68ern erneut zum Ausbruch: politische Unbedingtheit bis zum fanatischen Radikalismus, der wie im Falle der RAF auch vor brutaler Gewalt bis hin zum Mord nicht zurückschreckte.

In ihrer Breite allerdings waren die 68er – von SDS und Jusos bis zu ihren Kontrahenten in Junger Union und RCDS, sprich: von Ströbele bis Schäuble – weit weniger fanatisch als vielmehr hochgradig politisch. Damit wurden sie schon ob ihrer zahlenmäßigen Größe die für die Bundesrepublik bis heute prägende politische Generation. Noch die Tatsache, dass Gerhard Schröder und Joschka Fischer dreißig Jahre nach 1968 die Bundestagswahl gewannen, wurde denn auch als die Machterlangung einer ganzen, ungemein politischen Generation wahrgenommen – gegen den vermeintlich unendlich regierenden Skeptiker Helmut Kohl.

Heute aber, mit dem Abgang der letzten 68er, steht die Frage im Raum, warum seither keine neuen politischen Generationen mehr entstanden sind. Kann die Politik, kann Deutschland, kann Europa nicht mehr polarisieren, wie noch in den sechziger Jahren? Und was prägt heute die nachwachsenden Jahrgänge?

Fest steht: Die wesentlich bedeutsamere Zäsur als 1968, die friedliche Revolution von 1989, hat die Deutschen nicht derartig politisiert, dass eine neue politische Generation entstanden wäre.

Offenbar verfügte die Herstellung der Einheit 1989 nicht über hinreichend kontroverses Potential zur Bildung einer eigenen Generation, wie Karl Mannheim es formulierte. 1968 war ein Datum des Konflikts, 1989 vor allem ein Datum der Freude – zunächst jedenfalls. Und jene, die von der realen Vereinigung alsbald enttäuscht wurden, zogen sich eher resigniert ins Private zurück.

Hat sich der Typus der politischen Generation also vielleicht überlebt? Zweifellos haben wir in der ersten Dekade des 21. Jahrhunderts immer wieder Ansätze neuer Jugendbewegungen erlebt – von Attac bis Occupy. Und auch hier war es ein Krieg, der am stärksten polarisierte: Am 15. Februar 2003 demonstrierten in Deutschland wie in ganz Europa Hunderttausende junge Menschen gegen den kommenden Irakkrieg. Doch von einer neuen politischen Generation kann gerade hierzulande nicht die Rede sein. Eher beobachtet man bei jungen Menschen einen Rückzug ins Private und in die berufliche Karriere. Offensichtlich herrscht ganz allgemein der Wunsch vor, angesichts neuer globaler Unübersichtlichkeiten verschont zu bleiben von politischer Auseinandersetzung und politischer Entscheidung – gar über Krieg und Frieden, ob in Syrien oder in der Ukraine.

Der Publizist Florian Illies, Stifter der nach seinem eigenen Erfolgsbuch benannten *Generation Golf*, fand für diesen

Eskapismus aus der Politik den treffenden Titel: *Anleitung zum Unschuldigsein*.[14] Und fast resignativ stellte die Publizistin Meredith Haaf unter ihren Gleichaltrigen eine erstaunliche Flucht in die politische Unmündigkeit fest: »Meine Generation [...] hat sich nicht bewusst abgewandt vom Erwachsensein, sondern sie fängt damit gar nicht erst an.«[15] »Meine Generation ist in ihrer Grundhaltung gegenüber den großen Themen des Lebens hilflos, überfordert, in Anspruchsdenken gefangen. Und resigniert in einem Maße, das sich durch keine Erfahrung rechtfertigt, die ein durchschnittliches Bürgerkind in Deutschland in den letzten 30 Jahren machen konnte.«[16]

Die Ursache dafür liegt für Haaf auf der Hand: »Wir sind nicht fähig, Kritik zu üben. [...] Das politische Argument ist in meiner Generation fast ausgestorben. [...] Wenn wir das nicht ändern, werden wir irgendwann feststellen, dass eine andere, jüngere Generation über uns sagen wird: Sie ließen ihre Welt veröden, weil sie lieber labern wollten.«[17] Und weiter: »Wenn es eins gibt, das uns [sie] quer über alle Grenzen von Wohlstand, Bildung oder Ethnie hinweg eint, dann das hemmungslose Mitteilungsbedürfnis. [...] Wir posten Weblinks bei Twitter, laden Fotos bei Flickr hoch, aktualisieren unsere Statusmeldungen bei Facebook und scheuen dabei keine Banalität. [...] Interaktion findet [...] vor allem in Form von Lob statt. Jeder für gelungen befundene Inhalt wird mit Kommentaren, Followern oder dem ›I like‹-Daumen belohnt. Wut aber ist nicht unser Ding.«[18]

Was diese neue Generation kennzeichnet, ist also nicht länger politisches Aufbegehren, sondern eine erstaunliche Tendenz zur Affirmation. Der klassische Generationenkonflikt durch Abgrenzung und Emanzipation von den Lebensentwürfen der Eltern findet hier offensichtlich nicht mehr statt. Ist damit also das Ende der klassischen politischen Generationen gekommen? Vieles spricht in der Tat dafür, dass man die junge digitale Smiley-Generation weniger als ein politisches denn als ein ästhetisches Phänomen begreifen muss, nämlich als eines der bloßen Unterhaltung, als einer Haltung des Konsumierens – und als

Konsequenz einer völlig veränderten, weitgehend entpolitisierten Kommunikation in den neuen digitalen Netzwerken und Welten.

Bereits bei Karl Mannheim findet sich die Vermutung, dass auf jede politische stets eine eher ästhetisch-apolitische Generation folgt. Damit aber müsste es eines Tages doch wieder zu einer Repolitisierung der heranwachsenden Generationen kommen. Davon aber kann, sieht man von ersten zaghaften Ansätzen ab, bis heute keine Rede sein.

Tatsächlich leben wir seit 1989 in einer Übergangszeit, nämlich in einer Phase radikaler Entpolitisierung – der hochpolitischen Realität zum Trotz. Damals erlebten jene, die schon politisch bewusst zugegen waren, mit dem *Wunder* des Mauerfalls das *annus mirabilis* des letzten Jahrhunderts. Plötzlich schien, im positiven Sinne, alles möglich. Das Ende des Kalten Krieges, der *Sieg des Westens*, sollte gleichzeitig auch das *Ende der Geschichte* bedeuten – so das wohl bekannteste Motiv dieser Zeit, auf den Begriff gebracht von dem US-amerikanischen Hegelianer Francis Fukuyama. Die Geschichte – und damit auch die Politik – schien mit Demokratie und Marktwirtschaft am Ende ihrer Bestimmung angekommen zu sein. Gleichzeitig verlor die Politik das Schicksalhafte, das sie so lange ausgezeichnet hatte.

Die Konsequenz: Nach 1989 waren die Menschen weit weniger als zuvor für Politik in einem existenziellen Sinne zu interessieren. Aus den einstigen Demonstranten für mehr Demokratie wurden zunehmend politisch gleichgültige *Konsumenten* von Demokratie. Aus einem partizipativen Politikverständnis – durch Konflikt und Konsens – wurde eine passive Haltung. Konsumdemokratie wurde, mehr noch als Postdemokratie, der zentrale Begriff zum Verständnis der (un)geistigen Situation der Zeit. Diese Abwendung von der Politik ging einher mit einer regelrechten Auswanderung der Jugend in neue virtuelle Welten, infolge der eminenten Prägung durch das Internet. Trotz der großen Katastrophen der vergangenen gut fünfundzwanzig Jahre – angefangen mit dem Kuwait-Krieg 1990 über die Jugoslawienkriege der neunziger

Jahre bis zu 9/11 (2001) und Fukushima 2011 – konnte man den Eindruck haben, dass das Internet, die »virtual reality«, eine viel größere Rolle in den Diskursen spielt als das, was auf dem Boden der Welt stattfindet. Diese digitale Utopie – die Idee, dass wir uns von unseren irdischen Begrenzungen lösen können – wurde zeitweilig sogar in eine neue digitale Freiheitspartei, die Piraten, transformiert.

Doch diese Utopie ist in den letzten Jahren endgültig zerplatzt. Seit geraumer Zeit erleben wir Jahr für Jahr immer schlimmere *anni horribiles*, werden wir immer stärker herausgerissen aus der Utopie, man könne fast in einer virtuellen Welt leben, ohne mit den irdischen Knappheiten und Konflikten in Berührung zu kommen. Bereits mit dem 11. September 2001 hatte sich in dieser Hinsicht der Wind gedreht. Er bedeutete den Einbruch eines neuen globalisierten Freund-Feind-Denkens. Politik schien damit wieder zum Schicksal zu werden, was durch die großen Finanz- und Euro-Krisen ab 2008 noch unterstrichen wurde. Das Jahr 2014 machte nach den Jugoslawienkriegen der Neunziger in Europa noch einmal dramatisch deutlich, dass Politik auch – und noch immer – mit Krieg zu tun hat. Mit dem Konflikt in der Ukraine und dem barbarischen Morden des »Islamischen Staates« (IS) erlebten wir eine brutale Rückkehr dessen, was über Jahrhunderte als *große Politik* euphemistisch umschrieben wurde.

Damit konfrontiert wird nun eine Generation, die des Politischen regelrecht entwöhnt scheint. Denn die klassische Politisierung von Generationen über den Ernstfall, in der Regel den Krieg, ist in den letzten bald dreißig Jahren – glücklicherweise – ausgefallen. Mit der Abwesenheit des Krieges in der heutigen postheroischen deutschen Gesellschaft hat sich die Entwicklung politischer Generationen fundamental verändert. Das ist einerseits – ironischerweise – ein ausgesprochen positiver Befund, wenn wir an die Ausgangsthese zurückdenken: Demnach kommen politische Generationen in Deutschland stets durch Krieg und Frieden zustande. Andererseits bedarf es aber noch immer eines gehörigen Maßes an politischer Leidenschaft, um ein langes politisches Leben wirklich durchzuhalten. Offensichtlich reicht, wie das schnelle Vergehen der Piraten beweist, die neue Kultur der Smileys und I-like-Buttons nicht aus für das von Max Weber geforderte geduldige Bohren dicker politischer Bretter mit Leidenschaft und Augenmaß. Derartige starke politische Überzeugungen entstanden jedoch in der deutschen Geschichte in aller Regel durch neue Generationen. Die Frage ist nur, ob wir aus der fatalen deutschen Verbindung von politischen Generationen und Krieg ausbrechen können – ob also auch in diesen für uns nicht kriegerischen Zeiten überhaupt noch einmal die benötigten politischen Generationen entstehen.

Immerhin spricht derzeit zumindest einiges für das Aufkommen einer neuen politischen Generation. Auch unterhalb des Krieges scheinen sich neue Polarisierungen und damit neue Generationseinheiten zu ergeben. Das jüngste Beispiel ist das Auftreten einer neuen rechten Jugendbewegung, mit den *Identitären* als Avantgarde, die wiederum ihre linken Antipoden auf der politischen Gegenseite hervorruft.

Hinzu kommt ein weiteres, vielleicht noch entscheidenderes Phänomen: Den Endsechzigerjahren vergleichbar leben wir heute offensichtlich wieder in hochpolitischen Zeiten. Mit der neuen autoritär-nationalistischen Bewegung, die von Trump über Orbán und Erdoğan bis zu Putin reicht, scheint selbst das Überleben unserer westlichen Demokratie keineswegs mehr so selbstverständlich, wie es die letzten dreißig Jahre lang wirkte. »Die autoritäre Revolte« (Volker Weiß) könnte zum Grundstein einer neuen politischen Generation werden. Was in den sechziger/siebziger Jahren Franz Josef Strauß und Richard Nixon für die 68er wurden, könnten heute Donald Trump und Recep Tayyip Erdoğan sein – die rechten Gründungsväter einer neuen linken politischen Generation.

Die entscheidende Frage lautet daher, ob die heutige Jugend diese ihre politische Herausforderung auch tatsächlich annimmt – oder ob sie sich weiter in ihre rein virtuelle entpolitisierte Nische zurückzieht.

1 Roland Bubik (Hrsg.), *Wir '89er. Wer wir sind – was wir wollen*, Frankfurt a. M./ Berlin 1995.

2 Karl Mannheim, ›Das Problem der Generationen‹, in: *Kölner Vierteljahrshefte für Soziologie* 7 (1928), S. 157–185, 309–330.

3 Stefan Aust, *Der Baader-Meinhof-Komplex*, Hamburg 1985, S. 54.

4 Thomas Nipperdey, *Deutsche Geschichte 1800–1866. Bürgerwelt und starker Staat*, 5. Aufl. München 1991, S. 11.

5 Aus der Rede von Dr. Philipp Jakob Siebenpfeiffer auf dem Hambacher Fest 1832, zitiert in: Johann Georg August Wirth, *Das Nationalfest der Deutschen zu Hambach*, Neustadt a.H. 1832 (Nachdruck Neustadt 1981), S. 41.

6 Heinrich Heine, ›Ludwig Börne. Eine Denkschrift‹, in: Heinrich Heine, *Sämtliche Schriften* (hrsg. v. Klaus Briegleb), Bd. IV, 3. Aufl. München/Wien 1998, S. 7–148 (83).

7 Otto von Bismarck, *Die gesammelten Werke*, Bd. 10: *Reden 1847–1869* (bearb. v. Wilhelm Schüßler), Berlin 1928, S. 139 f.

8 Max von Schenkendorf, ›Das Eiserne Kreuz‹, in: *Max von Schenkendorf's sämmtliche Gedichte*, Berlin 1837, S. 136.

9 Fritz Wiedemann, *Der Mann, der Feldherr werden wollte*, Velbert/Kettwig 1964, S. 171, zitiert nach Ian Kershaw, *Hitler 1936–1945*, Stuttgart 2000, S. 138.

10 Helmut Schelsky, *Die skeptische Generation. Eine Soziologie der deutschen Jugend*, Düsseldorf/Köln 1957.

11 Ebd., S. 488 f.

12 Ebd., S. 493.

13 Ebd.

14 Florian Illies, *Anleitung zum Unschuldigsein. Das Übungsbuch für ein schlechtes Gewissen*, Berlin 2011.

15 Meredith Haaf, ›Die Apathie der TINA-Kinder. Warum meine Generation endlich erwachsen werden muss‹, in: *Blätter für deutsche und internationale Politik* 56 (2001), Nr. 11, S. 68–78 (75).

16 Meredith Haaf, *Heult doch. Über eine Generation und ihre Luxusprobleme*, 3. Aufl. München 2012, S. 14 f.

17 Meredith Haaf, ›Hilfe, die Welt will was von uns‹, in: *Süddeutsche Zeitung Magazin* Nr. 33/2009, 13. August 2009.

18 Ebd.

Albrecht von Lucke, geboren 1967 in Ingelheim am Rhein, ist Jurist und Politikwissenschaftler und lebt seit 1989 in Berlin. Neben seiner Tätigkeit als Redakteur der Monatszeitschrift *Blätter für deutsche und internationale Politik* nimmt er regelmäßig an Debatten in Hörfunk und Fernsehen teil. Er ist Autor verschiedener Bücher, bei Wagenbach erschien u.a. *68 oder neues Biedermeier. Der Kampf um die Deutungsmacht* (2008).

Wolfgang Kaleck

1968: Von den furchtbaren Juristen zu den streitbaren Juristen und Juristinnen

Subjektive Betrachtung eines Nachgeborenen[1]

I.

»Sehn wir euch an, packt uns ein tiefes Graun –
Wir haben zu euch Richtern kein Vertraun!«[2]　　(Kurt Tucholsky)

»Die Stützen der Gesellschaft« heißt ein bekanntes Bild von George Grosz, einem der künstlerischen Chronisten der Weimarer Republik. In diesem Reigen erscheinen »der ewige deutsche Bürger, dick und ängstlich«, korrupte Journalisten und Parlamentarier, Militär und Klerus sowie der Prototyp eines deutschen Juristen: Einem Burschenschaftler mit Schmissen im Gesicht und einem Hakenkreuz an der Krawatte steigen Paragraphen und ein Militärreiter aus dem Kopf.

Grosz' Zeitgenosse Kurt Tucholsky attestiert dem deutschen Richter, nur »durch die Brillengläser seiner Klasse« zu schauen, also »des mittleren und gehobenen Bürgertums«, und alles, »was sich darüber und darunter bewegt« habe, habe »als Opfer und Objekt wenig Aussicht vor Gericht verstanden zu werden«.[3]

So zeichnen Grosz und Tucholsky die Stützen der Weimarer Republik – zugleich diejenigen, die ihren Untergang und Hitlers

Machtergreifung 1933 (mit-)herbeiführten und in den Jahren danach zu fürwahr »furchtbaren Juristen« wurden. So nannte der Schriftsteller Rolf Hochhuth 1978 den damaligen baden-württembergischen Ministerpräsidenten und ehemaligen Wehrmachtsrichter Hans Karl Filbinger wegen dessen Mitwirkung an diversen NS-Todesurteilen. In der nachfolgenden juristischen Auseinandersetzung tat Filbinger seine berühmt-berüchtigte und nicht nur für ihn typische Äußerung, was damals Recht war, könne doch heute nicht Unrecht sein. »Furchtbare Juristen« – so titulierte auch Ingo Müller in seiner Bestandsaufnahme zur unbewältigten Vergangenheit der deutschen Justiz[4] all die Juristen, die am Niedergang des Rechts im Nationalsozialismus ebenso mitgewirkt hatten wie an dessen Verbrechen von den Entrechtungsgesetzen, der Auflösung der Mischehen über die Nürnberger Gesetze, das Rassenschande-Gesetz, die Euthanasieaktion bis zum Volksgerichtshof und den Standgerichten. Selbst die Urteile – in dem bis heute weltweit ob seiner klaren Argumentation rezipierten (»Der Dolch des Mörders war unter der Robe des Richters verborgen.«) – Nürnberger Nachfolgeprozess gegen führende NS-Juristen und deren Verurteilung 1947 hatten auf die westdeutsche Juristengemeinschaft keinerlei Effekt: Keiner der an den genannten Verbrechen beteiligten Richter oder Staatsanwälte wurde jemals von einem bundesrepublikanischen Gericht belangt. Noch 1967 sprach das Landgericht Berlin den ehemaligen beisitzenden Richter am Volksgerichtshof Hans-Joachim Rehse frei – nicht nur für die damals aufkommende Studentenbewegung ein Beleg für die vorherrschende ungebrochene antikommunistische Ideologie.

Auch uns kritische Jura-Studierende der achtziger Jahre erschreckte Müllers Beschreibung der ungebrochenen Kontinuitäten zwischen den NS-Eliten und Nachkriegsjuristen in der Bundesrepublik Deutschland. Tatsächlich mussten wir während unseres Studiums, über 35 Jahre nach Kriegsende, in praktisch allen Gebieten mit juristischen Standardkommentaren arbeiten, die von führenden Juristen der NS-Zeit herausgegeben worden waren und in denen das ausbuchstabiert wurde, was wir als die herrschende Meinung erlernen sollten.

Otto Palandt fungiert bis heute als Namensgeber des wichtigsten Werkes zum Bürgerlichen Gesetzbuch. Im Dritten Reich hatte er als Präsident des Reichsprüfungsamts die Aufgabe übernommen, eine nationalsozialistische Auslegung des Bürgerlichen Rechts zu formulieren, von der sich der Jurist auch nach 1945 nicht deutlich distanzierte.[5]

Der führende Kommentar zum Strafgesetzbuch wurde bis 1977 vom ehemaligen Ersten Staatsanwalt am Sondergerichtshof Innsbruck, Eduard Dreher, herausgegeben und jahrelang weiter nach ihm benannt. Dreher machte im Bundesjustizministerium in den fünfziger und sechziger Jahren Karriere und spielte dort eine Schlüsselrolle bei einer Gesetzgebungsreform, die zur Verjährung zahlreicher NS-Verbrechen führte. Erst sehr viel später wurde ihm zum Vorwurf gemacht, an Todesurteilen unter anderem gegen als »Volksschädlinge« bezeichnete Menschen mitgewirkt zu haben.

Theodor Maunz wiederum, 1933 in die NSDAP eingetreten und mit einem Lehrstuhl in Freiburg belohnt, schrieb unter anderem,

> »was mit anderen Worten der Führer […] in Form von Rechtsgeboten der Polizei an Aufträgen zuweis[t], bildet die Rechtsgrundlage für das Wirken der Polizei. Die Zuweisung kann im förmlichen Gesetzgebungsverfahren erfolgen. Sie kann ferner erfolgen im sonstigen Normenschöpfungsverfahren. Sie kann aber auch ergehen im Wege der Einzelweisung oder auch der Einzelbilligung. Dieses System […] hat den alten Gesetzmäßigkeitsgrundsatz ersetzt, seitdem an die Stelle des alten Gesetzes der Wille des Führers getreten ist«.[6]

Sein Mitherausgeber Günter Dürig war seines Zeichens Rittmeister in der Elite-Truppe der Wehrmacht gewesen, der Division Großdeutschland, der unter anderem in Frankreich eine

Reihe von Massakern vorgeworfen wurde. Maunz und Dürig veröffentlichten in den Jahrzehnten nach dem Krieg den führenden und meistzitierten Grundgesetzkommentar.

Nachlesen konnten wir all diese deutschen Juristenkarrieren in der *Kritischen Justiz*, dem bedeutendsten Organ kritischer Juristen und Juristinnen nach 1968.[7] Das Aufdecken der Beteiligung der Juristen[8] am nationalsozialistischen Unrecht, des Fortwirkens autoritären Gedankengutes und der Kontinuität vieler Lebensläufe von führenden Juristen stellen sicherlich einen der größten Verdienste der kritischen Juristinnen und Juristen der Generation von 1968 dar.

II. Ausgrabungen verschütteter Traditionen

Der Justizapparat und die Rechtswissenschaft in der Weimarer Republik waren vorwiegend autoritärem Gedankengut verpflichtet. Daneben existierte eine kleine, aber sehr lebendige Szene mit einer kämpferischen Strafverteidigung, demokratischen Plädoyers für die Weimarer Verfassung und mit der Arbeiterbewegung liierte sozialdemokratische, sozialistische und marxistische Rechtswissenschaftler. Die Protagonisten dieser Traditionslinie wurden nach 1933 wie Hans Litten ermordet, ins Exil getrieben und aus ihren Berufen und Lehrstühlen verdrängt. Nach 1945 war dieser Prozess nicht einfach rückgängig zu machen. Die Diskurse wurden so weiterhin von jenen dominiert, die sie auch vor 1945 bestimmt hatten.

Erst den 1968ern gelang es, an die in Deutschland gewaltsam abgebrochenen Traditionen kritischer Rechtswissenschaften anzuknüpfen. Theoretiker wie Karl Korsch und Otto Kirchheimer, Franz Neumann und Ernst Fraenkel wurden wiederentdeckt und erneut veröffentlicht. Ihr Einfluss gerade innerhalb der Rechtswissenschaften blieb allerdings gering, sie wurden vor allem als Politikwissenschaftler und Erklärer des Nationalsozialismus rezipiert.

Dies hatte sicherlich auch damit zu tun, dass eine politisch starke sozialistische Arbeiterbewegung, ganz zu schweigen von

einer kommunistischen oder revolutionären, in den Nachkriegs-
jahren in Westdeutschland nicht präsent war.

III. »Die Gefahr geht von den organisierten Menschen aus« – Vom autoritären Staat

Nicht zuletzt deswegen stand, und dies ist vielleicht ein weiteres
Charakteristikum der Juristinnen und Juristen der 1968er, die
Auseinandersetzung mit dem repressiven und autoritären Staat
im Zentrum der progressiven publizistischen und wissenschaftlichen Betrachtungen sowie der rechtspolitischen Aktivitäten.
Die Spiegel-Affäre und etwas später die Diskussionen um die
1968 von der großen Koalition verabschiedeten Notstandsgesetze stehen beispielhaft dafür. Dabei fand nicht nur die Studentenbewegung harte Worte für die Gesetzespläne, auch der hessische
Generalstaatsanwalt Fritz Bauer konstatierte bereits 1963: »Die
Ausnahmen, Einschränkungen und Vorbehalte pflegen hier gerne die Regel zu werden, da obrigkeitsstaatliches Denken nicht
tot ist.«

Die Ursprünge dieses autoritären Staates wurden im Preu-
ßentum, im Kaiserreich, in der Sozialistenverfolgung in der
Weimarer Republik sowie im Nationalsozialismus verortet und
die Kontinuitäten bis weit ins Nachkriegsdeutschland hinein
betont.

Festgemacht wurde dies etwa in den Kommunistenprozessen
der 1950er und 1960er Jahre – einem Lehrstück politischer Justiz,[9] so wie Otto Kirchheimer[10] sie definiert hatte, nämlich als
Dienstbarmachung gerichtsförmiger Verfahren zu politischen
Zwecken. Nach dem Parteiverbot der KPD durch das Bundesverfassungsgericht 1956 wurden aufgrund einer eigens eingeführten
Strafnorm Tausende von Mitgliedern und Aktivistinnen und
Aktivisten der Partei, unter ihnen viele ehemalige Widerstands-
kämpfer gegen den Nationalsozialismus, wegen der friedlichen
Inanspruchnahme von Grundrechten zu Haftstrafen verurteilt
und mit Berufsverboten belegt.

Die 68er begehrten erfolgreich gegen die »Wiederkehr des autoritären Ungeistes«[11] auf und sensiblisierten auf diese Weise viele der ihnen nachfolgenden Juristen und Juristinnen.

Allerdings blieb es dann oft bei dieser Fixiertheit auf den Staat, als wenn sich dieser als einzige Instanz und Agentur von Macht dargestellt hätte. Den eigenen, im Gründungsmanifest der *Kritischen Justiz* formulierten Anspruch, den »Bezug zwischen Recht und Gesellschaft, seiner politischen, sozialen und gesellschaftspolitischen Implikationen«[12] aufzuzeigen, wurde man auf diese Weise aber nur begrenzt gerecht.

Immerhin wurden Selbstverständlichkeiten des juristischen Mainstreams wie das Strafrecht, die Gefängnisstrafe und der Strafvollzug in Frage gestellt.

Im Verfassungsrecht hatten sich kritische Geister vor allem an einem abzuarbeiten: Über allen Diskussionen schwebte der Schatten von Carl Schmitt. Er blieb nach dem Zweiten Weltkrieg zwar ohne Lehrstuhl, doch pflegte er vom sauerländischen Plettenberg aus seinen Mythos und seine fatalen Lehren und überließ seinen Epigonen das Feld, also jener Generation von Staatsrechtlern, die in den dreißiger Jahren davon profitiert hatten, dass jüdische, linke und liberale Professoren ihre Lehrstühle hatten räumen müssen. Die Kritik an Schmitt fokussierte überwiegend auf seine Veröffentlichungen nach 1933, seine antisemitischen Ausfälle und die Legitimation des Führerstaates. Dabei wurde oft übersehen, wie wirkungsmächtig sein großes theoretisches Werk der Weimarer Republik in der Bundesrepublik war. Von seiner »Politischen Theologie« und dem »Begriff des Politischen« führt der Weg zum Konzept der streitbaren Demokratie und der Notstandsverfassung. Und die von Schmitt dem Staat als vornehmliche Aufgabe auferlegte Feindbestimmung funktionierte ebenfalls gut und verschob sich im Laufe der Jahre von den Kommunisten zur Studentenbewegung und vor allem auf deren militanten Flügel, zu der auch die RAF zählte.

IV. Rollenmodelle

Die RAF-Prozesse und insbesondere die große Hauptverhandlung (1975–1977) in dem eigens dafür erbauten Gefängnis-Gerichtstrakt Stuttgart-Stammheim gegen Baader, Meinhof und Ensslin spielten daher in der aufgeheizten politischen Situation im sogenannten Deutschen Herbst 1977 eine wesentliche Rolle. Sie waren zudem in den Jahren danach für politische Aktivistinnen und Aktivisten wie für kritische Jurastudierende der Beleg für die Kontinuitäten autoritären Staatshandelns. Die Kritik entzündete sich an den angewandten Strafrechtsnormen, den Paragraphen 129 und 129a[13], deren Vorläufer in den Bismarckschen Sozialistengesetzen gesehen wurden, aber auch an vielen prozessualen Manövern der Staatsanwaltschaft und des Gerichts. Das unbedingte Eintreten von Anwältinnen und Anwälten für die Rechte der von ihnen vertretenen Mandanten war der Staatsmacht ein besonderer Dorn im Auge. Die Verteidiger im RAF-Prozess wurden daher zum Teil mit fadenscheinigen Gründen aus den Verfahren ausgeschlossen, ihnen wurde die Verteidigung mehrerer Angeklagten untersagt und mithilfe eines Ad-hoc-Gesetzes gar zeitweilig der Kontakt zu ihren Klienten unterbunden.

Endlich hatten wir kritischen Jura-Studierenden unsere Rollenmodelle gefunden: die Verteidigerinnen und Verteidiger in diesen Prozessen.

Denn so aussagekräftig die theoretischen Analysen des autoritären Staates für uns waren, sie gaben uns keine Anhaltspunkte, wie wir unsere Kritik im kommenden Juristenalltag ausagieren konnten. Dazu bedurfte es Heinrich Hannover, Sebastian Cobler, Hans-Christian Ströbele und früher auch Otto Schily. Sie setzten sich für radikale Meinungsfreiheit, faire Verfahren und die Rechte der von ihnen verteidigten Menschen auf eine Weise ein, die ihnen Ehrengerichtsverfahren, Ausschlüsse und Strafverfahren einbrachten. In dieser Sanktionierung der engagierten Kollegen offenbarte sich der herrschende Geist der Juristenschaft. Die Verteidiger wurden auf ihre scheinbar objektive Rolle als sogenannte Organe der Rechtspflege verpflichtet, einem vagen und weit interpretierbaren Begriff. Kritik an den Haftverhältnissen, den Zuständen in der Justiz und dem bestehenden Gesellschaftssystem wurde als unsachlich, nicht der Herstellung des Rechts, weil nicht dem vermeintlich unpolitischen Zweck des Strafprozesses dienend abqualifiziert und führte zu Sanktionen.[14]

V. Einfluss auf die sozialen Bewegungen der 1980er Jahre

Es war für uns kritische 1981er sowohl aufgrund der historischen wie der zeitgenössischen Analyse selbstverständlich, dass wir uns an den von den 68ern und Post-68ern aufgebauten Organisationen beteiligten: Wir abonnierten die Zeitschriften Kritische Justiz und Demokratie und Recht, traten den Strafverteidigervereinigungen und dem Republikanischen Anwaltsverein – RAV (später umbenannt in Republikanischer Anwältinnen- und Anwälteverein) bei und fühlten uns auf diese Weise gleichermaßen mit den Theoretikern der Weimarer Republik wie der kämpferischen Anwaltschaft der Post-68er Jahre verbunden.

Für die politischen Auseinandersetzungen der achtziger und erst recht der neunziger Jahre lieferten sie uns einerseits das theoretische Rüstzeug, mittels dessen auch wir uns befähigt sahen, die Instrumentalisierung justizförmiger Verfahren für politische Zwecke und autoritäres Gedankengut aufzuspüren. Zudem war über die Jahre ein Netzwerk von Initiativen wie engagierten Anwaltskanzleien entstanden, das allen Protestierenden zumindest die Sicherheit bot, der Staatsmacht nicht alleine entgegentreten zu müssen, wenn es um Polizeigewalt oder Kriminalisierung von Protesten ging.

Doch, um diesen Topos noch einmal aufzugreifen, eine grundsätzliche kritische Analyse des Verhältnisses zwischen Recht und Gesellschaft, seiner politischen, sozialen und gesellschaftspolitischen Implikationen und erst recht Handreichungen für eine daran orientierte Praxis konnten wir von den mittlerweile zusehends etablierteren 1968ern kaum erwarten, zumal als Aktivistinnen und Aktivisten der internationalistisch orientierten

Antikriegs- beziehungsweise der Solidaritätsbewegung mit Latein- und Mittelamerika oder gegen das herrschende Weltwirtschaftssystem.

Eine kritische Bestandsaufnahme anlässlich des dreißigjährigen Jubiläums der *Kritischen Justiz* 1999 bringt unser damaliges Gefühl ganz gut auf den Punkt: Der Gründergeneration wird dort attestiert, dass sie erfolgreich die antifaschistische Perspektive in der deutschen Rechtswissenschaft etabliert hätte. Nunmehr sei kritische Justiz jedoch eine »etablierte, wenn auch nicht gerade dominierende Fraktion des juristischen Apparates, die – mit nach oben abnehmender Häufigkeitsverteilung – auf allen Ebenen der juristischen Hierarchie präsent« sei.[15] Der Juristenstand sei heute durch ein gewisses Maß an »zulässiger Pluralität« gekennzeichnet, dies garantiere eine »moderate Fortentwicklung des Rechts«, erzeuge allerdings zugleich »den Schein einer dem politischen Prozess entzogenen materialen Rationalität ihres Diskurses«. Sie schaffe eine »von demokratischer Legitimation weitgehend entlastete juristische Gerechtigkeitsexpertokratie«.[16]

Während die jungen kritischen Kolleginnen und Kollegen dies ihren Stammvätern, es waren tatsächlich fast nur Männer,[17] ins Buch schreiben, steigen die kritischen 68er auf: Anne Klein wird in Berlin Justizsenatorin, Herta Däubler-Gmelin Bundesjustizministerin, Otto Schily Bundesinnenminister, Rupert von Plottnitz Justizminister von Hessen und Hans-Christian Ströbele gewinnt das erste Direktmandat für die Grüne Partei, das er über mehrere Legislaturperioden hinweg verteidigen kann. Kolleginnen und Kollegen aus den Strafverteidigervereinigungen und dem RAV werden Kammerpräsidenten, jener Organisation, die noch wenige Jahre zuvor an der Unterdrückung kritischer Strafverteidiger mitgewirkt hat. An vielen Universitäten wird heute kritische Rechtswissenschaft gelehrt, und Bundesverfassungsrichterinnen und -richter rezipieren sie, wie die *Frankfurter Allgemeine Zeitung* 1998 wohlwollend feststellte. So weit, so gut möchte man mit den HerausgeberInnen der *Kritischen Justiz* meinen, als sie beim neuerlichen, dem vierzigsten Jubiläum die Tatsache, dass »Argumente, die bis dahin undenkbar waren, im juristischen Normalbetrieb mittlerweile zitierfähig sind«, als »das durchaus begrüßenswerte Ergebnis gegenhegemonialer Praxis« bezeichneten.[18]

VI. Ausblick

Doch seitdem die 68er, oder jedenfalls ein Teil von ihnen, die Spitzen der juridischen und politischen Institutionen erreicht haben, sind auch schon wieder fünfzehn Jahre vergangen. Solitäre wie Hans-Christian Ströbele oder Heinrich Hannover sind abgetreten. Das Feld der Rechtspolitik ist in fast allen Parteien verwaist. Strafrechts- oder gar staatskritische Positionen von Juristinnen und Juristen sind im Bereich parlamentarischer Politik kaum zu hören. Auch die nach 1968 gegründeten Organisationen machen einen müden, teilweise veralteten Eindruck, könnte man meinen.

Man kann es aber auch anders sehen: Es ist eine äußerst plurale Landschaft sowohl an den Universitäten als auch in der Justiz und in anderen juristischen Berufen entstanden. Professorinnen wie die offen homosexuelle[19] Bundesverfassungsrichterin Susanne Baer formulieren interdisziplinäre und gendertheoretisch unterfütterte, neomarxistische[20] oder strafrechtskritische[21] rechtspolitische Programme. Zudem ist ein Teil der Themen, die vormals nur Außenseiter bearbeitet hatten, im Zentrum der Profession angekommen.

So verleiht mittlerweile der deutsche Richterbund einen Menschenrechtspreis, dessen syrische, türkische oder kolumbianische Preisträger Rechtsanwälte sind. Auch die größte deutsche Anwaltsorganisation, der Deutsche Anwaltsverein (DAV), hat sich schon seit längerem Menschenrechtsthemen geöffnet und betreibt beispielsweise Rechtsberatungsprojekte auf griechischen Inseln für Geflüchtete. An vielen deutschen Universitäten sind nach dem *Sommer der Migration* Law Clinics für

Geflüchtete entstanden, an denen Hunderte Jura-Studierende mitwirken. Auch in der Rechtspolitik tummelt sich eine neue Generation, die explizit für Minderheitenrechte etwa der Homosexuellen eintritt, darunter beispielsweise die Juristen Klaus Lederer und Dirk Behrendt, die in Berlin als Kultur- beziehungsweise Justizsenatoren fungieren. In Wort und Tat hat sich der Blick auch deutscher Juristinnen und Juristen erweitert. Nicht länger ist nur der deutsche Rechtsraum interessant, Themen wie Europäisierung, Transnationalisierung und Globalisierung des Rechts werden sowohl akademisch diskutiert als auch zum Teil praktisch bearbeitet. Angehörige des Berufstandes, der traditionell im Lager der Unterdrücker agierte, stehen nunmehr auch an der Seite der Verdammten dieser Erde. Der von Tucholsky gefühlte »Schmerz über das Unrecht im Recht« macht an den Grenzen nicht mehr Halt.

Doch die alte Orientierung auf die autoritäre Staatsmacht vernebelt den Blick nach wie vor sehr: Zu oft dient der »Verweis auf die unumschränkte Macht des Souveräns und den Ausnahmezustand, das heißt auf die allgemeine Suspendierung des Rechts und das Hervortreten einer Gewalt, die über dem Gesetz steht, [...] als Erklärung für alles und jedes«.[22] Diese falsche Fokussierung macht »blind für die alltäglichen und beständig wirksamen Machtstrukturen« und verdunkelt »die wahrhaft dominanten, uns weiterhin beherrschenden Formen der Macht«[23] – »der Macht, wie sie sich im Eigentum und im Kapital vergegenständlicht findet, der Macht, wie sie im Recht verankert ist, dessen vollen Schutz sie zugleich genießt«.[24] Es bleibt mithin Aufgabe kritischer Juristinnen und Juristen, den Doppelcharakter des Rechts, als Teil jener Machtstrukturen, jedoch zugleich auch als vor ihnen schützende Form und als über sie hinausweisendes Moment herauszustellen. Zudem gibt es für uns keine Alternative dazu, sich an immer unangenehmeren Realitäten in Deutschland, Europa und weltweit ebenso pragmatisch wie visionär abzuarbeiten.

1 Der Autor studierte von 1981 bis 1987 an der Rheinischen Friedrich-Wilhelms-Universität Bonn, seinerzeit eine der konservativsten Rechtsfakultäten des Landes. Die einzigen Lichtblicke waren die Professoren Gerald Grünwald und Bernhard Schlink sowie unsere kleine linke Initiative *Neue Juristinnenwelle (NJW)*. Dieses mitunter triste Dasein in der Provinz mag zu meiner selektiven Wahrnehmung geführt haben, wie sie in diesem Text zum Ausdruck kommt – also eher an Staats- und Strafrecht orientiert denn an der Arbeit von Basisorganisationen wie Gefangenengruppen, Mietervereinen, Sozialberatungen und Arbeitsrecht. Carsten Gericke und Andreas Fischer-Lescano danke ich für diesen und andere Hinweise.

2 Aus dem Gedicht ›Zu einigen dieser Prozesse‹, in: Kurt Tucholsky, Gesammelte Werke (hrsg. v. Mary Gerold-Tucholsky und Fritz J. Raddatz), Bd. III: 1921–1924, Reinbek bei Hamburg 1975, S. 291.

3 Kurt Tucholsky, ›Deutsche Richter‹, in: ders., *Deutschland, Deutschland über alles*, Reinbek bei Hamburg 1964, S. 156–168 (157).

4 Erstveröffentlichung München 1987, Wiederveröffentlichung (hrsg. v. Klaus Bittermann) Berlin 2014.

5 Der Herausgeber formulierte sein Anliegen 1939 folgendermaßen:»In der Erkenntnis, daß in der Nachkriegszeit, namentlich in den letzten Jahren vor dem nationalsozialistischen Umbruch im Gegensatz zu der das gesamte Recht als eine Einheit betrachtenden Rechtskunde [...], die jedes Gesetz für sich verstanden, oft nur aus sich ausgelegt wissen wollte, häufig seinen Zusammenhang mit dem üblichen Recht außer acht ließ und selbst das BGB nicht immer als eine vom Gesetzgeber fraglos gewollte Einheit anzusehen geneigt war, versucht der Kommentator die Stellung der einzelnen Gesetzesbestimmungen im gesamten Recht unter Berücksichtigung der nationalsozialistischen Rechts- und Lebensauffassung sowie unter Hervorhebung der rechtspolitischen Gesichtspunkte der einzelnen Vorschriften aufzuzeigen und das BGB als einen Teil des gesamten einheitlichen in all seinen Teilen zusammenhängenden Rechts darzustellen.« Aus der dem Vorwort zur 2. Auflage 1939 des BGB-Kommentars, zitiert in: Hans Wrobel, ›Otto Palandt zum Gedächtnis, 1.5.1877–3.12.1951‹, in: *Kritische Justiz* 15 (1982), Nr. 1, S. 1–17 (9).

6 Theodor Mauntz, *Gestalt und Recht der Polizei*, Hamburg 1943, S, 9.

7 Für die, die weiterlesen wollten, waren da noch die Schriften von Heinrich Hannover (gemeinsam mit Elisabeth Hannover-Drück) *Politische Justiz 1918–1933*, Frankfurt a. M. 1966, und *Klassenherrschaft und Politische Justiz*, Hamburg 1978.

8 Frauen waren hier auf der Täterseite so gut wie nicht präsent, daher wird nur die männliche Form gewählt.

9 Nachzulesen bei Alexander von Brünneck *Politische Justiz gegen Kommunisten in der Bundesrepublik Deutschland 1949–1968*, Frankfurt a. M. 1978.

10 So auch der Titel seines gleichnamigen Werks, erschienen im Luchterhand Verlag, Neuwied 1965.

11 So der Professor und ehemalige Bundesinnenminister Werner Maihofer, als er noch auf der liberalen Seite stand.

12 Zitiert in: Stephen Rehmke, ›Unsere Altachtundsechzigerin. Die Kritische Justiz feiert ihren vierzigsten Geburtstag‹, in: *Forum Recht* (2006), Nr. 4, S. 133–134 (133).

13 Mit diesen Paragraphen wurden die Bildung krimineller (§129) bzw. terroristischer (§ 129a) Vereinigungen wie die Mitgliedschaft in den- und Unterstützung derselben unter Strafe gestellt. Der Tatnachweis konkreter Rechtsgutverletzungen konnte mit diesen, auch als Vorfeldnormen bezeichneten, Vorschriften durch die Zugehörigkeit zur Organisation ersetzt werden.

14 Vgl. Pieter H. Bakker Schut, *Stammheim. Der Prozess gegen die Rote Armee Fraktion*, Kiel 1986.

15 Jürgen Bast/Oliver Brüchert/Bettina Friedrich/Danielle Herrmann/Florian Rödl, ›Kritische Rechtswissenschaft und Kritische Justiz‹, in: *Kritische Justiz* 32 (1999), Nr. 2, S. 313–323 (316).

16 Ebd., S. 318.

17 Im Impressum von 1973 waren zwanzig Personen als Redaktion und Mitarbeiter aufgelistet, von denen als einzige Barbara Dietrich weiblich war.

18 Zitiert in: Sonja Buckel/Andreas Fischer-Lescano/Felix Haschmann, ›Die Geburt der *Kritischen Justiz* aus der Praxis des Widerständigen‹, in: *Kritische Justiz* 41 (2008), Nr. 3, S. 235–242 (240).

19 Merkwürdig erscheint es in heutigen Zeiten, dies betonen zu müssen, doch bleibt dies in unserer Profession tatsächlich weiterhin bemerkenswert.

20 Sonja Buckel.

21 Edda Wesslau und Monika Frommel.

22 Wie Michael Hardt und Antonio Negri zu Recht betonen, in ihrem Buch *Common Wealth. Das Ende des Eigentums*, Frankfurt a. M. 2010, S. 19.

23 Ebd., S. 20.

24 Ebd., S. 19.

Wolfgang Kaleck, geboren 1960, Rechtsanwalt in Berlin, ist Mitbegründer und Generalsekretär der juristischen Menschenrechtsorganisation European Center for Constitutional and Human Rights e.V. (ECCHR). Er hat mehrere Bücher geschrieben, bei Wagenbach erschien unter anderem *Kampf gegen die Straflosigkeit. Argentiniens Militärs vor Gericht* (2010). Seit 2011 ist er PEN-Mitglied, erhielt 2014 den Hermann-Kesten-Preis, 2016 den Hans-Litten-Preis der Vereinigung Demokratischer Juristinnen und Juristen e.V. und 2017 den Menschenrechts-Ehrenpreis der Bruno Kreisky Stiftung.

Ulrich K. Preuß

»When they go low, we go high«
Bemerkungen zur Herausforderung der konstitutionellen Demokratie

I.

Gibt es die Diagnose einer Krise der Demokratie, so gehört bei der Suche nach ihren Ursachen nicht nur unter Linken die ökonomische Krise zu den üblichen Verdächtigen. Massenarbeitslosigkeit, Inflation, Deflation und andere Indikatoren gelten dann als unbezweifelbare Kausalfaktoren der Krise der Demokratie. Und das ist ja auch nicht unplausibel. Der Zusammenbruch der Weimarer Republik Ende der 1920er Jahre, kulminierend in der Machtübernahme der Nationalsozialisten im Jahre 1933, wurzelte zweifellos in der 1929 ausbrechenden Weltwirtschaftskrise und der sich als Folge entwickelnden Massenarbeitslosigkeit.[1] Der daraus resultierenden Massenverelendung konnte die Weimarer Republik in ihrem zarten Alter von gerade einmal zehn Jahren nicht standhalten. Andererseits, die horrende Inflation von 1922/23, die ja kaum minder gravierende soziale Folgen insbesondere für die Mittelschichten hatte, hat die damals ja durchaus noch fragilere Republik weitgehend unbeschädigt überstanden. So ganz zwingend scheint der Zusammenhang von Demokratiekrise und ökonomischer Krise also nicht zu sein. Als in der Bonner Republik zum Ende der 1960er Jahre die Ruhe des westdeutschen Wirtschaftswunderlandes durch die Studentenrevolte und die von ihr ausgelöste breite außerparlamentarische Opposition aufgestört wurde und erste Diagnosen einer Krise der Demokratie aufkamen, da musste man – jedenfalls auf der Linken – die als unverzichtbar angesehene zugrundeliegende ökonomische Krise in dem »Ende der Rekonstruktionsperiode« des westdeutschen Kapitals erkennen.[2] So richtig fündig wurde man dann allerdings nicht, denn die ökonomische Erfolgsgeschichte der Bundesrepublik setzte sich auch danach – unbeschadet des zu Beginn der 1970er Jahre von der OPEC ausgelösten Erdölschocks – ziemlich bruchlos fort.

Dagegen nahm die »Krise der Demokratie« ihren Lauf. Ich setze den Begriff in Anführungszeichen, denn es ist durchaus unklar, ob wir das, was dann »1968« geschah und zu grundlegenden Veränderungen der politischen Kultur der westdeutschen Gesellschaft führte, mit dem Begriff der Krise belegen können. Wenn wir von Krise sprechen, dann kann damit – in Anlehnung an den ursprünglichen medizinischen Begriff – eine Entscheidungssituation gemeint sein, die sich auf die Alternative Leben oder Tod verengt hat. Das ist ein dramatischer Zustand. Diese Bedeutung lässt freilich nicht erkennen, dass eine Krise sich auch in einem quälend langen Prozess der Unentschiedenheit und vielleicht auch Unentscheidbarkeit äußern kann. In der politischen Sprache hat sich daher auch das Bedeutungsfeld des Begriffs in verschiedene Richtungen erweitert. Krise, schreibt Reinhart Koselleck, sei zur »strukturellen Signatur der Neuzeit« geworden, insofern sie die Erfahrung einer neuen Zeit ausdrückt, deren Herkunft und Zukunft »allen Wünschen und Ängsten, Befürchtungen oder Hoffnungen freien Spielraum« lasse.[3] So sprach dann Joseph Schumpeter in Bezug auf ökonomische Prozesse von Transformationskrisen, also kritischen Übergangsphasen zwischen einem in Auflösung begriffenen und einem sich abzeichnenden neuen Status sozioökonomischer Verhältnisse. Man könnte dann auch von produktiven Krisen sprechen, im Gegensatz zu pathologischen Krisen, die keinen Ausweg in einen neuen stabilen Zustand erkennen lassen.[4] Diese Unterscheidung ist auch für andere Lebensbereiche sinnvoll. So kann man in Bezug auf die durch '68 symbolisierten Ereignisse und Veränderungen von einer Transformationskrise der Demokratie sprechen. Denn die Zuspitzung der politischen und kulturellen Konflikte zwischen den in den Institutionen des 1949 neu begründeten Staates etablierten Kräften der Restauration und der Beharrung und den vor allem in der Jugend vertretenen Protagonisten der geistigen Öffnung des Landes für neue Weltwahrnehmungen und Lebensformen hat nachhaltige Veränderungen der politischen Kultur und des demokratischen Systems der Bundesrepublik hervorgebracht.

II.

Dazu gehören vor allem drei Elemente: die Überwindung eines staatsfixierten Begriffs politischer Öffentlichkeit, die Einforderung der Rechtfertigung öffentlich relevanten Handelns jenseits der formalen Verfahren staatsbezogener Legalität sowie die Etablierung neuer sozialer Bewegungen als Säulen demokratischer Gesellschaftlichkeit. Ihnen ging es nicht primär um die Fragen der *alten* sozialen Bewegung, wie sozioökonomischer Status, soziale Mobilität, Ungleichheit, gerechter Zugang zu knappen Gütern und Leistungen, Einkommen et cetera. Vielmehr entwickelten sie eine spezielle Sensibilität für die Qualität von gesellschaftlichen Lebensverhältnissen – eine gesunde Umwelt, urbane Lebensräume, gewaltfreie soziale Beziehungen unter Bedingungen von Gleichheit, kultureller Autonomie und Nicht-Diskriminierung.[5] Themen wie die Beziehungen zwischen den Geschlechtern und die so lange beschwiegenen Herrschaftsbeziehungen innerhalb der Familien, der Schulen, der Universitäten, der Unternehmen und der öffentlichen Bürokratien offenbarten eine *postmaterielle* Orientierung,[6] die neuartige Standards für öffentlich-politische Rechtfertigungszwänge setzte. Wenn denn damals unter den Akteuren ein Krisenbewusstsein herrschte, dann war es das Empfinden einer moralischen Krise der Gesellschaft.

Die Verschiebung des gesellschaftlichen Krisenbewusstseins auf die Ebene der Moral hatte allerdings durchaus fragwürdige, zum Teil verheerende radikal amoralische Konsequenzen.[7] Wenn gesellschaftliche Widersprüche und Konflikte in der Semantik der Moral wahrgenommen werden, dann bedeutet das einen Verlust an politischer Handlungsfähigkeit. Moralische Forderungen füllen dann den politischen Raum und entwerten ihn als Arena für die kollektive Gestaltung des Gemeinwesens auf der Grundlage von Machtbesitz und des Kampfes um die Macht. Im Zweifel werden dann weniger sensible Mächte das politische Vakuum füllen. Damit einher geht die Missachtung von Institutionen als notwendiges Element der Politik. Nicht zufällig definierte sich die Bewegung von 1968 auch selbst als *anti-institutionelle* Kraft. Konstituierte Gebilde wie der Staat und seine Einrichtungen – die Universitäten, die Schulen, aber auch die Einrichtungen des Marktes, die Familie, das Gesetz, kurz: alle etablierten Institutionen – gerieten unter den Verdacht, letztlich nichts anderes zu sein als Agenturen der Unterdrückung individueller Freiheiten. Die Moral universeller Brüderlichkeit (und dann sehr bald auch: Schwesterlichkeit) sollte die moralische Leere füllen, durch die nach Auffassung der außerparlamentarischen Opposition die meisten Institutionen gekennzeichnet waren. Mit einer gewissen inneren Logik entwickelte sich daraus in randständigen Milieus der linke Terrorismus der siebziger Jahre, die wohl radikalste Ausdrucksform der Tendenz, politische Probleme in moralische Konflikte umzudefinieren. Dort herrschte der Glaube, dass die moralische Schwäche der politischen und wirtschaftlichen Ordnung der Bundesrepublik ihre physische Verwundbarkeit bedeute und dass daher die Ermordung ihrer Repräsentanten diese Ordnung in den Zusammenbruch treiben würde. Man könnte diesen Glauben wegen seiner kindlichen Naivität belächeln, hätte er nicht so viele ruchlose Verbrechen zur Folge gehabt und so viel Leid über seine Opfer gebracht.

Es gab auch die andere politische Verirrung, nämlich die Phantasie der Eroberung der Staatsmacht, die vor allem unter jenen Akteuren der Bewegung von 1968 verbreitet war, die sich in den kommunistisch-leninistischen Gruppen organisierten und sich die soziale Revolution im Modus Lenin, Trotzki oder Stalin vorstellten. Hier machte sich das Erbe der deutschen Politiktradition bemerkbar, in der der Staat und seine Souveränität die zentrale Rolle spielten. Seit dem 19. Jahrhundert hatte in revolutionären und in strikt antirevolutionären Kreisen gleichermaßen die Verfügung über die Staatsgewalt als unverzichtbare Bedingung einer revolutionären Umgestaltung der Gesellschaft gegolten. Und so hatten nicht wenige der Protagonisten von '68 eine ziemlich verzerrte Wahrnehmung ihrer eigenen Rolle in dem damaligen Prozess der politischen Erneuerung. Einige betrachteten sich als bloßen Wurmfortsatz eines von ihnen nach wie vor als historisches Subjekt gefeierten Proletariats, von dem sie die Revolutionierung der Gesellschaft erwarteten, wobei die Eroberung der Staatsgewalt als unverzichtbar, von einigen womöglich bereits als die Erfüllung dieses Zieles selbst angesehen wurde. Andere dagegen, bereits abgeschreckt durch die Realitäten des realen Sozialismus, verabschiedeten sich vom Proletariat und erklärten bestimmte Randgruppen wie die Insassen von Gefängnissen und anderen geschlossenen Anstalten oder sogar das *Lumpenproletariat* zum neuen revolutionären Subjekt. All dies war Teil der Konfusionen, welche mit Notwendigkeit in einer neuen sozialen Situation und dann entstehen, wenn historische Vorbilder fehlen, die uns die neue Lage erklären und verstehen lassen könnten. 1968 war präzedenzlos, und so können wir uns nicht wundern, dass das Neue, das damals entstand, von den Akteuren selbst so wenig verstanden und vielfach so sehr missverstanden wurde wie von den Beobachtern und ihren Kritikern.

Denn tatsächlich nahmen hier folgenreiche gesellschaftliche Veränderungen ihren Anfang, die vielfach erst im Rückblick in ihrer Bedeutung erkannt werden. Die Erfahrungen des 20. Jahrhunderts, insbesondere der Zusammenbruch der kommunistischen Regime Ost- und Mitteleuropas in den Jahren nach 1989, haben gezeigt, dass tatsächlich eine *gute* soziale Ordnung mit dem Besitz des »Monopols physischer Zwangsgewalt« schwerlich dauerhaft zu etablieren ist, wie Max Weber den Staat und seine Unwiderstehlichkeit am Anfang dieses Jahrhunderts noch definiert hatte. Heute verstehen wir besser, dass der Wandel kultureller Muster, von Mentalitäten, von individuellen und kollektiven Werten und schließlich auch von sozialen und politischen Institutionen einen viel nachhaltigeren Einfluss auf die Struktur der Gesellschaft hat als der Besitz der physischen Herrschaftsmittel, und dass die radikalsten Veränderungen der Gesellschaft mehr erfordern als einen bloßen Übergang souveräner Staatsmacht von einer politischen Elite auf eine andere. Die Behauptung ist daher keine Übertreibung, dass die neuen sozialen Bewegungen zu den wichtigsten und folgenreichsten Erbschaften von 1968 gehören. Man mag sie schätzen oder nicht, sie haben jedenfalls die Themen und die Formen der politischen und kulturellen Diskurse in der Bundesrepublik Deutschland grundlegend verändert. Auch dies hatte keineswegs unanfechtbar positive gesellschaftliche Wirkungen. So haben einige aus den erwähnten postmateriellen sozialen Bewegungen hervorgegangenen Varianten von Identitätspolitik[8] fragwürdige Spaltungseffekte, indem sie askriptive Merkmale wie Geschlecht, Rasse, ethnische und nationale Zugehörigkeit zum Ausgangspunkt und Relevanzkriterium politischer Unterscheidungen und Strategien machen – etwas, was dem politischen Denken von '68 eher fremd ist. Tatsächlich wirkt es bizarr, dass zum Beispiel, wie man Zeitungsberichten entnehmen konnte, in Berlin zu den ersten Amtsangelegenheiten des neuen grünen Justizsenators die Sorge um Unisex-Toiletten in seiner Behörde gewesen sein soll – der letzte Schrei der aus den USA nach Europa herübergeschwappten Welle der Identitätspolitik.

Aber wir wissen, dass der Weltgeist zuweilen auf befremdlichen Wegen sein Ziel erreicht, und so lässt sich vielleicht erklären, dass das Beharren auf Identität als politische Kategorie die Brücke bildet, über die eine im Klassen- und Klassenkampfdenken befangene Linke den Weg zu der Erkenntnis fand, wie wichtig und unverzichtbar die konstitutionelle Form der Demokratie für die nachhaltige Entfaltung einer Zivilgesellschaft und ihrer politischen Selbstregierung ist. Wie sogleich noch näher zu begründen ist, gehört die Anerkennung der Individualität und Identität der Einzelnen und von Gruppen zur Grundlage der konstitutionellen Demokratie, und daraus ergibt sich das Strukturmuster einer sowohl gesellschaftlichen wie politischen Ordnung der Verschiedenheit, Vielfalt und Vielgestaltigkeit. Damit sind alle Vorstellungen von einem homogenen, durch vorpolitische und vorrechtliche Gemeinsamkeiten (Rasse, Kultur, Klassenbewusstsein) ursprünglich vereinten Volk als Träger einer jeweils einheitlichen Ordnungsidee in die Rumpelkammer der Irrtümer der Menschheit verwiesen. Und es ist auch kein Zufall, dass die aus '68 hervorgegangenen und im Geiste dieses Aufbruchs politisch denkenden und handelnden (inzwischen drei) Generationen heute die überzeugtesten, dabei keineswegs unkritischen Anhänger des Projektes einer europäischen Union sind. Dessen Einzigartigkeit liegt ja in der nach wie vor faszinierenden Idee, auf der Grundlage von zum Teil sehr tiefsitzenden Verschiedenheiten der Nationen des – auch geographisch keineswegs fest abgegrenzten – europäischen Kontinents eine politische Ordnung zu errichten, die eine Gemeinsamkeit von Interessen und von politischem Handeln unter Ausschluss hegemonialer Machtverhältnisse ermöglicht. Ob die Europäische Union nach sechzig Jahren einer kontinuierlichen, aber vorhersehbar auch immer wieder krisenhaften Entwicklung den augenblicklichen Ansturm populistischer Bewegungen in einer beträchtlichen Zahl von Mitgliedstaaten überstehen wird, ist nicht sicher. Wenden wir uns daher von dem kursorischen Rückblick auf '68 der Gegenwart zu und betrachten etwas näher die augenblickliche Krise, die ja eine Krise der Europäischen Union überwiegend nur deswegen ist, weil die Anerkennung der Demokratie in verschiedenen Mitgliedstaaten problematisch geworden ist.

III.

Man spricht heute meist von der Krise der *liberalen Demokratie*. Ich bevorzuge den Begriff der konstitutionellen Demokratie. Denn leicht könnte das Missverständnis entstehen, dass die *liberale Demokratie* ein Demokratiemodell ist, das auf den gegenwärtigen politischen Liberalismus zugeschnitten ist. Das ist nicht so. Die Krise, von der gegenwärtig vielerorts die Rede ist, bezieht sich auf den Typus der konstitutionellen Demokratie. Es ist eine Demokratie mit Adjektiv. Das Adjektiv macht kenntlich, dass eine Demokratie ohne Adjektiv unmöglich oder doch jedenfalls nicht wünschenswert ist. Es gibt die notorische Schwierigkeit, das Ideal der Volksherrschaft in die Wirklichkeit zu übersetzen. Es beginnt schon damit, dass die konstitutionelle Demokratie das Volk – das Subjekt der Demokratie – nicht als eine homogene Einheit nach Art einer kollektiven Person konzipiert, sondern als Vielheit. Konstitutionelle Demokratie bedeutet, dass die Pluralität des Volkes und die Gegensätzlichkeit von Interessen, Weltsichten, Werten und Zukunftsvisionen innerhalb der Gesellschaft die Grundlage für die Organisation einer kollektiven Willensbildung sind, diese anerkennt und ihnen Raum gibt. Das Demokratiemodell, das diese Fragmentierung des Trägers der politischen Gewalt ignoriert, ja leugnet, nennt sich Volksdemokratie und verrät mit diesem hilflosen Pleonasmus mehr oder weniger bewusst, dass das Volk der Demokratie als aktive Kraft keine gegebene selbstverständliche Größe ist, sondern erst durch demokratische Prozesse geformt werden muss.

Das klingt paradox, erwartet man doch, dass die Demokratie die Existenz des Volkes voraussetzt. Aber tatsächlich ist das Volk der Demokratie keine Naturgegebenheit, sondern das Ergebnis eines bewussten und organisierten Prozesses der Herausbildung des Volkes als zur Selbstregierung fähiges politisches Subjekt. In der Begeisterung der demokratischen Bewegung in Deutschland im Jahre 1848 schrieb der Dichter Ferdinand Freiligrath: »Noch gestern, Brüder, wart ihr nur ein Haufen; ein Volk, o Brüder seid ihr heut«.[9] Das trifft den Kern des geschichtlichen Auftrags der Errichtung und Verteidigung der Demokratie. Die zuweilen quälend langsame und hindernisreiche Strecke vom *Haufen* zum *Volk* können wir als Prozess der Verfassungsgebung bezeichnen. Dieser Prozess ist gewissermaßen ein Vorgang der Selbst-Politisierung eines *Haufens* von *Brüdern*, der die vorpolitische und abgeschlossene Gemeinsamkeit der Familie verlässt und im Medium von Öffentlichkeit eine politische Verbindung herstellt, die offen für Neues, Fremdes, Anderes, Widersprüchliches und Zukünftiges ist. *Populus* und *Publikum* bilden die Grundlage dieser neuen Gemeinschaft, verkörpert in der konstitutionellen Demokratie.[10] Dieser Typus von Demokratie besteht daher aus institutionellen Gewährleistungen lebendiger Vielfalt. Dazu gehören Gewaltenteilung, Unabhängigkeit der Justiz, Verantwortlichkeit der Regierung, unabhängige, zivilgesellschaftlich getragene Arenen öffentlicher Kommunikation und politischen Streits, der grundrechtliche Schutz der elementaren Bedürfnisse und Interessen von Individuen und Gruppen sowie Minderheitenschutz und faire Wettbewerbsbedingungen im Kampf um demokratische Macht.

Worin besteht nun die von vielen behauptete Krise dieses hier skizzierten Modells der konstitutionellen Demokratie? Ohne Zweifel gibt es – übrigens nicht nur in Europa – eine große Zahl von konstitutionell organisierten Staaten, in denen immer mehr Menschen unzufrieden mit diesem politischen System sind und unverkennbar eine Vorliebe für autoritäre Herrschaftsformen und Herrscher äußern. Wenn man genauer hinsieht, wird man schnell entdecken, dass es sich hier nicht um die Legitimitätszweifel an irgendeiner der zahlreichen in der Welt bestehenden Herrschaftssysteme handelt. Es spricht vielmehr einiges dafür, dass es der Anspruch der *liberalen Demokratie* auf universelle Geltung ist, der Kritik und Ablehnung herausfordert. Wir erinnern uns, dass nach dem Zusammenbruch des Sowjetimperiums vielerorts die *liberale Demokratie* als die einzig verbliebene legitime Herrschaftsform galt; der amerikanische Politikwissenschaftler Francis Fukuyama vertrat bereits kurze Zeit vor dem

Zusammenbruch des Sowjetimperiums die seinerzeit vieldiskutierte und von vielen geteilte These, dass die Menschheit mit der Universalisierung der Idee der westlichen liberalen Demokratie am Zielpunkt der Geschichte angelangt sei.[11] Diese Annahme, von Anfang ohnehin fragwürdig, hat sich nun mit der verbreiteten Ablehnung dieses Demokratiemodells endgültig erledigt. Aber rätselhaft bleibt es dennoch, warum es gegenwärtig derart unter Druck geraten ist. Jahrzehntelang galt es dort, wo es etabliert war, ebenso wie in vielen Ländern, die unter verschiedenen Varianten autokratischer Herrschaft lebten, als erstrebenswerte politische Existenzform. Vor einigen Jahren beobachtete allerdings Ivan Krastev, Experte für die Entwicklung postsowjetischer Gesellschaften, »dass sich in den letzten beiden Dekaden der Globalisierung die Zahl der Demokratien auf der Welt drastisch erhöht hat, im selben Zeitraum verzeichnen Meinungsforscher aber auch einen dramatischen Anstieg der Unzufriedenheit der Öffentlichkeit mit der Leistung demokratischer Regierungen. Es scheint, dass es keine Alternative zur Demokratie gibt, die Bürger demokratischer Länder aber zugleich von ihr enttäuscht sind«.[12] Diese Feststellung benennt ein Paradox. Wie kann es sein, dass viele Menschen die konstitutionelle Demokratie normativ als alternativlos ansehen und ihr dennoch mit Skepsis begegnen?

Wir sollten hier zwischen objektiven Leistungsmängeln der konstitutionellen Demokratie und den Zweifeln an ihrer Rechtfertigungsfähigkeit unterscheiden. Es kann ja sein, dass die Zweifel an der Qualität der konstitutionellen Demokratie, in vielen Fällen auch ihre unverhohlene Ablehnung, gar nicht auf Leistungsdefiziten, sondern auf veränderten Maßstäben für die Legitimität politischer Herrschaft beruhen. Für eine solche Vermutung spricht der Umstand, dass in den Staaten, in denen rechtspopulistische Bewegungen besonders stark sind, die konstitutionelle Demokratie in dem Feld keineswegs versagt, das üblicherweise den Maßstab der Leistungsfähigkeit von Regierungen und politischen Systemen bildet, nämlich die Wirtschaftsleistung. In Finnland, Schweden, Dänemark, den

Niederlanden, Frankreich und Österreich – sämtlich Mitgliedstaaten der Europäischen Union – gibt es zweifellos Gruppen der Bevölkerung, die von der Teilhabe an der Wirtschaftskraft dieser Länder weitgehend ausgeschlossen sind und also Grund hätten, mit dem politischen System der konstitutionellen Demokratie unzufrieden zu sein. Doch diese Menschen bilden gar nicht das Gros der Wähler der populistischen, der konstitutionellen Demokratie skeptisch bis ablehnend gegenüberstehenden Parteien. Den tragenden Hauptanteil bilden die »bedrohten Mittelschichten [...], auch wenn ihre Misere weniger eine tatsächliche, sondern eine v.a. subjektiv empfundene, von Verlust- und Abstiegsängsten begleitete ist«.[13] Demokratieforscher sprechen vom »›Extremismus der Mitte‹, wenn bislang gemäßigte Wählergruppen ›ausbrechen‹ und ihre Stimmen jenen Protestparteien geben, die auf die Komplexität der Probleme mit einfachen Schuldzuweisungen reagieren«.[14]

Hieraus lässt sich schließen, dass es in den Bevölkerungen jedenfalls der europäischen Staaten Bedürfnisse gibt, auf die deren jeweilige politische Systeme der konstitutionellen Demokratie nicht angemessen reagieren. Offenbar geht es dabei nicht um das seit dem 19. Jahrhundert die Demokratietheorie beherrschende Thema der sozialen Gerechtigkeit im Sinne der Gerechtigkeit der Güterverteilung, sondern um das vielleicht noch elementarere Bedürfnis nach Anerkennung ihrer Identität, für die sie Respekt erwarten und fordern. Anerkennung ist eine psychologische, im gesellschaftlichen Zusammenhang aber auch eine moralische Kategorie. In dieser Perspektive wird das Individuum nicht als autonomes Subjekt, sondern in seinem wechselseitigen Verhältnis zu anderen und zur Gesellschaft insgesamt betrachtet. In diesen Verhältnissen bestehen Affekte wie Liebe, Hass, Eifersucht, Scham et cetera; aber, wie zuerst Rousseau bemerkte, gehen aus ihm auch »die ersten Pflichten des geselligen Betragens hervor, selbst unter den Wilden«, mit der Folge, dass die in einer unrechtmäßigen Handlung (wie beispielsweise Diebstahl oder Raub) ausgedrückte Geringschätzung gegenüber einer Person

»oft unerträglicher war als der Schaden selbst«.[15] In Hegels Philosophie bildete der Kampf der Individuen um die Achtung ihrer Person die Grundlage seiner Sozialtheorie,[16] die bis auf den heutigen Tag in den politischen Forderungen sozialer Bewegungen fortwirkt.[17] Die allgemeinste und für die konstitutionelle Demokratie charakteristische Form der Anerkennung besteht darin, jedem Menschen das Recht auf gleiche Würde und Achtung zu gewährleisten und dieses Recht zu respektieren. Meist sind es gesellschaftliche Minderheiten, die die Verletzung dieses Rechts beklagen, weil sie von öffentlichen Institutionen, aber auch im gesellschaftlichen Verkehr diskriminiert werden. Es ist Teil des politischen Prozesses in konstitutionellen Demokratien, für die Beendigung aller Formen der Missachtung bestimmter Gruppen der Bevölkerung zu kämpfen und ihren Achtungsanspruch durchzusetzen. Man wird daher sagen können, dass in einer funktionierenden konstitutionellen Demokratie diese grundlegende Form der Anerkennung generell gewährleistet ist.

Wenn also die oben zitierte Unzufriedenheit bedeutsamer Teile der Bevölkerungen in den westlichen Demokratien mit der Leistung ihrer demokratischen Regierungen weder durch eine bedrückende Wirtschaftslage noch durch einen Mangel an Respekt der öffentlichen Institutionen für die Bevölkerung insgesamt oder einzelne Gruppen plausibel erklärt werden kann, dann stehen wir vor einem Rätsel. Man könnte die Frage stellen, ob die um sich greifende Ablehnung der konstitutionellen Demokratie darauf beruht, dass bestimmte Gruppen der Gesellschaft die Anerkennung bestimmter nationalistischer, xenophobischer, rassistischer und anderer auf Missachtung gerichteter Präferenzen und Lebensformen verlangen und frustriert erkennen, dass diese Forderung nach Anerkennung verweigert wird, weil sie den Prinzipien der konstitutionellen Demokratie grundlegend widersprechen würde. Man könnte dann von einer sozialen Pathologie sprechen. Axel Honneth bezeichnet als soziale Pathologie Entwicklungen, »die zu einer nennenswerten Beeinträchtigung der rationalen Fähigkeiten der Gesellschaftsmitglieder führen, an maßgeblichen Formen der sozialen Kooperation teilzunehmen«.[18] Wohlgemerkt, ich spreche hier nicht von *Psycho*pathologien, obwohl die gesellschaftlichen Ursachen sozialer Pathologien, wie Honneth schreibt, auch Rückwirkungen auf die Befindlichkeit von Individuen haben können, »die sich in schwer greifbaren Stimmungen der Niedergedrücktheit und Orientierungslosigkeit offenbaren«.[19]

Diese Beobachtung ist vielleicht ein Fingerzeig, der darauf verweist, dass die konstitutionelle Demokratie selbst gar nicht die primäre Ursache für die auf sie zielende Aggressivität ist, sich aber Hass und Verachtung auf sie richten, weil sie, solange sie funktioniert, einem aus einer allgemeinen gesellschaftlichen Frustration hervorgehenden Zerstörungsdrang im Wege steht. Die Geschichte bietet ja genügend Beispiele dafür, dass sich diffuse Unzufriedenheit, Enttäuschungen und Ängste in destruktiven Kollektivhandlungen gegen Objekte richten, die mit den Ursachen dieser Affekte wenig bis gar nichts zu tun haben. Das klassische Beispiel ist die Anzettelung von Kriegen gegen einen äußeren Feind, durch die einem unbestimmten Hass von der politischen Führung eine konkrete *rationale* Begründung und Richtung gegeben wird. Innerstaatlich werden häufig unpopuläre Minderheiten zum Opfer solcher gelenkter Aggressionen. Gegenwärtig spielt diese Rolle des Sündenbocks in Europa *Brüssel* als Inbegriff der EU. Auch hier steht die konstitutionelle Demokratie einer ungehemmten Entfaltung von Ressentiments, erfundenen Tatsachenbehauptungen und bizarren Feindkonstruktionen nach dem Muster »Es kann doch kein Zufall sein, dass …« im Wege. Denn mit ihren institutionellen Garantien von Kommunikations- und Wissenschaftsfreiheit, den diese stützenden Garantien persönlicher Freiheit und Sicherheit und dem Prinzip legaler Herrschaft bildet sie eine Barriere gegen das Abgleiten der erwähnten »schwer greifbaren Stimmungen der Niedergedrücktheit und Orientierungslosigkeit« in kollektive Wahnvorstellungen und -handlungen. Ich sage, die konstitutionelle Demokratie bildet dagegen eine Barriere – ich kann aber nicht sagen, dass diese Barriere unübersteigbar ist. Und tatsächlich gibt es Anzeichen, dass sie übersteigbar ist. Dazu der letzte Abschnitt dieser Überlegungen.

IV.

Oben habe ich die Krise von '68 als Transformationskrise gekennzeichnet, als eine kritische und zugleich produktive Übergangsphase zwischen einem in Auflösung begriffenen überkommenen und einem sich abzeichnenden neuen Zustand politisch-sozialer Verhältnisse mit dem Ergebnis eines erweiterten Raumes für demokratische Lebensformen. Die daraus hervorgegangenen Neuerungen habe ich skizziert. Sie waren natürlich nicht das Ergebnis planvollen Handelns auf der Grundlage einer durchdachten Strategie der Demokratieerneuerung. Man kann sie eher als das sich allmählich herausschälende Ergebnis eines vielfältigen Experimentierens verstehen, das das Ungenügen an den als starr und selbstgerecht empfundenen Formen des damaligen Zustandes der Demokratie zum Ausdruck brachte. Es stimmt schon, in diesem Prozess äußerte sich auch eine teilweise überzogene Parlamentarismuskritik, verbunden mit Versuchen der Wiederbelebung der Idee der Rätedemokratie, die im revolutionären Russland, aber auch in der Novemberrevolution von 1918 in Deutschland zeitweise eine bedeutende Rolle gespielt hatte. Alle diese experimentellen Initiativen kreisten um den zentralen Gedanken, demokratische Selbstbestimmung in die Mitte der Gesellschaft und in die Lebenswelten der Menschen zurückzuholen. Das Ergebnis können die damaligen Zeitgenossen heute als Großeltern erleben. Sie leben nicht im Paradies, das ihnen aber auch niemand versprochen hatte, aber doch in einer Gesellschaft, die offener, vielfältiger, freier, toleranter und in der Behandlung ihrer Spannungen und Konflikte umsichtiger, intelligenter und kreativer ist als die ihrer eigenen Eltern und Großeltern.

Es mag daher lohnen, einen vergleichenden Blick auf die derzeit diagnostizierte Demokratiekrise zu werfen. Es wäre schön, wenn die heute lebenden zukünftigen Großeltern ein ähnliches

Urteil über die gesellschaftliche und politische Entwicklung seit ihrer Jugendzeit würden fällen können. Allerdings stellt sich Skepsis ein, wenn man sich vergegenwärtigt, welche alternativen Formen demokratischer Herrschaft jene vorschlagen, die heute mit dem aktuellen Zustand der konstitutionellen Demokratie unzufrieden sind. Ging es damals um die Vergesellschaftung der Demokratie, so müsste die heutige Krise, folgte man der Rezeptur der gegenwärtigen Herausforderer, im autoritären Staat enden. Die von ihnen vorgeschlagene Kur beginnt mit der Überzeugung, dass Demokratie – Herrschaft des Volkes – die Herrschaft der Mehrheit des Volkes und ihres politischen Willens ist. Gegenkräfte mit eigenen Rechten, die nach dem Konzept der konstitutionellen Demokratie einen notwendigen Bestandteil der Demokratie bilden, weil auch sie zum Volk gehören, gelten als Hemmnisse dieser Mehrheitsdemokratie und deren Effektivität. Dabei ist *Mehrheit* ein sehr formbarer Begriff. Häufig umfasst er je nach Wahlbeteiligung lediglich eine Minderheit der Gesamtbürgerschaft; in den USA besteht sie zuweilen – wie auch bei der gegenwärtigen Präsidentschaft – dank der verzerrenden Wirkungen des Wahlsystems sogar nur aus der Minderheit der Wähler. Die Fixierung auf die Mehrheit, an sich eine demokratische Tugend, erzeugt die fast unwiderstehliche Versuchung für politische Unternehmer, die Plastizität dieses Begriffs für verschiedene Deutungen und Bedeutungen kreativ auszubeuten. Das Prinzip »Mehrheit ist Mehrheit« schirmt dabei vielfältige Manipulationen gegen Kritik und Einspruch ab. Und es bildet den Einstieg in eine politisch-konstitutionelle Dynamik, deren Ergebnis die in Princeton lehrende US-amerikanische Verfassungssoziologin Kim Lane Scheppele als »Demokratur« bezeichnet, in der ein »Demokrator« herrscht. Das Muster dieser Transformation hat sie anhand der jüngsten Entwicklungen in Ungarn, Polen, Russland, Venezuela, Ecuador und Türkei herausgearbeitet und folgendermaßen beschrieben:

»Zunächst gewinnt ein ehrgeiziger und machthungriger Führer eine Wahl, manchmal so frei und fair, wie es das in dem Land bestehende Wahlgesetz erlaubt, aber manchmal auch mit ein bisschen Unterstützung durch Wahlmanipulation. Ausgerüstet mit diesem Wählermandat und sich darauf berufend, nimmt der Demokrator rasch Änderungen der Verfassung oder andere größere institutionelle Veränderungen vor, bevor die Blüte der ›Rose der Wahl‹ verwelkt ist. Dies geschieht manchmal durch die Ausarbeitung einer vollkommen neuen Verfassung, manchmal genügen auch Verfassungsänderungen. Manchmal ändert der Demokrator einfache Gesetze, um die Struktur wichtiger Institutionen zu ändern. Manchmal reicht die Kontrolle des Verfahrens der Besetzung bestimmter Ämter, um die erstrebten Ziele zu erreichen. Welcher Weg auch immer beschritten wird, das Zielobjekt, das kaltgestellt werden soll, ist klar: die unabhängige Justiz, insbesondere Verfassungsgerichte (wo sie existieren); die pluralistischen Medien; unabhängige Agenturen, insbesondere solche, die Transparenz- und Rechenschaftspflichten unterliegen, und die Zivilgesellschaft, insbesondere jene Organisationen, die von der politischen Opposition kontrolliert werden. All dies muss unter dem Mantel des Rechts und im Namen des demokratischen Mandats erfolgen«.[20]

Mit anderen Worten, nach einer gewonnenen Wahl zieht der Sieger die Leiter zur Macht hinter sich hoch, sodass andere politische Kräfte keine Chance haben, die nächste und alle weiteren Wahlen je zu gewinnen, weil die Verfassungsordnung zu einer Festung der einmal errungenen Macht im Sinne eines autoritären Regimes in vielen einzelnen legalen und para-legalen Schritten umgebaut worden ist. Denn Wahlen finden durchaus noch statt und können dem Volk unter diesen Bedingungen auch gefahrlos gewährt werden. Demokratieforscher sprechen von *competitive authoritarianism* und von *elections without democracy*.[21] Denn heute geschieht die Umwandlung der konstitutionellen Demokratie in ein autoritäres Regime nicht mehr im Wege der Machtübernahme einer militanten, explizit antikonstitutionellen Partei, begleitet von Einschüchterung durch den Terror der

Straße wie 1933 durch die Nazis oder 1948 durch die Kommunisten in der Tschechoslowakei. Auch ein Militärputsch durch Obristen, wie noch 1967 in Griechenland vorgefallen, ist nicht mehr zeitgemäß, jedenfalls nicht im Einflussbereich *westlicher* Demokratien. Heute vollzieht sich die Transformation konstitutioneller Demokratien in ein autokratisches Regime im Rahmen der formellen Vorgaben des Verfassungsparadigmas.

Von ihren Exponenten und Verteidigern wird dieser Regimetyp in polemischer Abgrenzung zur *liberalen* Demokratie als *illiberale Demokratie* gerechtfertigt; es wird Wert darauf gelegt, dass es sich hierbei um eine Demokratie handele. (Vermutlich mit Blick auf die sowjetische Vergangenheit wird das an sich passende Wort *Volksdemokratie* vermieden.) Das geschieht offenbar in der Absicht, diesem politischen Herrschaftstypus einen gleichwertigen Status innerhalb der Pluralität legitimer Varianten von Demokratie zu verschaffen.[22] Tatsächlich handelt es sich, ganz im Geiste des scharfsinnigsten Kritikers der Weimarer Verfassung und Kronjuristen der Anfangsjahre des Naziregimes, Carl Schmitt, um eine Form der Mehrheitsdiktatur, wobei, wie erwähnt, auch die ursprüngliche Mehrheit zuweilen durchaus auch aus einer Minderheit bestehen kann – eine Art von Demodiktatur. Schon im Frühstadium der Weimarer Republik hatte Schmitt ohne die heute offenbar für nötig befundene Verhüllung verkündet, dass eine Diktatur auch auf demokratischer Grundlage möglich sei.[23] Das war nur möglich, weil er einen Begriff von Demokratie vertrat, dessen Urtypus das physisch versammelte sprachlose Volk war, das durch Akklamation oder Murren seinen Willen kundtut.[24] Das ist eine offene Einladung an entschlossene politische Führer, sich zum Sprecher der Sprachlosen zu erklären, in deren Namen die Macht zu erobern und sie nicht mehr loszulassen, denn das wäre gleichbedeutend mit *Volksverrat*, ein bezeichnenderweise auch heute wieder bei Anhängern einer *illiberalen Demokratie* auftauchender Begriff.

Dies betrifft die institutionelle Seite der Überwindung der konstitutionellen Demokratie. Sie hat natürlich auch eine materielle

Dimension; für die Lebensbedingungen der Menschen ist sie sogar die wichtigere. In ihr finden sich Korruption, Massenarmut, Repression und Politiken, deren Hauptanstrengungen, wie es Ivan Krastev am Beispiel Russlands beschreibt, darin bestehen, das Versagen und die Unfähigkeit des Regimes zu verbergen. Man mag einräumen, dass es all das in konstitutionellen Demokratien ebenfalls gibt, und daran ist etwas Wahres. Auch dort gibt es Ungerechtigkeit, Machtmissbrauch, verschiedenste Formen gesellschaftlicher Vernachlässigung und Unterdrückung von Bedürfnissen, Zustände also, die nach Veränderung schreien – ja, schreien. Aber es macht einen Unterschied, ob eine Regierung ihr Versagen und ihre Unfähigkeit dadurch verbergen kann, dass sie ihre Kritiker mit Gewalt zum Schweigen bringt, um die Schreie aus dem Mund der Vergessenen und Vernachlässigten nicht hören zu müssen, oder ob sie diese Kritik ertragen muss. Es gehört zu den Paradoxien des Politischen, dass je mehr Kritik erlaubt und möglich ist, desto weniger Gründe es für die Kritik gibt. Und die Energie, die soziale Intelligenz und die Kreativität der Menschen können sich auf die Verbesserung der Gesellschaft richten. Das macht, in wenigen Worten kondensiert, den Unterschied zwischen '68 und den Aspirationen jener aus, die eine *illiberale* Demokratie einführen wollen. Lassen wir uns nicht einreden, dass in der Herausforderung durch diese Bestrebung eine Krise der konstitutionellen Demokratie liegt. Die Idee einer *illiberalen Demokratie* stellt keine ernsthafte Alternative zur konstitutionellen Demokratie dar.

Was wir dagegen erleben, ist eine sozio-pathologische Reaktion auf gesellschaftliche Probleme, für die die konstitutionelle Demokratie in der Tat noch keine angemessene Antwort gefunden hat und vermutlich auch auf einzelstaatlicher Ebene nicht finden kann. Diese Probleme folgen aus der Entgrenzung der nationalen Staaten im Zuge der Globalisierung, die in Teilen der Bevölkerungen zu jenen von Honneth konstatierten »schwer greifbaren Stimmungen der Niedergedrücktheit und Orientierungslosigkeit« geführt haben, die mit dem Verlust des

Gefühls der Sicherheit einhergehen, das die einstmals staatlich kontrollierten Grenzen vermittelt haben. Die selbst im insularen Großbritannien wirkungsmächtige, den Brexit treibende Forderung einer Mehrheit unter den Briten, die Kontrolle über ihre Lebensform durch Lösung aus den wechselseitigen Verflechtungen mit der EU wiedergewinnen zu wollen,[25] bezeugt die verbreitete, durch staatlich-politische Entgrenzung ausgelöste Orientierungslosigkeit breiter Schichten der seit Jahrhunderten in geschlossenen Staaten lebenden Bevölkerungen. Dass das Programm des *my-country-first*-Nationalismus der Rückwendung zum geschlossenen *Container-Staat* der Vergangenheit ein Produkt von Täuschung und Selbsttäuschung ist, dürfte bald allgemeinkundig sein.

Die Herausforderung der konstitutionellen Demokratie durch die entgrenzenden Wirkungen der Globalisierung kann nicht dadurch bestanden werden, dass die existierenden konstitutionellen Demokratien das heute erreichte Niveau demokratischer Herrschaft bis zur Grenze der Selbstaufgabe absenken. Um den wohl berühmtesten Satz der Wahlkampagne zur amerikanischen Präsidentenwahl 2016 zu zitieren, gesprochen von Michelle Obama: »when they go low, we go high«. Die Zukunft der konstitutionellen Demokratie liegt in der Erweiterung ihres Ethos – nicht notwendigerweise jedes einzelnen ihrer institutionellen Elemente – auf die Ebene der transnationalen Verflechtung der nationalen Staaten und ihrer Zivilgesellschaften. Keiner weiß, wie eine transnational wirkende Demokratie der Zukunft aussehen wird – umso dringlicher ist die Aufgabe, intensiv über sie nachzudenken und sie zu imaginieren. Das ist heute ein zwingendes Element einer effektiven Verteidigung der konstitutionellen Demokratie, eines buchstäblichen Weltkulturerbes.

1 Jan Otmar Hesse et al. *Die Große Depression. Die Weltwirtschaftskrise 1929–1939*, Frankfurt a. M. 2014.

2 Franz Jánossy, *Das Ende der Wirtschaftswunder. Erscheinung und Wesen der wirtschaftlichen Entwicklung*, 2. Aufl. Frankfurt a. M. 1966 (Neuauflage 1969)

3 Reinhart Koselleck, Artikel ›Krise‹, in: Otto Brunner/Werner Conze/Reinhart Koselleck (Hrsg.), *Geschichtliche Grundbegriffe. Historisches Lexikon zur politisch-sozialen Sprache in Deutschland*, Stuttgart 1982, Bd. 3, S. 617–650 (627).

4 Der Hinweis auf Schumpeter bei Frank Schorkopf, ›Finanzkrisen als Herausforderung der internationalen, europäischen und nationalen Rechtsetzung‹, in: *Veröffentlichungen der Vereinigung der Deutschen Staaatsrechtslehrer* 71 (2012), S. 183–225 (188 f.).

5 Vgl. hierzu und zum Folgenden Ulrich K. Preuß, ›Die Erbschaft von »1968« in der deutschen Politik‹, in: Michael Buckmiller/Joachim Perels (Hrsg.), *Opposition als Triebkraft der Demokratie. Bilanz und Perspektiven der zweiten Republik. Jürgen Seifert zum 70. Geburtstag*, Hannover 1998, S. 149–163.

6 Aus soziologischer Perspektive Ronald Inglehart, *The Silent Revolution. Changing Values and Political Styles among Western Publics*, Princeton 1977; ders., ›Post-materialism in an Environment of Insecurity‹, in: *American Political Science Review* 75 (1981), Nr. 4, S. 880–900.

7 Zum Zusammenhang von moralischer und politischer Krise immer noch grundlegend Reinhart Koselleck, *Kritik und Krise. Ein Beitrag zur Pathogenese der bürgerlichen Welt*, Freiburg/München 1959.

8 Für Anfänger Kwame Anthony Appiah, ›The Politics of Identity‹, in: *Daedalus* 135 (2006), Nr. 4, S. 15-22.

9 Zit. nach Artikel ›Volk‹, in: *Trübners Deutsches Wörterbuch*, Berlin 1956, Bd. 7: T–V, S. 689 ff. (691 f.).

10 Carl Theodor Welcker, Artikel ›Oeffentlichkeit‹, in: Carl von Rotteck/Carl Theodor Welcker (Hrsg.), *Das Staats-Lexikon. Enzyklopädie der sämtlichen Staatswissenschaften für alle Stände*, Altona 1834, Bd. 10, S. 246–282 (249).

11 Francis Fukuyama, ›The End of History?‹, in: *The National Interest* 16 (Sommer 1989), S. 3–18.

12 Ivan Krastev, ›Totgesagte leben länger. Autokratie im Zeitalter der Globalisierung‹, in: *Transit. Europäische Revue* 22 (Winter 2011/2012), Heft 42, S. 7–23 (9).

13 Vgl. Werner T. Bauer, *Rechtsextreme und rechtspopulistische Parteien in Europa*, hrsg. v. d. Österreichischen Gesellschaft für Politikberatung und Politikentwicklung, Wien, November 2016, S. 23, http://www.politikberatung.or.at/uploads/media/Rechtspopulismus_01.pdf.

14 Ebd., S. 24.

15 Jean-Jacques Rousseau, *Diskurs über die Ungleichheit*, 3. Aufl. Paderborn 1993, S. 191.

16 Hierzu Axel Honneth, *Kampf um Anerkennung. Zur moralischen Grammatik sozialer Konflikte*, Frankfurt a. M. 1992, S. 11 ff.

17 Einen guten Überblick gibt Mattias Isers Artikel ›Recognition‹, in: *Stanford Encyclopedia of Philosophy 2013* (online), https://plato.stanford.edu/entries/recognition/.

18 Axel Honneth, *Das Recht der Freiheit. Grundriß einer demokratischen Sittlichkeit*, Berlin 2011, S. 157.

19 Ebd., S. 158.

20 Kim Lane Scheppele, *The End of the End of History*, unveröffentlichtes Manuskript, S. 1–38 (15) [Übersetzung UKP]; vgl. auch dies., ›Constitutional Coups and Judicial Review: How Transnational Institutions Can Strengthen Peak Courts at Times of Crisis (With Special Reference to Hungary)‹, in: *Transnational Law & Contemporary Problems* 23 (2014), Nr. 1, S. 51–117.

21 Steven Levitsky/Lucan A. Way, *Competitive Authoritarianism. Hybrid Regimes after the Cold War*, Cambridge, Mass. 2010; dies., ›The Rise of Competitive Authoritarianism‹, in: *Journal of Democracy* 13 (2002), Nr. 2, S. 51–65.

22 Vgl. hierzu Jan-Werner Müller, ›»Illiberale Demokratie?«‹, in: *Transit. Europäische Revue* (Winter 2015/Frühjahr 2016), Heft 48, S. 9–18; ders., *Wo Europa endet. Ungarn, Brüssel und das Schicksal der liberalen Demokratie*, Berlin 2013.

23 Carl Schmitt, *Die Diktatur. Von den Anfängen des modernen Souveränitätsgedankens bis zum proletarischen Klassenkampf*, 4. Aufl. Berlin 1978 [Erstausgabe 1921], S. XII; ders., *Verfassungslehre*, Berlin 1965 [Erstausgabe 1928], S. 237.

24 Carl Schmitt, *Verfassungslehre*, ebd., S. 83 f. Sarkastisch und mit einem Schuss Übertreibung könnte man mit Blick auf die gegenwärtige Türkei sagen, dass dieser autoritär-demokratische Urtypus sogar ziemlich genau die Rolle des Volkes in der Konzeption der *illiberalen Demokratie* spiegelt – sprachlos und vorsprachlich (durch Hupen und Fahnenschwingen in Autokorsi) seine Emotionen ausdrückend.

25 Die dominanten Parolen in der Brexit-Kampagne lauteten: »We want our country back« und »Taking back control«.

Ulrich K. Preuß, 1939 geboren, studierte Rechtswissenschaften in Kiel und Berlin. Nach Stationen als Rechtsanwalt mit den Schwerpunkten öffentliches Recht und politische Strafverteidigung sowie Professuren für öffentliches Recht an der Universität Bremen und an der FU Berlin und Gastprofessuren in den USA lehrte er bis zu seiner Emeritierung 2010 Staatstheorie an der Hertie School of Governance. 1989/90 war er an der Ausarbeitung des Verfassungsentwurfs des Runden Tischs für die DDR beteiligt. Bei Wagenbach erschien u.a. *Revolution, Fortschritt und Verfassung. Zu einem neuen Verfassungsverständnis* (1990).

Barbara Sichtermann

Freiheit und Glück
als politische Kategorien

Das *Streben nach Glück*, das als Grundrecht in der amerikanischen Verfassung steht, ist eine interpretationswürdige Formel. Sie folgt auf die beiden Losungen *Leben* und *Freiheit* und ist mit beiden verknüpft. Wer unfrei ist, kann nicht glücklich sein, und wer etwas unternimmt, um glücklich zu werden, wird für seine Freiheit kämpfen. Aber da das *Streben* eigens genannt wird, muss es noch etwas anderes bedeuten als Freiheit. Vielleicht kann man so sagen: Während Freiheit noch eine abstrakte politische Kategorie ist, umfasst das Streben nach Glück die Ausführungsbestimmungen der Freiheit, es steht für die Garantie einer Vielfalt von Lebensumständen, unter denen das Individuum sein Glücksprogramm finden oder herstellen kann. Das Land der unbegrenzten Möglichkeiten will diese Vielfalt anbieten und schützen, und seine Bürgerschaften sollen sie tagtäglich erweitern. Eine großartige Idee.

Im Grundgesetz der Bundesrepublik fehlt sie. Wahrscheinlich glaubte man, als das Grundgesetz verfasst wurde, dass es ausreiche, die Menschenrechte zu garantieren, wobei die Menschenwürde besonders betont wurde. Aber das Wort Glück wurde nicht hineingeschrieben. Schade, es würfe einen besonderen Glanz auf ein so gewichtiges Papier wie das Grundgesetz. Vielleicht fürchteten die Eltern der Verfassung damals, nach der verheerenden Niederlage im Weltkrieg und nach den Jahren der Diktatur, sie hätten kein Recht auf Glück. Aber die Nachgeborenen sahen das anders. Als in den Jahren um 1968 Studenten, Lehrlinge, Künstler, Musiker, Freiberufler, Ostermarschierer, Wehrdienstverweigerer, Journalisten, Frauen und selbst Gelehrte auf die Straße gingen, um gegen den Krieg in Vietnam und Altnazis in der Verwaltung zu demonstrieren, als diese Protestler Wohnkommunen gründeten, um freier zu leben, als sie sich massenhaft zu Kollektiven zusammenfanden, um anders zu lernen, zu arbeiten, zu kommunizieren und zu lieben, da fügten sie, so kann man es verstehen, den fehlenden Passus vom Streben nach Glück in das gesellschaftliche Zusammenleben nachträglich ein. Die Gesellschaft staunte, und viele dachten: Ja, warum eigentlich nicht? Sie machte von sich reden, die Neue Linke, die antiautoritäre Bewegung, die Außerparlamentarische Opposition (APO). Es wurde vieles ausprobiert in jenen Jahren, und was besonders überzeugte und bereichsweise überlebte, ist eine veränderte Einstellung gegenüber den Ausführungsbestimmungen der Demokratie: Auch Lehrlinge und Putzfrauen sollen mitreden auf einer Betriebsversammlung, Hierarchien müssen nicht steil, sie können flach sein oder ganz entfallen, und Kritik an Vorgesetzten ist weniger eine Unverschämtheit als vielmehr eine Notwendigkeit. Widerspruch ist wichtig und Abweichung von der Norm erwünscht. Der Gehorsam als Modus der Verständigung in Organisationen, zwischen den Generationen und zwischen Männern und Frauen gehört zum alten Eisen einer versunkenen Epoche. Jugendliche sollen in Wohngemeinschaften ziehen können, ohne ihre Eltern bitten zu müssen, Liebende zusammenkommen, ohne einen Trauschein vorzulegen, und Frauen haben noch andere Lebensziele als Kaffeekochen für die Kerle. Arbeit muss nicht entfremdet und unerträglich sein, es gibt Alternativen. Was häufig als Modernisierungsprogramm für die westlichen Gesellschaften bezeichnet wurde, das ohnehin auf der Tagesordnung stand, war viel mehr: Es war eine Blaupause für das *Streben nach Glück*.

Aber die Freiheit, die eine Voraussetzung für dieses Streben war, musste erst einmal erkämpft werden. Und da ging es nicht immer gemütlich zu. Um die Ordinarienuniversität umzukrempeln, die Nibelungentreue zur Krieg führenden USA anzuprangern, die Kulturferne der Konsumgesellschaft aufzudecken und Öffentlichkeit für die Anliegen von Lehrlingen, Liebespaaren, Frauen, Migranten und Kindern zu erstreiten, musste die Anhängerschaft der APO immer wieder auf die Straße gehen. Und: War nicht am Sozialismus mehr dran als das, was die Diktaturen im Ostblock daraus gemacht hatten? Verhängte nicht der Kapitalismus, dem schönen Grundgesetz zum Trotz, jede Menge Unfreiheit über die Lohnabhängigen? Wo blieb das Glück? Steine flogen, der Protest wurde militant. Das war nicht nur in der Bundesrepublik so, die Revolte tobte in allen entwickelten Ländern. Und da, wo es einen Faschismus gegeben hatte, in Italien und Deutschland, weckte die staatliche Gegenwehr eine so tiefe Erbitterung, dass einige Rebellen zu scharfen Waffen griffen und untertauchten. Die Rote Armee Fraktion und die Brigate Rosse glaubten wirklich, dass eine Art Endkampf bevorstünde. Andere Kader, die aus der großen Mobilisierung unbedingt mehr machen wollten, gründeten Parteien, die eine Revolution vorbereiteten. Damit war die Bewegung so um das Jahr 1977 herum an ihrem Ende angelangt. Aber die vielen Demonstranten, Hausbesetzer, Anti-AKWlerinnen, WG-Bewohner, Pazifisten, Feministinnen, Gründer linker Verlage und alternativer Buchhandlungen, Szene-Treffs, selbstorganisierter Sommerunis und Kinderläden und Hunderte von Bürgerinitiativen machten weiter. Sie arbeiteten und lebten wirklich anders, und wenn auch die gemeinsame Kasse irgendwann aufgelöst wurde, blieben die Ideen von erweiterter Basisdemokratie mit gleichen Rechten, Pflichten und Löhnen, Einstimmigkeit bei Beschlüssen und Rotation in der Führung oder bei besonders unbeliebten Arbeiten weitgehend intakt. Die Partei der Grünen entstand. Die Schwulen hatten ihr politisches Coming-out. Allerlei restriktive Paragraphen fielen, es gab ein Antidiskriminierungsgesetz. Zu einem Umsturz – von manchen erträumt – war es nicht gekommen. Aber zu einem Mehr an Freiheit als Bedingung für das Streben nach Glück.

Heute, ein halbes Jahrhundert später, verzeichnen wir einen Rechtsruck in vielen europäischen Kernländern und auch in den USA. Man nennt die Parteien, die diese Politik eines neuen Nationalismus betreiben, Populisten, weil sie dem Volk nach dem Maule reden und das Blaue vom Himmel versprechen. Sie verheißen ein altes Glück: Alles soll wieder werden wie früher. Wenn sie die Macht erringen, werden Grenzen dicht gemacht, nationale Währungen wieder eingeführt, Minderheiten nicht mehr geschützt, Frauenrechte kassiert, Migranten ausgebürgert und ein vormodernes Weltbild restituiert. Kann es dazu kommen? Und hat womöglich '68 etwas damit zu tun – insofern es sich hier um eine verspätete rechte Reaktion auf das große linke Festival handelt? Oder auch, weil die 68er nach dem Krieg die Ersten waren, die wieder den Rasen betraten, militant *dagegen* waren und sich was trauten, also für die neue Rechte eine Art Vorbild sein könnten? Nein, mit '68 haben weder die AfD in Deutschland noch der Front National in Frankreich oder Präsident Trump in Amerika was zu tun. Die Populisten sind aus einem ganz anderen Geist geboren, und der wurde aus der Flasche gelassen vor ungefähr 25 Jahren, also auf der halben Zeitstrecke zwischen 1968 und heute. Er heißt *neoliberale Wende* und war die eigentliche politische und kulturelle Antwort auf die Utopien von damals.

Diese Wende antwortete ideologisch, kulturell und strukturell auf den Aufbruch der 1960er Jahre, sie hatte sich aber schon zeitgleich mit einer Abkehr vom Keynesianismus und einer Propaganda der Geldmengensteuerung als vordringliches oder gar einziges Mittel von Wirtschaftspolitik in den USA angekündigt. In England zeigte dann der Thatcherismus in den achtziger Jahren, was gemeint war. Die Elemente von Sozialismus, die in den bürgerlichen Staat hineinoperiert worden waren, um die kapitalistischen Gesellschaften sozialdemokratisch zu befrieden, sollten wieder entfernt, der Staat auf seine Funktion als Wächter einer ungestörten Profitorientierung aller und damit natürlich derjenigen zurückgeschrumpft werden, die als Kapitalbesitzer auch wirklich Profit machen konnten. Diese Politik würde aber doch allen zugutekommen – denn es entstünden jede Menge Arbeitsplätze! Eine Welle von Privatisierungen zog durch Großbritannien, die Gewerkschaften verloren an Macht, Rationalisierungen halfen dabei, Personal zu sparen und Gewinne zu erhöhen, die Restbelegschaften mussten mehr leisten, es kam zu einer enormen Verdichtung und Intensivierung der Arbeit. Besonders beglückt war das Finanzkapital, das lästige Regulierungen loswurde. Diese Politik griff auf den Kontinent über, gewann Fahrt durch den Untergang des Sowjetreiches und explodierte in der Finanzkrise von 2008. Jetzt spätestens war deutlich zu sehen, was der Neoliberalismus angerichtet hatte: Es handelte sich um eine Reorganisation des Kapitalismus mit toller Erhöhung der Gewinnchancen und fühlbarer Verringerung der Lohnquote. Den Besitzenden lachte die Sonne des Glücks, der große Rest begriff, dass er sich warm anziehen musste, fand aber keinen Mantel.

Was das alles mit '68 zu tun hat? Die Neue Linke hatte das Gegenteil von all dem auf die Tagesordnung gesetzt, was der Neoliberalismus propagierte und durchsetzte. Während Thatcher fand, dass der Staat zu teuer sei und dass alle gewinnen, wenn man ihn auf eine Agentur des Kapitalismus reduziert, hatte die Neue Linke wenn schon nicht gleich den Sozialismus als System, so doch eine rigorose staatliche Umverteilung zugunsten der Zukurzgekommenen im Sinn. Die Idee des bedingungslosen Grundeinkommens, die damals schon ventiliert wurde, darf als Beispiel dienen. Die Neoliberalen nun schwärmten von den Anreizen, die von der *Ungleichheit* ausgingen, und behaupteten, dass der alte Spruch, ein jeder sei seines Glückes Schmied, seine Geltung wiedererlangen müsse. Die Kollektiv-Vorstellungen der 68er waren ihnen verhasst, sie setzten auf strikten Individualismus, wenn nicht Egoismus. Das schlechte alte *Alle-gegen-alle* des Sozialdarwinismus, die pure Ellenbogenmentalität spreizte sich als Basis einer illusionslosen Anthropologie. Dass der Mensch in Gesellschaft auch gern für seinen Nächsten eintritt und zur Solidarität fähig ist, wurde als naiver Glaube verirrter Gutmenschen abgetan. Und das neoliberal reduzierte Menschenbild wurde tatsächlich verbindlich. Sogar an den Grundschulen spürte man die Verschärfung der Konkurrenz, besorgte Eltern karrten ihre Sprösslinge von einer Förderung zur nächsten – damit sie es unbedingt später mal auf die Universität schafften, denn junge Leute ohne Abitur bekämen niemals einen Arbeitsplatz. Das Klima wurde rau, das Glück in die Zukunft verschoben. Und die neoliberalen Ideologen freuten sich, dass ihre Saat aufgegangen war. Glücklich wurde allein Dagobert Duck, der in immer mehr Geld baden konnte.

Die desaströsen Konsequenzen des Neoliberalismus zeigen sich offen seit der Finanzkrise. Verlierer ist der kleine Mann, der seine Felle wegschwimmen sieht. Aus dieser Enttäuschung haben die rechtspopulistischen Parteien ihre Programme generiert. Der kleine Mann blickt oft nicht allzu weit durch und glaubt, dass die europäische Einigung schuld ist, wenn es ihm schlecht geht. Oder der Euro. Oder die weltweite Migration, die ihm Angst vor Flüchtlingen einflößt. Oder das politische Establishment, dem er nur Böses zutraut. Die Neue Linke und ihre Utopie eines *public happiness*, geboren aus einem Mehr an Freiheitsgraden und aus der Bereitschaft, das eigene Glück mit dem Glück aller zu verbinden und so auch sich selbst als politischen Menschen zu sehen, hat die Mehrheit der Bevölkerung zur Zeit um '68 sowieso kalt gelassen. Dass also das Scheitern des Neoliberalismus nicht etwa eine erneute Hinwendung zu den Ideen von 68, sondern einen Ruck noch weiter nach rechts zur Folge hat, ist keine Überraschung. Nur: Hätten die Exzesse des Neoliberalismus verhindert werden können, beispielsweise durch eine tätige Besinnung der Sozialdemokratie auf die Gründe ihrer Entstehung, so wäre die Geschichte sozialverträglicher verlaufen und uns die Neue Rechte mit ihren illusionären politischen Programmen vielleicht erspart geblieben. Es ist anders gekommen. In Deutschland war es die SPD zusammen mit den Grünen, die den Finanz- und den Arbeitsmarkt deregulierten und so die Krise mit auslösten, diese Parteien haben sich tatsächlich von den Sirenengesängen der

Neoliberalen einlullen lassen. Dabei weiß man schon sehr lange, dass die heilsame Wirkung eines schlanken Staates ein Märchen ist. Im Wort Neoliberalismus steckt das lateinische Wort Freiheit (= libertas) oder frei (= liber). Frei wollen Liberale die Märkte vom Staat und seinen Eingriffen halten, ihr Glück ist nichts als Ertrag im ökonomischen Sinn. Dass freie Märkte, vor allem freie Arbeitsmärkte, stets den Unternehmern helfen und die Arbeitnehmer berauben, wusste man seit anno Tobak. Das Normalarbeitsverhältnis mit lebenslanger Festanstellung und Kündigungsschutz sowie Lohnfortzahlung im Krankheitsfall und all den anderen Absicherungen gehört nunmehr der Vergangenheit an; Leiharbeit, Projektverträge und Privatisierung der Rentenversicherung heißen die Errungenschaften der neoliberalen Ära. Sie nützen *ausschließlich* den Arbeitgebern. Diese Art Marktfreiheit hat nichts mit der Freiheit zu tun, die die 68er meinten. Sie hat sich auch nicht nur als Reaktion auf die sozialistischen Impulse, die von '68 ausgingen, durchgesetzt. Sie, beziehungsweise die Ideologie, die sie feiert, lag wie gesagt zeitgleich mit der Protestbewegung schon auf der Lauer und hat sich um sie keinen Deut geschert. Sie war und ist nichts anderes als eine Reorganisation des Kapitalismus zum Zwecke der Profiterhöhung, und sie war erfolgreich. Das heißt nichts anderes als dass die Realeinkommen gesunken sind, die Kluft zwischen Vermögenden und Geringverdienern sich vertieft hat und die Heimathäfen der Solidarität wie Gewerkschaften und linke Parteien an Einfluss verloren haben. Jetzt dürfte klar sein, woher sie kommen, die um ihren Anteil am Kuchen betrogenen Anhänger rechtspopulistischer Parteien, die wieder auf den starken Mann setzen.

Fünfzig Jahre (genau genommen noch etwas länger) ist es jetzt her, dass die Neue Linke zu einer Bewegung wurde, die große Teile der jungen Generation mobilisierte, und noch immer wird an ihr herumgedeutet. Das hängt damit zusammen, dass sie sehr vielschichtig war, sehr heterogen und ihrerseits partiell sehr erfolgreich. Als politische Bewegung, die eine Revolution auslösen wollte, ist sie gescheitert. Als soziale Bewegung, die das

Zusammenleben der Menschen verändern wollte, hat sie viel bewirkt. Als Epoche der Rock-Musik, der Graffiti, des Straßentheaters und vieler anderer Varianten des Pop hat sie die schönen Künste ein Stück weit vom Himmel auf die Erde geholt. Als Freiheitsbewegung hat sie die Ausführungsbestimmungen des Strebens nach Glück veröffentlicht und vervielfältigt. Das ist vielleicht ihr größtes Verdienst. Die rechten Parteien, die heute wieder in die Vergangenheit segeln wollen, müssen jedenfalls irgendeine Ära *vor* den 1960er Jahren im Auge haben. Sie sind eine Reaktion auf den Neoliberalismus und seine den neuen Zeiten und Informationstechnologien angepasste Form von Raubtierkapitalismus, wobei sie diesen Kapitalismus nicht abschaffen, sondern allenfalls zähmen und ansonsten seine Opfer irgendwie entschädigen wollen. Diese vor einem Vierteljahrhundert vollzogene Wende in Politik und Wirtschaft nicht verhindert, sondern sogar befördert zu haben, müssen sich die Linken im Lande allerdings vorwerfen. Aber als es damals zum Schwur kam, war die 68er-Bewegung längst passé, und die versprengten Kader, die bei den Sozis oder den Grünen noch übrig waren, hatten das beste Vermächtnis von '68 vergessen: dass die Menschen ihre Geschichte selbst machen. Sie fielen auf die Mär von der transzendenten Eigenmacht der Märkte herein. Und jetzt stehen sie vor der Herausforderung, einer desillusionierten und teilweise verarmten Bevölkerung zu erklären, dass das mit der Marktfreiheit, dem *survival of the fittest*, den Ich-AGs und der privaten Rentenvorsorge wohl doch der falsche Weg war. Viel Glück!

Barbara Sichtermann, geboren 1943 in Erfurt, studierte Sozialwissenschaften und Volkswirtschaftslehre. Sie wuchs in Kiel auf, ging nach dem Abitur zur Schauspielschule und arbeitete am Theater. Von 1990 bis 2015 war sie außerdem Jurorin für den Grimme-Preis. Sie lebt als freie Schriftstellerin in Berlin und beschäftigt sich mit Weiblichkeit, Geschlechterfragen, dem Leben mit Kindern, Sexualität, Literatur und Medien. Bei Wagenbach erschien von ihr unter anderem *Vorsicht Kind! Eine Arbeitsplatzbeschreibung für Mütter, Väter und andere* (1982, 1992, 1998, 2014).

Politische Bücher bei Wagenbach 1964 bis 2017

1848–1849:
Bürgerkrieg in Baden
*Chronik einer verlorenen
Revolution*
Hrsg. Wolfgang Dreßen
1975, WAT 3, 160 S. *

Agnoli, Johannes
**Überlegungen zum
bürgerlichen Staat**
1975, P 46, 144 S. *

Altman, Dennis /
Symons Jonathan
Queer Wars
*Erfolge und Bedrohungen
einer globalen Bewegung*
A. d. Engl. Hans Freundl,
Vorw. Daniel Schreiber
2017, ▐, gebunden, 160 S.

**Antiautoritäres Lager
und Anarchismus**
Mit einem Lesebuch.
Hrsg. Wolfgang Dreßen, 1968,
R 7, 160 S. *

Antonello, Paola / Chima, Alex /
Decke, Bettina / Egbuna, Obi B. /
Lee, Franz J. T. / Schmelz, Herbert
Nigeria gegen Biafra?
Falsche Alternativen
1969, R 6, 160 S. *

Arendt, Hannah
**Israel, Palästina und der
Antisemitismus**
Aufs. 1991, WAT 196, 128 S. *

Arendt, Hannah / Nanz, Patrizia
Wahrheit und Politik
2006, WAT 553, 96 S. *

Auf dem langen Marsch.
1934/35
*Die Wende in der
chinesischen Revolution,
von Teilnehmern erzählt*
Ausw. Dietmar Albrecht
u. Dirk Betke
1976, WAT 7, 160 S. *

**Babeuf – Der Krieg zwischen
Reich und Arm**
Artikel, Reden, Briefe,
Hrsg. Peter Fischer
1975, WAT 9, 128 S. *

Baier, Lothar
– **Die große Ketzerei**
*Verfolgung und Ausrottung
der Katharer durch Kirche und
Wissenschaft*
1984, WAT 108, 208 S. *
NA 1991, WAT 191 *
NA 2001, WAT 410
– **Gleichheitszeichen**
*Streitschriften über Abweichung
und Identität*
1985, WAT 124, 120 S. *
– **Firma Frankreich**
Eine Betriebsbesichtigung
1988, WAT 155, 144 S. *
– **Volk ohne Zeit**
Essay über das eilige Vaterland
1990, WAT 182, 128 S. *

Baier, Lothar / Gottschalch,
Wilfried / Reiche, Reimut /
Schmid, Thomas / Schmierer,
Joscha / Sichtermann, Barbara /
Sofri, Adriano
Die Früchte der Revolte
Über die Veränderung der

*politischen Kultur durch die
Studentenbewegung*
1988, WAT 162, 160 S. *

Baier, Lothar / Erler, Gisela
/ Heinsohn, Gunnar / Kluge,
Alexander / Preuß, Ulrich K. /
Reiche, Jochen / Schmid, Thomas
/ Sichtermann, Barbara
Die Linke neu denken
Acht Lockerungen
Aufs. 1984, WAT 112, 128 S. *

Baran, Paul A. / Fried, Erich /
Salvatore, Gaston
Intellektuelle und Sozialismus
1968, R 2, 128 S. *

Bartelt, Dawid Danilo
Konflikt Natur
*Ressourcenausbeutung
in Lateinamerika*
2017, ▐/WAT 767, 96 S.

Beck, Barbara / Kurnitzky, Horst
Zapata
*Bilder aus der mexikanischen
Revolution*
1975, WAT 14, 160 S. *

Befreiung von falscher Arbeit
*Thesen zum garantierten
Mindesteinkommen*
Hrsg. Thomas Schmid
1984, WAT 109, 144 S. *
Veränderte NA 1986,
WAT 109, 160 S. *

Berlusconis Italien –
Italien gegen Berlusconi
Hrsg. Susanne Schüssler
Vorw. Friederike Hausmann
2002, WAT 450, 192 S. *

Bettelheim, Charles
Ökonomisches Kalkül
und Eigentumsreform
*Zur Theorie der
Übergangsgesellschaft*
A. d. Franz. Horst Arenz
u. Roland Knaus
1970, R 12, 168 S. *

Bettelheim, Charles / Macciocchi,
Antonietta
China 1972
*Ökonomie, Betrieb und
Erziehung seit der
Kulturrevolution*
Hrsg. Dietmar Albrecht
1972, R 42, 168 S. *

Bobbio, Norberto
– Rechts und Links
*Gründe und Bedeutungen einer
politischen Unterscheidung*
A. d. Ital. Mosche Kahn
1994, WAT 234, 96 S. *
NA 1998, WAT 311, 96 S. *
– Das Zeitalter der Menschen-
rechte
Ist Toleranz durchsetzbar?
A. d. Ital. Ulrich Hausmann
Nachw. Otto Kallscheuer
1998, AP, 128 S.*
NA 1999, WAT 358, 128 S. *
– Ethik und die Zukunft des
Politischen
Hrsg. u. Vorw. Otto Kallscheuer
A. d. Ital. Annette Kopetzki u.
Otto Kallscheuer
2009, ▐/WAT 622, 144 S.

Böll, Heinrich / Dutschke, Rudi
/ Fried, Erich / Menzel, Claus
/ Reidemeister, Hela / Schenk,
Johannes / Schily, Otto / Schmid,
Richard / Stiller, Klaus / Wachen-
feld, Christa / Wagenbach, Klaus
Die Erschießung des Georg
von Rauch
*Eine Dokumentation anläßlich
der Prozesse gegen Klaus Wagenbach*
1976, Politik Sonderband,
160 S. *

Borin, Max / Plogen, Vera
Management und Selbst-
verwaltung in der ČSSR
Bürokratie und Widerstand
1970, R 4, 144 S. *

Bourdieu, Pierre
Satz und Gegensatz
A. d. Franz. Bernd Schwibs
u. Ulrich Raulff
1989, KKB 20, 80 S. *

Broyelle, Claudie
Die Hälfte des Himmels
*Frauenemanzipation und
Kindererziehung in China*
Vorw. Han Suyin.
A. d. Franz. Matthias Wolf
1973, P 49, 176 S. *

Broyelle, Claudie und Jacques /
Tschirhart, Eveline
Zweite Rückkehr aus China
*Ein neuer Bericht über den
chinesischen Alltag*
A. d. Franz. Eva Zwiauer, 1977,
P 77, 276 S. *

Brückner, Peter
– ›… bewahre uns Gott in
Deutschland vor irgendeiner
Revolution!‹
*Die Ermordung des Staatsrats
v. Kotzebue durch den
Studenten Sand*
Nachw.: Über die Unmöglich-
keit einer Hochschulreform
1975, WAT 6, 128 S. *
– Ulrike Marie Meinhof und
die deutschen Verhältnisse
1976, WAT 29, 192 S. *
NA 1995, Nachw. Klaus Wagen-
bach, WAT 245, 208 S. *
NA 2001, Vorw. Ulrich K.
Preuß, WAT 407, 208 S.
– Versuch, uns und anderen die
Bundesrepublik zu erklären
1978, P 81, 180 S. *
NA 1984, AP, 184 S. *
– Über die Gewalt
*Sechs Aufsätze zur Rolle der
Gewalt in der Entstehung und
Zerstörung sozialer Systeme*
1979, P 85, 144 S. *
– Das Abseits als sicherer Ort
*Kindheit und Jugend zwischen
1933 und 1945*
1980, WAT 66, 160 S. *

NA 1994, Vorw. Barbara
Sichtermann, 176 S. *
– Psychologie und Geschichte
*Vorlesungen im ›Club Voltaire‹
1980/81*
Hrsg. Axel-R. Oestmann
1982, AP, 280 S. *
– Selbstbefreiung
*Provokation und soziale
Bewegungen*
1983, WAT 104, 112 S. *
– Zerstörung des Gehorsams
*Aufsätze zur Politischen
Psychologie*
1983, AP, 264 S. *
– Vom unversöhnlichen
Frieden *Aufsätze zur
politischen Kultur und Moral*
1984, AP, 208 S. *
– Freiheit, Gleichheit,
Sicherheit
*Von den Widersprüchen
des Wohlstands*
Vorw. Ulrich K. Preuß
1989, WAT 163, 160 S. *
– Ungehorsam als Tugend
*Zivilcourage, Vorurteil,
Mitläufer*
Vorw. Barbara Sichtermann
2008, ▐/WAT 585, 144 S. *

Brückner, Peter / Krovoza, Alfred
Staatsfeinde
*Innerstaatliche Feinderklärung
in der BRD*
1972, R 40, 120 S. *

Brückner, Peter / Sichtermann,
Barbara
Gewalt und Solidarität
*Zur Ermordung Ulrich
Schmückers durch Genossen:
Dokumente und Analysen*
1974, P 59, 104 S. *

Brüggemann, Heinz / Erler,
Gisela / Gerstenberger, Heide /
Gottschalch, Wilfried / Kipphardt,
Heinar / Preuß, Ulrich K. / Schmid,
Thomas / Sonnemann, Ulrich
Über den Mangel an politi-
scher Kultur in Deutschland
1978, P 83, 120 S. *

Burnheim, John
Über Demokratie
*Alternativen zum
Parlamentarismus*

Vorw. Thomas Schmid.
A. d. Engl. Robin Cackett
1987, WAT 142, 192 S. *

Castoriadis, Cornelius
Sozialismus oder Barbarei
Analysen und Aufrufe
zur kulturrevolutionären
Veränderung
A. d. Franz. Jürgen Hoch
1980, P 86, 180 S. *

Césaire, Aimé
Über den Kolonialismus
A. d. Franz. Monika Kind
1968, R 3, 80 S. *

Chesneaux, Jean
Weißer Lotus, rote Bärte
Geheimgesellschaften
in China
Zur Vorgeschichte der
Revolution
A. d. Franz. Walle Bengs
u. Uli Laukat
1976, WAT 15, 192 S. *

Cohn-Bendit, Dany /
Mohr, Reinhard
1968: Die letzte Revolution,
die noch nichts vom
Ozonloch wußte
1988, WAT 161, 184 S. mit Abb. *

Crary, Jonathan
24/7
Schlaflos im Spätkapitalismus
A. d. Engl. Thomas Laugstien
2014, **P**, gebunden, 112 S.

Croissant, Claus / Groenewold,
Kurt / Preuß, Ulrich K. / Schily,
Otto / Ströbele, Christian
Politische Prozesse ohne
Verteidigung?
Hrsg. Wolfgang Dreßen,
Vorw. Gerhard Manz,
1976, P 62, 112 S. *

Delius, F. C.
– **Wir Unternehmer. Über**
Arbeitgeber, Pinscher
und das Volksganze
Eine Dokumentar-Polemik
anhand des CDU/CSU-Wirt-
schaftstages 1965 in Düsseldorf
1966, Q 13, 96 S. *

– **Unsere Siemens-Welt**
Eine Festschrift zum 125jährigen
Bestehen des Hauses S.,
1972, Q 59, 108 S. *

Dobner, Petra
– **Bald Phoenix, bald Asche**
Ambivalenzen des Staates
2009, **P**/WAT 623, 96 S.
– **Quer zum Strom**
Eine Streitschrift
über das Wasser
2013, **P**, gebunden, 96 S.

Duclert, Vincent
Die Dreyfus-Affäre
Militärwahn, Republik-
feindschaft, Judenhaß
A. d. Franz. Ulla Biesenkamp
1994, WAT 239, 160 S. *

Dutschke, Rudi
– **Versuch, Lenin auf die Füße**
zu stellen
Über den halbasiatischen
und den westeuropäischen
Weg zum Sozialismus. Lenin,
Lukács und die Dritte
Internationale
1974, P 53, 352 S. *
NA 1984, AP *
– **Geschichte ist machbar**
Texte über das herrschende
Falsche und die Radikalität
des Friedens
Hrsg. Jürgen Miermeister
1980, WAT 74, 192 S. *
NA 1991, WAT 198 *

Eberle, Eugen / Fichter, Tilman
Kampf um Bosch
1974, P 50, 192 S. *

Das Ende der starren Zeit
Vorschläge zur flexiblen
Arbeitszeit
Hrsg. Thomas Schmid
1985, WAT 120, 160 S. *

Entstaatlichung
Neue Perspektiven
auf das Gemeinwesen
Hrsg. Thomas Schmid
1988, WAT 157, 144 S. *

Erler, Gisela Anna
Frauenzimmer
Für eine Politik des Unterschieds
1985, WAT 118, 192 S. *

Ferraris, Pino
Die 100 Tage von Reggio
Bericht über einen Aufstand
in Süditalien
A. d. Ital. Christel Schenker
1972, R 35, 112 S. *

Fichter, Tilman / Schmidt, Ute
Der erzwungene
Kapitalismus
Klassenkämpfe in den
Westzonen 1945–1946
1971, R 27, 180 S. *

Fischer, Ludwig
Die Schlacht
unter dem Regenbogen
Frankenhausen, ein Lehrstück
aus dem Bauernkrieg
Belege, Berichte und Ansichten
1975, WAT 13, 192 S. *

Fischer-Lescano, Andreas /
Möller, Kolja
Der Kampf um globale
soziale Rechte
Zart wäre das Gröbste
2012, **P**, gebunden, 96 S.

Fixen. Opium fürs Volk
Konsumentenprotokolle
Hrsg. Eckhard Joite
1972, R 38, 144 S. *

Floh de Cologne
Profitgeier und andere Vögel
Agitationstexte, Lieder, Berichte
1971, Q 53, 84 S. *

Flores d'Arcais, Paolo
– **Die Linke**
und das Individuum
Ein politisches Pamphlet
A. d. Ital. Roland H.
Wiegenstein
1997, **P**/WAT 283, 112 S. *
– **Die Demokratie beim Wort**
nehmen
Der Souverän und der Dissident
A. d. Ital. Friederike Hausmann
2004, WAT 496, 144 S. *

Folliet, Luc
Nauru – Die verwüstete Insel
*Wie der Kapitalismus das
reichste Land der Erde zerstörte*
A. d. Franz. Oliver Ilan Schulz
2011, WAT 654, 144 S.

Foucault, Michel / Geismar, Alain /
Glucksmann, André u.a.
Neuer Faschismus,
Neue Demokratie
*Über die Legalität
des Faschismus im Rechtsstaat*
1972, R 43, 160 S. *

Frank, Andre Gunder / Guevara,
Ernesto Che / Marini, Mauro /
Vitale, Luis u.a.
Kritik des bürgerlichen
Anti-Imperialismus
*Entwicklung der
Unterentwicklung
Acht Analysen zur neuen
Revolutionstheorie
in Lateinamerika*
Hrsg. Bolivar Echeverria
u. Horst Kurnitzky
1969, R 15, 192 S. *

Frauenhäuser.
Gewalt in der Ehe und was
Frauen dagegen tun
Hrsg. Sarah Haffner
1976, WAT 25, 224 S. *

Freibeuter
*Vierteljahreszeitschrift
für Kultur und Politik*
1979
Hrsg. Klaus Wagenbach,
Barbara Herzbruch,
Thomas Schmid
– 1 Auseinandervereinigung
Bitte weitergehen! *
– 2 Frauen in Gesellschaft *
1980
– 3 Lust auf Städte *
– 4 Der aufregende Markt *
– 5 Verführung zum Lernen *
– 6 Landleben – eine Unruhe-
stiftung *
1981
Hrsg. Klaus Wagenbach,
Barbara Herzbruch, Thomas
Schmid, Barbara Sichtermann,
Heinrich von Berenberg
– 7 Überich – ohne mich? *
– 8 Zwanzig Jahre Mauer *

– 9 Angst vor Technik? *
– 10 Ungleichheit,
Brüderlichkeit *
1982
– 11 Krisen des Sozialstaats *
– 12 Architektur – Avantgarde
oder Massengeschmack? *
– 13 Dritte Pfade der ›Dritten
Welt‹ *
– 14 Die Oberfläche der
Bundesrepublik *
1983
– 15 Das grüne Ei *
– 16 Franz Kafka, nachgestellt *
– 17 Mord und Totschlag *
– 18 Frisch gewendet – halb
gewonnen? *
1984
– 19 Arbeitsplätze, an- und
abgeschafft *
– 20 Julio Cortazar *
– 21 Geilheit *
– 22 ›Befreites Wohnen‹ *
1985
– 23 Dienstpersonal *
– 24 Vom Kleinschreiben
der Geschichte *
– 25 Freibeuterei *
– 26 Junge Leute – rundum
positiv *
1986
Hrsg. Klaus Wagenbach,
Barbara Herzbruch,
Barbara Sichtermann,
Heinrich von Berenberg
– 27 Fröhliche Wissenschaft *
– 28 Gewalt-Monopol und
Einzelhandel *
– 29 Vaterschaften *
– 30 Vom Schuldenmachen *
1987
– 31 Meinung und Milieu *
– 32 Leistung *
– 33 Satzspiegeleien *
– 34 Vom Hören neuer Töne *
1988
– 35 Kapitalismus auf den
zweiten Blick *
– 36 Wie schreibt man Ge-
schichte? *
– 37 Lokomotive Italien *
– 38 Das 19. Jahrhundert im
20. *
1989
– 39 1789 – Eine Exportbilanz *
– 40 Die Sprünge der Natur *
– 41 Zukunft der Bücher –
ein internationales
Marktgeschrei *

– 42 Pasolini, Freibeuter *
1990
– 43 Neues Deutschland *
– 44 Medien sehen dich an *
– 45 Verfassung und andere
Revolutionen *
1991
– 47 Die guten Sitten *
– 48 Frauen und ihr Bild *
– 49 Spanien – abseits von
innen *
– 50 Die ungeliebte Moderne *
1992
Hrsg. Klaus Wagenbach,
Barbara Sichtermann,
Heinrich von Berenberg
– 51 Beseelte Gesellschaft *
– 52 Osteuropa – Eine Entgif-
tung *
– 53 Der Sozialismus und westliche Lebenslüge *
– 54 Der kranke Mann am
Ärmelkanal *
1993
– 55 Kraut, Boches, Moffen,
Jekkes
– 56 Berlin – Größenwahn und
Schrebergarten*
– 57 Anpassung und Verrat *
– 58 Erotik im Zeitalter der
Pornographie *
1994
– 59 Der Wohlfahrtsausschuß
tagt *
– 60 Kinder und Umgebung *
– 61 Der deutsche Sonder-
weg – eine Sackgasse *
– 62 Fiktionen, abgehakt
und eingezäunt *
1995
Hrsg. Klaus Wagenbach,
Barbara Sichtermann,
Heinrich von Berenberg.
Red. Bruno Preisendörfer
– 63 8. Mai 1945. Vom Weg-
räumen der Geschichte *
– 64 Rausch *
– 65 Kanon *
– 66 Mut und Ehre? *
1996
– 67 Wie wirtschaften? *
– 68 Linke Lebensläufe *
– 69 Warum Leute
zusammenkommen *
– 70 Klatschgeschichten *
1997
– 71 Hunger *
– 72 Versportung *

- 73 Vom Verschwinden *
- 74 Berliner Störungen *
1998
- 75 Wilde Weiber *
- 76 Perversionen *
- 77 Das Ende der Ära
  Kohl – eine Schadens-
  aufnahme *
- 78 Nimmt der Staat ab
  oder zu? *
1999
- 79 Mehrheiten *
- 80 Deutschland *

Freyheit oder Mordt und Todt
*Revolutionsaufrufe deutscher
Jakobiner*
Hrsg. Walter Grab
1979, WAT 59, 192 S. *

Fried, Erich
- und Vietnam und …
  41 Gedichte mit einer Chronik
  1966, Q 14, 72 S. *
  Erweiterte NA 1996, WAT 270,
  120 S. *
- **Politische Gedichte**
  Vietnam, Israel, Deutschland
  Ausw. u. Nachw. Christoph
  Buchwald
  2008, **P**/WAT 584, 96 S.

Gauche Prolétarienne
Volkskrieg in Frankreich?
*Strategie und Taktik der
proletarischen Linken*
A. d. Franz. Maren Sell
1971, R 34, 144 S. *

Gerhard, Dirk
Antifaschisten
*Proletarischer Widerstand
1933–1945*
1976, P 64, 176 S. *

Giegold, Sven / Philipp, Udo /
Schick, Gerhard
Finanzwende
Den nächsten Crash verhindern
2016, **P**/WAT 765, 176 S.

Ginsborg, Paul
- **Berlusconi**
  *Politisches Modell der Zukunft
  oder italienischer Sonderweg?*
  A. d. Engl. Friederike
  Hausmann
  2005, WAT 497, 192 S. *

- **Wie Demokratie leben**
  A. d. Ital. Friederike Hausmann
  2008, **P**/WAT 581, 128 S.
- **Italien retten**
  A. d. Ital. Friederike Hausmann
  u. Rita Seuß
  2011, **P**/WAT 655, 144 S.

Glucksmann, André
Köchin und Menschenfresser
*Über die Beziehung
von Staat, Marxismus und
Konzentrationslager*
A. d. Franz. Maren Sell u.
Jürgen Hoch
1976, P 67, 192 S. *

Der goldene Topf
*Vorschläge zur Auflockerung
des Arbeitsmarktes*
Hrsg. Hans E. Maier u.
Thomas Schmid
1986, WAT 136, 188 S. *

Göle, Nilüfer
- **Anverwandlungen**
  *Der Islam in Europa
  zwischen Kopftuchverbot
  und Extremismus*
  2008, **P**/WAT 598, 160 S.
- **Europäischer Islam**
  Muslime im Alltag
  A. d. Franz. Bertold Galli
  2016, **P**, Klappenbroschur,
  304 S.

Gottschalch, Wilfried
- **Parlamentarismus
  und Rätedemokratie**
  Mit einem Lesebuch
  1968, R 10, 128 S. *
- **Vatermutterkind**
  *Deutsches Familienleben
  zwischen Kulturromantik
  und sozialer Revolution*
  1979, WAT 52, 160 S. *
- **Aufrechter Gang
  und Entfremdung**
  Pamphlet über Autonomie
  1984, WAT 115, 112 S. *

Grips-Theater
- **Balle, Malle, Hupe und Artur**
  Ein Stück für Kinder
  1972, Qp 8 *
- **Mannomann**
  Stück für Menschen ab 8

Von Volker Ludwig,
Reiner Lücker
Musik von Birger Heymann
1973, Qp9 *
- **Die große Grips-Parade 1**
  Lieder zum Mitsingen
  für Kinder
  1973, Qp 10 *
- **Ein Fest für Papadakis**
  Stück für Menschen ab 8.
  Von Volker Ludwig,
  Christian Sorge
  Musik von Birger Heymann
  1974, Qp 13 *
- **Nashörner
  schießen nicht**
  Stück für Menschen ab 9.
  Von Volker Ludwig,
  Jörg Friedrich
  Musik von Birger Heymann
  1975, Qp 15 *
- **Mugnog Kinder!**
  Stück für Menschen ab 5.
  Von Reiner Hachfeld
  Lieder von Volker Ludwig
  Musik von Birger Heymann
  1976, Qp 16 *
- **Banana**
  Hörspiel für Kinder
  1977, Qp 17 *
- **Die große Grips-Parade 2**
  6 Lieder zum Mitsingen für
  Kinder
  1978, Qp 18 *
- **Die große Grips-Parade 3**
  6 Lieder zum Mitsingen für
  Kinder
  1982, Qp 21 *
- **Wir werden immer größer**
  *Die besten Kinderlieder
  aus 25 Jahren Grips-Theater*
  2001, CD/MC *
- **Max und Milli**
  Gesprochen und gesungen
  von Kindern
  Text von Volker Ludwig
  Musik von Birger Heymann
  2003, CD *
- **Bella, Boss und Bulli**
  Gesprochen und gesungen
  von Kindern
  Text von Volker Ludwig
  Musik von Birger Heymann
  2006, CD *

Gudkov, Lev / Zaslavsky, Victor
Russland
Kein Weg aus dem
postkommunistischen
Übergang?
A. d. Ital. Rita Seuß
2011, AP, 208 S.

Guérin, Daniel / Mandel, Ernest
Einführung in die Geschichte
des amerikanischen
Monopolkapitalismus
A. d. Franz. Renate Genth
u. Renate Sami
1972, R 37, 144 S. *

Guevara, Ernesto Che
– **Guerilla. Theorie**
und Methode
Sämtliche Schriften
zur Guerillamethode, zur
revolutionären Strategie und
zur Figur des Guerilleros
Hrsg. Horst Kurnitzky
1968, R 9, 160 S. *
– **Ökonomie**
und neues Bewußtsein
Schriften zur politischen
Ökonomie
Hrsg. Horst Kurnitzky.
A. d. Span. Alex Schubert
1969, R 8, 160 S. *
– **Politische Schriften**
Eine Auswahl
Hrsg. Horst Kurnitzky.
A. d. Span. Alex Schubert,
Rudi Dutschke u.
Gaston Salvatore
1976, P 8/9, 128 S. *

Hausmann, Friederike
Die deutschen Anarchisten
von Chicago oder
Warum Amerika
den 1. Mai nicht kennt
1998, WAT 320, 208 S.
mit Abb. *

Haymarket! 1886:
Die deutschen Anarchisten
von Chicago
Reden und Lebensläufe
Hrsg. Horst Karasek
1975, WAT 11, 192 S. *

Hill, Christopher
Über einige geistige
Konsequenzen
der englischen Revolution
A. d. Engl. Matthias Fienbork
1990, KKB 23, 80 S. *

Horowitz, David
– **Kalter Krieg**
Hintergründe der US-Außen-
politik von Jalta bis Vietnam
A. d. Engl. Wilfried Sczepan
1969, Band 1: R 13, 240 S. *,
Band 2: R 14, 208 S. *
– **Imperialismus**
und Revolution
Neue Fakten
zur gegenwärtigen Geschichte
A. d. Engl. Wilfried Sczepan
1970, R 22, 228 S. *

Horster, Detlef / Leithäuser,
Thomas / Negt, Oskar / Perels,
Joachim / Peters, Jürgen
Ernst Bloch zum 90. Geburts-
tag: Es muß nicht immer
Marmor sein
1975, P 68, 96 S. *

Hubermann, Leo / Dreßen,
Wolfgang / Quartim, João /
Sweezy, Paul M. u.a.
Focus und Freiraum
Debày, Brasilien, Linke
in den Metropolen
A. d. Engl. u. Franz. Doris
Engelke u. Wolfgang Dreßen
1970, R 16, 160 S. *

Huster, Stefan
Soziale
Gesundheitsgerechtigkeit
Sparen, umverteilen, vorsorgen?
2011, ▐, gebunden, 96 S.

Die Illusion der Exzellenz
Lebenslügen
der Wissenschaftspolitik
Hrsg. Jürgen Kaube
2009, ▐/WAT 604, 96 S.

Die Industrielle Revolution in
England, Deutschland, Italien
Hrsg. Rox Porter u.
Mikuláš Teich.
A. d. Engl. Wolfgang Kaiser
1998, WAT 307, 144 S. *

Jahrbücher 1–5: *siehe unter*
Sozialistische Jahrbücher
Jahrbuch Politik 6
Hrsg. Wolfgang Dreßen
1974, P 58, 160 S. *
Jahrbuch Politik 7
Hrsg. Wolfgang Dreßen
1976, P 66, 160 S. *
Jahrbuch Politik 8
Hrsg. Barbara Herzbruch
u. Klaus Wagenbach
1978, P 82, 168 S. *

Johnson, Dominic
Afrika vor dem großen
Sprung
2011, ▐/WAT 710, 108 S. *
Aktualisierte u. erweiterte NA
2013, 144 S.

Kaleck, Wolfgang
– **Kampf gegen die**
Straflosigkeit
Argentiniens Militärs
vor Gericht
2010, ▐/WAT 646, 128 S.
– **Mit zweierlei Maß**
Der Westen
und das Völkerstrafrecht
2012, ▐, gebunden, 144 S.

Kaleck, Wolfgang /
Saage-Maaß, Miriam
Unternehmen vor Gericht
Globale Kämpfe
für Menschenrechte
2016, ▐/WAT 748, 128 S.

Karasek, Horst
– **Die Kommune**
der Wiedertäufer
Bericht aus der befreiten und
belagerten Stadt Münster 1534
1977, WAT 16, 160 S. *
– **Der Belagerungszustand!**
Reformisten und Radikale
unter dem Sozialistengesetz
1878–1890
1978, WAT 50, 160 S. *
– **Der Fedtmilch-Aufstand**
Wie die Frankfurter 1612/14
ihrem Rat einheizten
1979, WAT 58, 144 S. *
– **Der Brandstifter**
Lehr- und Wanderjahre des
Maurergesellen Marinus van

der Lubbe, der 1933 auszog,
den Reichstag anzuzünden
1980, WAT 73, 192 S.*
– Die Vierteilung
*Wie dem Königsmörder
Damiens 1757 in Paris
der Prozeß gemacht wurde*
1994, WAT 230,
128 S. mit Abb. *

Kelb, Berni
– Betriebsfibel
*Ratschläge für die Taktik
am Arbeitsplatz*
1971, R 31, 72 S. *
– Organisieren
oder organisiert werden
*Vorschläge für Genossen
links unten*
1973, P 39, 96 S. *

Koenigs, Tom
Machen wir Frieden
oder haben wir Krieg?
*Auf UN-Mission
in Afghanistan*
Hrsg. u. Vorw. Joscha
Schmierer
2011, ▮, gebunden, 272 S.

Köhler, Ernst
– Arme und Irre
*Die liberale Fürsorgepolitik
des Bürgertums*
1977, P 79, 192 S. *
– Die Stadt und ihre Würze
*Ein Bericht aus dem Süden
unseres Sozialstaats*
1983, WAT 97, 224 S. *

Kollektiv Hispano-Suiza
Arbeiter und Apparate
*Bericht französischer Arbeiter
über ihre Praxis 1945–1970*
A. d. Franz. Hans-Jürgen
Heckler, 1972, R 30, 168 S. *

Kollektiv RAF über den
bewaffneten Kampf
in Westeuropa
1971, R 29, 72 S. *

Kopfnuß 1.
Essays über Kultur und Politik
Hrsg. Heinrich von Beren-
berg u. Klaus Wagenbach
1993, WAT 224, 192 S. *

Kopfnuß 2
Hrsg. Heinrich von Beren-
berg u. Klaus Wagenbach
1994, WAT 232, 176 S. *
Kopfnuß 3
Hrsg. Heinrich von Beren-
berg u. Klaus Wagenbach
1995, WAT 252, 176 S. *

Kraushaar, Wolfgang
Der Griff nach der
Notbremse
Nahaufnahmen des Protests
2012, WAT 691, 144 S. *

Lambert, Bernhard
Bauern im Klassenkampf
*Anregungen für die vergessene
Analyse einer Ausbeutung*
A. d. Franz. Eva Moldenhauer
1971, R 32, 144 S. *

Langer, Alexander
Die Mehrheit
der Minderheiten
Hrsg. u. Vorw.
Peter Kammerer
1996, WAT 268, 144 S. *

Lavrov, Peter L.
Die Pariser Kommune
vom 18. März 1871
Vorw. Klaus Meschkat.
A. d. Russ. Renate Horlemann
1971, R 25, 192 S. *

Leggewie, Claus /
Stenke, Wolfgang (Hrsg.)
André Gorz
und die zweite Linke
*Die Aktualität eines fast
vergessenen Denkers*
A. d. Franz. Eva Moldenhauer
2017, WAT 785, 176 S.

Lieber heute aktiv als morgen
radioaktiv. Whyl:
Bauern erzählen.
Warum Kernkraftwerke
schädlich sind
*Wie man eine Bürgerinitiative
macht und sich dabei
verändert*
Hrsg. Nina Gladitz
1976, P 65, 176 S. *

Löhr, Tillmann
Schutz statt Abwehr

Für ein Europa des Asyls
2010, ▮/WAT 628, 96 S.

Löw-Beer, Peter
Industrie und Glück
*Der Alternativplan
von Lucas-Aerospace*
Mit einem Beitrag von Alfred
Sohn-Rethel: Produktions-
logik gegen Aneignungslogik
1981, P 89, 216 S. *

Lucke, Albrecht von
– 68 oder neues Biedermeier
*Der Kampf
um die Deutungsmacht*
2008, ▮/WAT 582, 96 S.
– Die gefährdete Republik
*Von Bonn nach Berlin
1949 – 1989 – 2009*
2009, ▮/WAT 605, 112 S.

Macciocchi, Maria-Antonietta
Jungfrauen, Mutter
und ein Führer
Frauen im Faschismus
A. d. Franz. Eva Moldenhauer
1976, P 73, 112 S. *

Mandel, Ernest / Wolf, Winfried
Ende der Krise oder Krise
ohne Ende
*Bilanz der Weltwirtschafts-
rezession und der Krise
in der Bundesrepublik*
1977, P 78, 240 S. *

Mao Tse-Tung
Über Praxis
und Widerspruch
Nachw. Hansmartin Kuhn
1968, R 5, 96 S. *

Marat, Jean Paul
Ich bin das Auge des Volkes
*Ein Portrait in Reden
und Schriften*
Hrsg. Aglaia Hartig
1987, WAT 148, 160 S. *

Marcenaro, Pietro /
Foa, Vittorio
Tempo, Tempo
*Dialog über die Zukunft
der Arbeit*
A. d. Ital. Gisela Bonz. Vorbe-
merkung Thomas Schmid
1983, WAT 95, 160 S. *

Meienberg, Niklaus
Es ist kalt in Brandenburg
Ein Hitler-Attentat
1990, WAT 186, 184 S. *

Meinhof, Ulrike Marie
**– Bambule. Fürsorge – Sorge
für wen?**
Nachw. Klaus Wagenbach
1971, R 24, 108 S. * Veränderte
NA 1987, WAT 147, 136 S. *
NA 1994, WAT 238 *.
NA 2002, WAT 428, 144 S.
**– Die Würde des Menschen
ist antastbar**
Aufsätze und Polemiken
1980, WAT 62, 192 S. *
1992, WAT 202 *. NA 1994,
NA 2004, ℗/WAT 491, 192 S.
**– Deutschland, Deutschland
unter anderem**
Aufsätze und Polemiken
OA 1995, Zus. u. mit Nachw.
Susanne Schüssler
WAT 253, 176 S. *.
NA 2012, ℗/WAT 690, 144 S.

Meynaud, Jean
**Bericht über die Abschaffung
der Demokratie in Griechenland**
*Analyse der griechischen
Klassenstruktur von C. T. Aris*
A. d. Franz. Renate Sami
1969, R 1, 160 S. *

Möllers, Christoph
**Demokratie – Zumutungen
und Versprechen**
2008, ℗/WAT 580, 128 S.

Mühsam, Erich
Fanal
Aufsätze und Gedichte 1905–1932
Hrsg. Kurt Kreiler
1977, WAT 22, 192 S. *

Münster, Arno
Chile – friedlicher Weg?
*Historischer Bericht,
politische Analyse*
1972, R 44, 200 S. *

Muraca, Barbera
Gut Leben
*Eine Gesellschaft
jenseits des Wachstums*
2015, ℗/WAT 730, 96 S.

Mury, Gilbert
Schwarzer September
*Analysen, Aktionen
und Dokumente*
Hrsg. u.a. d. Franz.
Wolfgang Dreßen
1974, P 48, 128 S. *

Nanz, Patrizia
**Wahrheit und Politik
in der Mediengesellschaft**
*Anmerkungen
zu Hannah Arendt*
2013, eb

Nanz, Patrizia / Leggewie, Claus
Die Konsultative
*Mehr Demokratie
durch Bürgerbeteiligung*
2016, ℗/WAT 749, 112 S.

Negri, Antonio
Die wilde Anomalie
*Spinozas Entwurf
einer freien Gesellschaft*
A. d. Ital. Werner Raith
1982, AP, 288 S. *

Nirumand, Bahman
Iran Israel Krieg
Der Funke zum Flächenbrand
2012, ℗/WAT 697, 112 S.

Oshima, Nagisa
Die Ahnung der Freiheit
Schriften
A. d. Franz. Grete Osterwald
u. Uta Goridis
1982, AP, 192 S. *

Pessoa, Fernando
Das pfeifende Schwein
*Über weitergehende Interessen
der Linken*
Hrsg. Thomas Schmid
1985, WAT 126, 144 S. *

Piore, Michael J. / Sabel, Charles F.
**Das Ende der Massenpro-
duktion**
*Über die Requalifizierung
der Arbeit und die Rückkehr
der Ökonomie in die Gesellschaft*
A. d. Amerik. Jürgen Behrens
1985, AP, 376 S. *

Piper, Ernst
Der Aufstand der Ciompi
*Über den Tumult, den die
Wollarbeiter im Florenz der
Frührenaissance anzettelten*
1978, WAT 49, 128 S. *
NA 1990, WAT 175 *

Preuß, Ulrich K.
**– Revolution, Fortschritt
und Verfassung**
*Zu einem neuen Verfassungs-
verständnis*
1990, KKB 24, 104 S. *
**– Krieg, Verbrechen,
Blasphemie**
Gedanken aus dem alten Europa
2002, KKB 68, 160 S. *
Erweiterte NA 2003,
WAT 473, 240 S.

Raith, Werner
– Spartacus
*Wie Sklaven und Unfreie den
römischen Bürgern das Fürchten
beibrachten*
1981, WAT 84, 176 S. *
– Das verlassene Imperium
*Über das Aussteigen des römi-
schen Volkes aus der Geschichte*
1982, WAT 92, 208 S. *
– Die ehrenwerte Firma
*Der Weg der italienischen Mafia
vom ›Paten‹ zur Industrie*
1983, WAT 99, 192 S. *
– In höherem Auftrag
*Der kalkulierte Mord
an Aldo Moro*
1984, WAT 111, 208 S. *

Rath, Christian
Der Schiedsrichterstaat
*Die Macht
des Bundesverfassungsgerichts*
2013, ℗, gebunden, 96 S.

Reichholf, Joseph H.
– Die falschen Propheten
Unsere Lust an Katastrophen
2002, WAT 442, 144 S. *
– Der Tanz um das goldene Kalb
Der Ökokolonialismus Europas
2004, AP, 256 S. *
NA 2006, WAT 532, 216 S. *
Veränderte NA 2011, ℗/WAT
657, 152 S.

Rodney, Walter
Afrika
*Die Geschichte einer
Unterentwicklung*
A. d. Engl. Gisela Walther
1975, P 56, 240 S. *

Röhrbein, Karin /
Schultz, Reinhard
Puerto Rico. Inselparadies
der Wallstreet oder
unabhängiger Staat?
*Geschichte, Kultur,
Gegenwart*
1978, WAT 53, 128 S. *

Roter Kalender 1972
für Lehrlinge und Schüler
1971, AP, 128 S. *
Roter Kalender 1973
für Lehrlinge und Schüler
1972, AP, 160 S. *

Salvadori, Massimo L.
Fortschritt – die Zukunft
einer Idee
A. d. Ital. Rita Seuß
2008, ▐P/WAT 600, 128 S. *

Sanyal, Mithu M.
Vulva
Die Enthüllung des Geschlechts
2009. AP, 240 S. mit Abb.
NA 2017, WAT 769,
256 S. mit Abb.

Sartre, Jean-Paul
Brüderlichkeit und Gewalt
Ein Gespräch mit Benny Lévy
Nachw. Lothar Baier.
A. d. Franz. Grete Osterwald
1993, WAT 219, 96 S. *

Schaeffer, Ute
Ukraine
*Reportagen aus einem Land
im Aufbruch*
2015, WAT 734, 160 S.

Schérer, René
Das dressierte Kind
*Sexualität und Erziehung:
Über die Einführung der Un-
schuld*
A. d. Franz. Carola Langmann
u. Uli Laukat
1975, P 57, 128 S. *

Schily, Otto
Vom Zustand der Republik
1986, WAT 140, 128 S. *

Schlaraffenland
nimms in die Hand!
*Kochbuch für Gesellschaften,
Kooperativen, Wohngemein-
schaften, Kollektive u. andere
Menschenhaufen sowie
isolierte Fresser*
Hrsg. Peter Fischer
1975, WAT 5, 192 S. *
Vorw. Klaus Wagenbach,
2014, WAT 724, 208 S.

Schlereth, Einar
Länderkunde Indonesien
*Die Menschen, das Land,
die Kultur und was die
holländischen Räuber
daraus gemacht haben*
1975, WAT 4, 128 S. *

Schmid, Sil
Freiheit heilt
*Berichte über die demokratische
Psychiatrie in Italien*
1977, WAT 41, 128 S. *

Schmierer, Joscha
Keine Supermacht, nirgends
Den Westen neu erfinden
2009, ▐P/WAT 583, 112 S.

Schneider, Peter
Ansprachen
Reden. Notizen. Gedichte
1970, Q 47, 80 S. *

Schubert, Alex
– Stadtguerilla. Tupamaros in
Uruguay
Rote Armee Fraktion in der BRD
1971, R 26, 128 S. *
– Erdöl
Die Macht des Mangels
1982, WAT 78, 192 S. *

Die Schülerschule von
Barbiana (Scuola di Barbiana)
Brief über die Lust am Lernen
Vorw. Peter Bichsel. Nachw.
Lisa Brink u. Nora Thies
A. d. Ital. Alexander Langer
u. Marianne Andre
1970, R 21, 166 S. *
NA 1984, WAT 113, 192 S. *

Settis, Salvatore
Wenn Venedig stirbt
*Streitschrift gegen den
Ausverkauf der Städte*
A. d. Ital. Victoria Lorini
2015, AP, 160 S. *

Sichtermann, Barbara
– Vorsicht Kind
*Eine Arbeitsplatzbeschreibung
für Mütter, Väter und andere*
1982, WAT 87, 216 S. *
1992, WAT 209 *
NA 1998, WAT 315, mit einem
neuen Vorw., 224 S. *
NA 2014, WAT 725, 224 S.
– Weiblichkeit
Zur Politik des Privaten
1983, WAT 106, 128 S. *
NA 1991, WAT 194 *
– FrauenArbeit
*Über wechselnde Tätigkeiten
und die Ökonomie
der Emanzipation*
1987, WAT 144, 144 S. *
– Wer ist wie?
*Über den Unterschied
der Geschlechter*
1987, WAT 153, 112 S. *
– Der tote Hund beißt
Karl Marx, neu gelesen
1990, WAT 184, 176 S. *

Simmel, Georg
Philosophische Kultur
*Über das Abenteuer,
die Geschlechter und die Krise
der Moderne
Gesammelte Essays.*
Nachw. Jürgen Habermas
1983, AP, 256 S. *
NA 1986, WAT 133 *
NA 1998, WAT 324 *

Smith, James
Biotreibstoff
Eine Idee wird zum Bumerang
A. d. Engl. Hans-Gerd Koch
2012, ▐P, gebunden, 144 S.

Sohn-Rethel, Alfred
– Das Geld, die bare Münze
des Apriori
Vorw. Jochen Hörisch
1990, KKB 27, 88 S. *

**– Industrie
und Nationalsozialismus**
*Aufzeichnungen aus dem
›Mitteleuropäischen
Wirtschaftstag‹*
Hrsg. u. Vorw. Carl Freytag
1992, WAT 204, 192 S. *

Sozialistisches Jahrbuch 1
Hrsg. Wolfgang Dreßen
1970, R 20, 272 S. *
Sozialistisches Jahrbuch 2
*Gegen den Dogmatismus
in der Arbeiterbewegung*
1970, R 23, 240 S. *
Sozialistisches Jahrbuch 3
1971, R 28, 204 S. *
Sozialistisches Jahrbuch 4
1972, R 41, 192 S. *
Sozialistisches Jahrbuch 5
1973, R 47, 176 S. *

SPD und Staat
*Geschichte, Reformideologie,
›Friedenspolitik‹*
Hrsg. von Mitarbeitern
der ›Darmstädter
Studentenzeitung‹
1974, P 51, 192 S. *

Stajano, Corrado
Der Staatsfeind
*Leben und Tod des Anarchisten
Franco Serantini*
A. d. Ital. Peter O. Chotjewitz
1976, WAT 26, 160 S. *

Staritz, Dietrich
**Sozialismus in einem halben
Lande**
*Zur Programmatik und Politik
der KPD/SED in der Phase der
antifaschistisch-demokratischen
Umwälzung in der DDR*
1976, P 69, 200 S. *

Stuckler, David / Sanjay, Basu
Sparprogramme töten
*Die Ökonomisierung
der Gesundheit*
A. d. Engl. Richard Barth
2014, **P**, gebunden, 224 S.

Südliches Afrika
*Geschichte, Befreiungskampf
und politische Zukunft. Ein
kritisches Handbuch*
Hrsg. Peter Ripken
1978, P 76, 286 S. *

Thelen, Sibylle
**Die Armenierfrage
in der Türkei**
2010, **P**/WAT 629, 96 S.

Traditionen deutscher Justiz
*Große politische Prozesse
der Weimarer Zeit*
Hrsg. Kurt Kreiler
1978, P 80, 312 S. *

Urry, John
Grenzenloser Profit
Wirtschaft in der Grauzone
A. d. Engl. Hans Freundl
2015, **P**, gebunden, 224 S.

Das Unvermögen der Realität
*Beiträge zu einer anderen
materialistischen Ästhetik*
Hrsg. Peter Brückner,
Chris Bezzel, Gisela Dischner,
Michael Eckelt, Peter Gorsen,
Alfred Krovoza, Gabriele Ricke,
Matthias Sell, Alfred
Sohn-Rethel
1974, P 55, 208 S. *

Uslucan, Hacı-Halil
**Dabei und doch nicht
mittendrin.**
*Die Integration türkeistämmiger
Zuwanderer*
2011, **P**, gebunden, 112 S.

Viale, Guido
**Die Träume liegen wieder
auf der Straße**
*Offene Fragen der deutschen
und italienischen Linken
nach 1968*
Nachw. Thomas Schmid.
A. d. Ital. Susanne Schoop u.
Michaela Wunderle
1979, P 87, 216 S. *

Vilar, Pierre
**Kurze Geschichte zweier
Spanien. Der Bürgerkrieg
1936–1939**
A. d. Franz. Wolfgang Kaiser
1987, WAT 145, 144 S. *
NA 1999, WAT 334, 144 S.
mit vielen Abb.

Wallerstein, Immanuel
Die Barbarei der anderen
Europäischer Universalismus
A. d. Amerik. Jürgen Pelzer
2010, **P**/WAT 554, 112 S.

**Was kommt nach den
Kinderläden?**
Erlebnis-Protokolle
Hrsg. Lutz von Werder
1977, P 75, 192 S. *

Weinstock, Nathan
Das Ende Israels?
*Nahostkonflikt und Geschichte
des Zionismus*
Hrsg. u. Vorw. Eike Geisel u.
Mario Offenberg
1975, P 61, 272 S. *

Widerstand in Chile
*Aufrufe, Interviews
und Dokumente des M.I.R.*
Hrsg. Volker Petzold
1974, P 54, 128 S. *

Abkürzungen:

* Titel vergriffen
(Stand: September 2017)
AP Allgemeines Programm
Aufs(ätze)
eb ebook
KKB Kleine Kulturwissenschaftliche Bibliothek
NA Nachauflage

P Reihe Politik
P Politik bei Wagenbach
Q Quartheft
Qp Quartplatte
R Rotbuch
WAT Taschenbuch

Lesen Sie weiter

Dennis Altman und Jonathan Symons   *Queer Wars*
Erfolge und Bedrohungen einer globalen Bewegung

Die Homosexuellen-Bewegung konnte in den letzten Jahrzehnten enorme Erfolge verzeichnen, gleichzeitig wird sie vielerorts vehement bekämpft. Dieses Buch zeigt vor allem die Fortschritte, die die mutigen und stetigen Kämpfe der LGBTI*Q-Bewegung in den letzten Jahrzehnten vielerorts durchsetzen konnten, durchaus auch dort, wo man es am wenigsten erwartet hätte.

Mit einem Vorwort von Daniel Schreiber
Aus dem Englischen von Hans Freundl
P. Klappenbroschur. 160 Seiten

Claus Leggewie und Wolfgang Stenke (Hrsg.)
André Gorz und die zweite Linke
Die Aktualität eines fast vergessenen Denkers

Der Band enthält erstmalig ins Deutsche übersetzte Texte von André Gorz über Arbeit, Medizin und Technik ebenso wie biographische Informationen und kritische Würdigungen von Constanze Kurz, Otto Kallscheuer, Claus Leggewie, Petra Gehring u.a., deren eigenes Denken und Handeln stark von Gorz beeinflusst sind oder die sich von ihm inspirieren lassen.

Aus dem Französischen von Eva Moldenhauer
WAT 785. 176 Seiten

Nilüfer Göle   *Europäischer Islam*
Muslime im Alltag

Moscheebau? Kopftuch? Scharia? Die letzten Jahre waren geprägt von kontroversen Debatten über den Islam. Nilüfer Göle geht ihnen auf den Grund, indem sie mit den Menschen spricht, die diese Fragen angehen – von Köln bis Sarajevo, von Istanbul bis Paris.

Aus dem Französischen von Bertold Galli
P. Klappenbroschur. 304 Seiten

Politik bei Wagenbach

© 2017 Verlag Klaus Wagenbach, Emser Straße 40/41, 10719 Berlin
www.wagenbach.de
Umschlaggestaltung Julie August mit Anlehnung an das Plakat von Jürgen
Holtfreter, Ulrich Bernhardt: »Alle reden vom Wetter. Wir nicht. SDS Sozia-
listischer Deutscher Studentenbund«, Stuttgart 1968.
Gesetzt aus der Minion und der Gill Sans von Sebastian Maiwind, Berlin.
Gedruckt auf Schleipen Werkdruck und gebunden bei Pustet, Regensburg.
Printed in Germany. Alle Rechte vorbehalten.

ISBN: 978 3 8031 3669 5